Objektorientiertes Testen und
Testautomatisierung in der Praxis

Uwe Vigenschow ist Trainer und Berater bei der oose.de GmbH in Hamburg. Seit 1988 befasst er sich mit Softwareentwicklung und seit 1991 mit Objektorientierung. Der Bereich Softwarequalität und Testen ist seit Mitte der 90er Jahre mehr und mehr Schwerpunkt seiner Arbeiten für verschiedene Firmen und Branchen geworden. Für die oose.de hält er regelmäßig ein Testseminar für Entwickler, aus dem heraus auch die Idee zu diesem Buch entstanden ist.

Uwe Vigenschow

Objektorientiertes Testen und Testautomatisierung in der Praxis

Konzepte, Techniken und Verfahren

Uwe Vigenschow
Uwe.Vigenschow@oose.de
www.oose.de
www.oo-testen.de

Lektorat: Christa Preisendanz
Copy-Editing: Annette Schwarz, Ditzingen
Herstellung: Birgit Bäuerlein
Umschlaggestaltung: Helmut Kraus, Düsseldorf
Druck und Bindung: Koninklijke Wöhrmann B.V., Zutphen, Niederlande

Bibliografische Information Der Deutschen Bibliothek
Die Deutsche Bibliothek verzeichnet diese Publikation in der Deutschen Nationalbibliografie; detaillierte bibliografische Daten sind im Internet über <http://dnb.ddb.de> abrufbar.

ISBN 3-89864-305-0

1. Auflage 2005
Copyright 2005 dpunkt.verlag GmbH
Ringstraße 19b
69115 Heidelberg

Die vorliegende Publikation ist urheberrechtlich geschützt. Alle Rechte vorbehalten. Die Verwendung der Texte und Abbildungen, auch auszugsweise, ist ohne die schriftliche Zustimmung des Verlags urheberrechtswidrig und daher strafbar. Dies gilt insbesondere für die Vervielfältigung, Übersetzung oder die Verwendung in elektronischen Systemen.

Es wird darauf hingewiesen, dass die im Buch verwendeten Soft- und Hardware-Bezeichnungen sowie Markennamen und Produktbezeichnungen der jeweiligen Firmen im Allgemeinen warenzeichen-, marken- oder patentrechtlichem Schutz unterliegen.

Alle Angaben und Programme in diesem Buch wurden mit größter Sorgfalt kontrolliert. Weder Autor noch Verlag können jedoch für Schäden haftbar gemacht werden, die in Zusammenhang mit der Verwendung dieses Buches stehen.

5 4 3 2 1

Für Ines und für meine Eltern

Vorwort

Testen? Diese ganzen Testtechniken und -verfahren? Schön und gut, aber wir haben dazu gerade keine Zeit respektive kein Geld. Komplizierte Testverfahren werden bei uns sowieso nicht angenommen, das Thema ist undankbar.

Natürlich ist Testen sinnvoll und wichtig, gerade auch mittel- und langfristig – wir werden aber ausschließlich am Erfolg unseres Projekts gemessen und das geht nur bis wenige Wochen nach Einführung. Was danach kommt, interessiert nicht. Und wir arbeiten schließlich iterativ-inkrementell, das kompensiert doch den eigentlichen Testbedarf.

Testen ist als Thema in vielen Projekten kaum mehr als Wunschdenken oder Sonntagsreden: Ja, eigentlich, man müsste, sollte usw. Es wird Ausprobieren mit Testen gleichgesetzt und der Einsatz eines Testautomatisierungs-Frameworks wie JUnit als Testsystematik gesehen.

Das Thema ist bekannt, Theorien und Verfahren gibt es seit Jahrzehnten, und Begriffe wie Grenzwertanalyse und Pfadabdeckung sind geläufig. In den letzten Jahren hinzugekommen oder populärer geworden sind beispielsweise Testautomatisierung und eine Reihe durchaus cooler Tools.

Damit sind auch die Anforderungen gestiegen. Moderne Entwurfsmuster führen zu neuen vertrackten Problemen, auch Objektorientierung an sich bringt schon einige besondere qualitätsrelevante Phänomene mit. Und nicht zuletzt führt die suggerierte trügerische Sicherheit von Unit-Tests auch zu weiteren sozialen, psychologischen und organisatorischen Problemen. Gestiegene Komplexität und gestiegener Termin- und Kostendruck führen dazu, dass Testen ein schwieriges Thema bleibt.

Uwe Vigenschow stellt sich dieser Situation, indem er nicht noch ein weiteres Buch mit tollen oder teuren Testtheorien und -verfahren vorstellt, sondern als Ausgangspunkt hat, »gut genug« zu sein. In diesem Sinne ist das vorliegende Buch pragmatisch.

Es greift die aktuellen Probleme und Herausforderungen auf, spricht eine einfache und klare Sprache und konzentriert sich auf wichtige Elemente. Und der Autor macht dies aus einer Position heraus, aus der er weiß, wie sich diese wichtigsten Elemente in die umfassenden gesamten Grundlagen der Disziplin Testen einfügen, denn das Thema verfolgt Uwe Vigenschow schon seit acht Jahren. Er schafft also die Reduktion aufs Wesentliche, gut genug sein, mit wenig Aufwand, aber systematisch ausreichend, um gute Effekte zu erzielen. Vielen Dank, Uwe!

Bernd Oestereich

Amrum, Juli 2004

Warum nur und für wen?

Seltsamer Titel, aber ich wollte diesen Abschnitt eben nicht *Einleitung* nennen. Aber warum überhaupt noch ein Buch zum Thema *Testen*? Es gibt doch schon genug. Und gebracht haben die auch nicht viel.

Eben genau darum! Oder um es mit den Worten von Tom DeMarco zu sagen[1]:

> »Ich kritisiere die Qualitätsbewegung nicht, weil sie teuer wäre oder unseren Organisationen zu viel Energie abverlangen würde. Mir macht vielmehr zu schaffen, dass hinter der Qualitätsbewegung mehr Lippenbekenntnis als ernst zu nehmende Hilfe steckt. Darüber hinaus werden echte Qualitätsverbesserungen durch die allgegenwärtigen Qualitätsverbesserungsprogramme [eher] unnötig erschwert.«

Mit diesem Buch möchte ich weg von der Perfektion theoretischer Gedankengerüste, die der Härte der Realität nicht standhalten, hin zu einfachen, wirkungsvollen Verbesserungen im Rahmen unserer täglichen Softwareentwicklung. So wie wir im Alltag nur selten das Optimum anstreben, sondern einer *Gut-genug-Strategie* folgen.

Wir, das sind Software-Entwickler und Projektleiter, die langfristig die Qualität der Software, die wir schreiben, verbessern wollen. Nicht aus Selbstzweck, sondern aus reinem Eigennutz. Wir wollen unter dem hohen Zeitdruck, dem wir ausgesetzt sind, effizient arbeiten, später Änderungen mit einem besseren Gefühl der Sicherheit einbauen können und im weiteren Projektverlauf sowie in der späteren Wartung einfach mehr Spaß an der Arbeit haben. Und da sind wir schon bei dem Zitat von Tom DeMarco. Wir wollen gemeinsam Wege und Optionen diskutieren. Ich werde Ihnen dazu eine Reihe von Optionen vorschlagen, die sich in meiner Praxis bewährt haben und Sie beurteilen das Ganze realistisch, auf die Machbarkeit in Ihrem konkreten Umfeld. Ich bin überzeugt, dass so manches davon Ihren Alltag verbessern wird.

Wir Entwickler leben in dem Luxus, Spaß an unserer Arbeit zu haben. Das motiviert uns [18, 19]. Wir werden für Arbeiten bezahlt, die

---

[1]Tom DeMarco, Berater und Autor, geb. 1940, aus: Spielräume, 2001 [22]

wir vielleicht auch sonst machen würden. Die ganzen hochwertigen Open-Source-Projekte sind ein Beispiel dafür. Eine bessere Qualität unserer Arbeit kann dazu beitragen, mehr Spaß zu haben. Große bürokratische Regelwerke helfen uns da nicht weiter, obwohl sie prinzipiell in sich stimmig und zielführend sind. Der *Human Factor* wird dabei aber ebenso außer Acht gelassen wie der tägliche Druck im Projektgeschäft.

Vieles von dem, was wir in diesem Buch diskutieren, ist nicht neu, aber in einen anderen Kontext verschoben oder unter einem anderen Licht betrachtet. Bewusst habe ich mich dabei auf wenige grundlegende Qualitätssicherungsmethoden reduziert, die ich für besonders effizient halte. Genauso finden wir diverse technische Themen, die auf den ersten Blick gar nichts mit Qualitätsverbesserung zu tun haben. Eine erfolgreich umgesetzte Gutgenug-Strategie durchdringt eben alle Bereiche und nicht nur die, wo es bequem ist. Und dass eine solche Strategie äußerst erfolgreich sein kann, hat nicht zuletzt die Firma Microsoft seit Jahrzehnten gezeigt.

Wenn wir die hier beschriebenen Wege alle ausgereizt haben, treffen wir uns gerne wieder und diskutieren ein paar neue Ideen. Bis dahin viel Erfolg auf Ihrem Weg. Ach ja, Downloads der Beispiele, ein Errata und weitere Informationen zu diesem Buch finden Sie unter www.oo-testen.de.

Uwe Vigenschow

Hamburg, August 2004

Inhaltsverzeichnis

I Warum überhaupt testen? — 1

1 Komplexe Systeme führen zu Fehlern — 3
1.1 Kommunikation — 3
1.2 Gedächtnis — 6
1.3 Fachlichkeit — 6
1.4 Komplexität — 7
1.5 Erstes Fazit — 8

2 Programmiersprachen sind fehleranfällig — 9
2.1 Die Venussonde Mariner 1 — 9
2.2 Der Jungfernflug der Ariane 5 — 10
2.3 Zweites Fazit — 12

3 Qualität, Fehler, Test: Versuch einer Begriffsbestimmung — 15
3.1 Qualität — 15
3.2 Anforderung — 17
3.3 Fehler — 18
3.4 Test — 20
   3.4.1 Demonstratives und destruktives Testen — 20
   3.4.2 White-Box- und Black-Box-Testverfahren — 21
   3.4.3 Testfall und Testdaten — 22
   3.4.4 Unit-Tests: Klassen-, Ketten- und Modultests — 22
   3.4.5 Debugging — 25

4 Schlussbemerkungen — 27

II Verfahren des Softwaretests — 29

5 Lösungen für technische Probleme — 31
5.1 Unterstützung durch den Compiler — 31
   5.1.1 Warninglevel — 31
   5.1.2 Programmierrichtlinien — 31
5.2 Was nützen statische strenge Typprüfungen? — 41

5.3	Debugging	42
5.3.1	Einplanung der Fehlersuche in Produkt und Prozess	42
5.3.2	Vorbereitung und Ausführung des Debugging	42
5.3.3	Der Debugging-Vorgang	44
6	**Lösungen für analytische Probleme**	**47**
6.1	Scope: Was will ich testen?	47
6.2	Fachliche Testfälle finden	48
6.2.1	Testdaten ableiten	51
6.2.2	Unit-Testfälle ableiten	52
6.2.3	Kettentests ableiten	52
6.2.4	System-Testfälle ableiten	53
7	**Lösungen für methodische Probleme**	**55**
7.1	Psychologie des Testens	55
7.2	Codereviews	57
7.2.1	Interne Codereviews	58
7.2.2	Externe Codereviews	59
7.2.3	Dokumentreviews	59
7.3	Die richtigen Testdaten finden	60
7.3.1	Grenz- und Extremwerte	60
7.3.2	Testdaten als Designkriterium	63
7.3.3	Fehlersensibilität	64
7.3.4	Äquivalenzklassen	65
7.4	Überdeckungen: Wege durch die kombinatorische Explosion	69
7.4.1	Anweisungs-, Zweig- und Pfadüberdeckung	69
7.4.2	Vereinfachte Schleifenüberdeckung	72
7.4.3	Test von Bedingungen: die Termüberdeckung	73
7.5	Unbezahlbare Erfahrung: Error Guessing und laterale Tests	74
8	**Lösungen für fortgeschrittene Probleme**	**77**
8.1	Zustandsraumbasiertes Testen	77
8.2	Rekursion und Nebenläufigkeit	81
8.2.1	Rekursive und iterative Algorithmen	81
8.2.2	Parallele Prozesse	85
9	**Lösungen zum Test objektorientierter Software**	**93**
9.1	Testreihenfolge in objektorientierten Programmen	95
9.1.1	Assoziationen	95
9.1.2	Vererbung	96
9.1.3	Testreihenfolge bei Verflechtung von Assoziationen und Vererbung	99
9.1.4	Testreihenfolgen für Methoden	100
9.2	Vererbung, das zweischneidige Schwert	101
9.2.1	Prinzipien zur objektorientierten Vererbung	104

9.2.2	Flattening: Welche Methoden sind zu testen?	106
9.2.3	Zufällige Korrektheit durch Vererbung	107
9.2.4	Typische Fehler in Vererbungshierarchien	108
9.2.5	Teststrategie bei Vererbung	110
9.3	Testmuster: Tipps für die Praxis	111
9.3.1	Modale Klasse	112
9.3.2	Modale Hierarchie	114
9.3.3	Nicht-modaler, polymorpher Server	117
9.4	Struktur von objektorientierten Programmen	119
9.5	Zusammenfassung	123
10	**Lösungen für organisatorische Probleme**	**125**
10.1	Testgetriebenes Design: Abläufe und Ausnahmen	125
10.1.1	Vorgehensweisen: Wasserfall oder Iterationen?	126
10.1.2	Testgetriebenes Design	139
10.2	Refactoring	143
10.2.1	Was ist Refactoring?	143
10.2.2	Wie funktioniert Refactoring?	144
10.3	Testkoordination	147
10.4	Aufwandsbetrachtungen	147
10.4.1	Schätzungen	150
10.4.2	Fehlerkorrekturen und Re-Tests	150
10.4.3	Fehlermodelle als Rechenmodelle zur Aufwandsschätzung	151
10.5	Testverwaltung	155

III   Umsetzung in die Praxis   157

11	**Automatisierung von Entwicklertests**	**159**
11.1	Testfall-Findung vs. Testfall-Automatisierung	159
11.1.1	Testautomatisierung und testgetriebenes Vorgehen	159
11.1.2	Anforderungen an die Testautomatisierung	160
11.2	Das Konzept der xUnit-Familie	160
11.3	Entwicklertests mit xUnit	162
11.3.1	Design for Testability	163
11.3.2	JUnit	165
11.3.3	CppUnit	173
11.3.4	NUnit – JUnit unter .NET	176
11.3.5	Stellvertreterobjekte – Stub, Dummy und Mock	180
11.4	Drei JUnit-Testbeispiele	181
11.4.1	Komplettes Syntaxbeispiel	181
11.4.2	Grenz- und Extremwerte für einen Prüfmethoden-Test	183
11.4.3	Test eines Zustandsautomaten mit einem Mock-Objekt	184

11.5	Testautomatisierung über die GUI	191
	11.5.1 Lineare Skripte	192
	11.5.2 Strukturierte Skripte	193
	11.5.3 Verteilte Skripte	193
	11.5.4 Datengetriebene Skripte	194
	11.5.5 Schlüsselwortgetriebene Skripte	194
	11.5.6 GUI-Tests mit JUnit	194
11.6	Stresstest-Automatisierung	195
11.7	Test von Mehrschicht-Anwendungen	196
11.8	Fehlerinjektion: Wie gut sind unsere Tests?	197
11.9	Mehrwert automatisierter Tests	198

12 Was haben wir aus der Betrachtung der Verfahren gelernt? 199

12.1	Kriterien für erfolgreiche Projekte	199
12.2	Anforderungen an das Entwicklungsteam	201
12.3	Anforderungen an den Projektleiter	202

13 Teststrategie: Der Weg ist wichtiger als das Ziel 205

13.1	Strategien umsetzen	205
13.2	Inhalte einer pragmatischen Entwicklertest-Strategie	208

14 Fehlerkultur 213

14.1	Konstruktive Fehlerkultur: aus Fehlern lernen	214
14.2	Fehlerkultur und Kreativität	215
14.3	Beurteilung und Konsequenzen von Fehlern	216

IV Möglichkeiten und Herausforderungen   219

15 Test von Realtime und Embedded Systems 221

15.1	Was bedeutet eigentlich RTES?	221
15.2	Was ist ein sicheres System?	224
15.3	Warum sind RTES so besonders schwierig?	225
	15.3.1 Reaktives System	225
	15.3.2 Nebenläufigkeit und Verteilung	225
15.4	Besondere Testverfahren	226
	15.4.1 Failure Mode and Effect Analysis – FMEA	227
	15.4.2 Fault Tree Analysis – FTA	228
	15.4.3 Classification Tree Method – CTM	228
	15.4.4 Testbare und robuste Architektur	231
	15.4.5 Gemischte Signale und Timing-Diagramme	232

16 UML 1.5 vs. UML 2.0 .... **239**
16.1   Aktivitätsdiagramme in der UML 2 239
16.2   Das Testprofil 245
  16.2.1 Was ist ein UML-Profil? 246
  16.2.2 Wie sieht das UML-Testprofil aus? 247
  16.2.3 Ein Anwendungsbeispiel 250
16.3   Abbildung des UML-Testprofils auf JUnit 254

17 Zusammenwachsen von Entwicklung und Qualitätssicherung ... **257**
17.1   Ziele für Entwicklung und Qualitätssicherung 257
17.2   Aufgabenteilung zwischen Entwicklung und Qualitätssicherung 258

Anhang   261

A   **Beispiele für JUnit-Tests** **261**
A.1   Ein einfaches Testbeispiel 261
A.2   Grenz- und Extremwerte testen 263
A.3   Modale Klasse mit Mock testen 267

B   **Beispiel für eine JUnit-Testsuite** **283**

C   **Beispiel eines CppUnit-Tests** **285**

D   **Beispiel eines NUnit-Tests in C#** **295**

E   **Beispiel eines Jellytool-Tests** **297**

F   **Übersicht aller 37 objektorientierten Testmuster** **299**

Glossar **303**

Abbildungsverzeichnis **309**

Tabellenverzeichnis **313**

Codebeispielverzeichnis **315**

Literaturverzeichnis **317**

Kolophon **323**

Danksagung **325**

Index **327**

Teil I
Warum überhaupt testen?

▷ **Komplexe Systeme führen zu Fehlern** 3
Es wird gezeigt, warum es in der Softwareentwicklung zwangsläufig zu Fehlern kommen muss und was die prinzipiellen Gründe dafür sind.

▷ **Programmiersprachen sind fehleranfällig** 9
Unser zentrales Werzeug der Programmiersprache unterstützt uns leider nur mehr oder weniger gut, Fehler zu vermeiden. Auch moderne Sprachen sind fehleranfällig.

▷ **Qualität, Fehler, Test: Versuch einer Begriffsbestimmung** 15
Was heißt eigentlich *gute Qualität*? Was sind *Fehler*? Wie können wir beide Begriffe praxistauglich definieren? Wie können wir testen, und welche Grundhaltung ist dabei dienlich?

▷ **Schlussbemerkungen** 27
Was können wir aus den Beispielen lernen? O.k., wir sollten testen, aber das wirft gleich die nächsten Fragen nach der Aussagekraft und Effizienz von Tests auf.

1 Komplexe Systeme führen zu Fehlern

»Das einzige Mittel, den Irrtum zu vermeiden, ist die Unwissenheit.«[1] Für uns bietet diese Erkenntnis kaum eine Möglichkeit, Fehler zu vermeiden. Also wollen wir uns der Problematik von Fehler und Test aktiv stellen. Wir sind beileibe nicht chancenlos bei unserem Kampf für bessere Software.

Komplexe Systeme sind analytisch in begrenzter Zeit nur unvollständig erfassbar. Fehler sind damit zwangsläufig die Folge. Ganz allgemein betrachtet gibt es dafür vier Gründe:

- Kommunikationsprobleme
    - extern, also zwischen Menschen
    - intern, also im internen Kommunikationsprozess bei der Transformation von Sprache in Verständnis
- Gedächtnisprobleme
- Fachliches Problemverständnis
- Hohe Komplexität der Softwarelösung

Betrachten wir die vier Bereiche ruhig noch etwas genauer.

1.1 Kommunikation

Ein einfaches Kommunikationsmodell beschreibt Kommunikation als Folge von Transformationen [79]. Dabei kann es bei jeder Transformation zu Verlusten im Informationsgehalt kommen. Dies erfolgt sowohl zwischen Personen wie auch innerhalb eines Menschen (Abb. 1.1).

Jede Wahrnehmung ist subjektiv. Dazu kommt das Ausfiltern von Informationen aufgrund der physikalischen Einschränkungen unserer Wahrnehmung. Das Wahrgenommene wird dann transformiert und als Erinnerung im Gehirn abgelegt. Bei dieser Transformation helfen uns unsere bisherigen Erfahrungen. Außerdem sind wir begrenzt durch unsere individuelle

---

[1]Jean-Jacques Rousseau (1712–1778), Schriftsteller und Kulturphilosoph, aus: *Emilie*, ca. 1762

Auffassungsgabe. Beides hilft uns beim schnellen Erfassen, filtert aber erneut Informationsgehalt aus.

Bei der Retransformation aus unserem Gehirn in extern Kommunizierbares, also z. B. Sprache, bleibt erneut einiges auf der Strecke. Besonders bewusst wird uns dies, wenn wir nicht in unserer Muttersprache, sondern in einer Fremdsprache kommunizieren müssen. Wir spüren förmlich, wie Informationsgehalt liegen bleibt. Bei unserem Gesprächspartner spielen sich natürlich dieselben Prozesse ab.

Abbildung 1.1: Ein einfaches Kommunikationsmodell nach Shannon und Weaver [79].

Wir technisch geprägten Menschen reduzieren Kommunikation häufig auf den reinen Informationsgehalt. Dies wird als inhaltlich-sachliche Ebene der Kommunikation bezeichnet. Daneben gibt es aber noch drei weitere Ebenen der Kommunikation, die der Geschäftsordnung, der sozialen Beziehungen und des Unbewussten (Abb. 1.2) [2, 70]. Dieses Kommunikationsmodell wird grafisch in Form eines Eisbergs dargestellt und entsprechend genannt. Schauen wir uns die Ebenen des Eisbergmodells genauer an.

Sachebene: fachlicher Inhalt, Ziele, Verstand, Aufgaben... Wir transportieren hier die Antworten nach dem *was*.

Geschäftsordnung: Befugnisse, Entscheidungsverfahren, Standards, Regeln... Mit der Geschäftsordnung beantworten wir die Frage nach dem *womit*.

Soziale Beziehungen: Gefühle, Erwartungen, Ängste, Anerkennung, Offenheit, Vertrauen...

1.1 Kommunikation

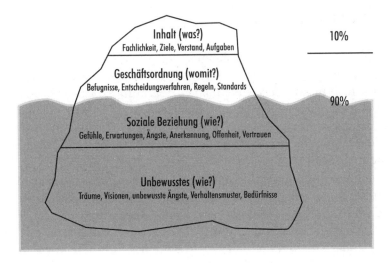

Abbildung 1.2: Eisbergmodell: Kommunikation spielt sich parallel auf vier Ebenen ab [2, 70].

Unbewusstes: Träume, Visionen, unbewusste Ängste oder Verhaltensmuster...

Das Besondere am Eisbergmodell ist weniger die Tatsache der Existenz der vier Ebenen, sondern deren Anteil an der Wichtigkeit für den Transport von Information. Die Sachebene spielt mit ca. 10% nur eine untergeordnete Rolle, der Anteil unterhalb der Wasserlinie macht dagegen über die Hälfte aus. In diesem Zusammenhang gibt es zwei Regeln, die uns im täglichen Leben von Nutzen sein können.

1. Offensichtliche Kommunikationsprobleme auf einer Ebene haben ihre versteckte Ursache häufig in der darunter liegenden Ebene.
2. Kommunikationsprobleme müssen auf der Ebene gelöst werden, auf der sie verursacht werden.

Natürlich könnte man ein eigenes Buch über das Eisbergmodell schreiben. Wichtig ist mir hier, dass wir ein erstes Gefühl bekommen, warum es so schnell zu Kommunikationsproblemen kommen kann, obwohl inhaltlich doch eigentlich alles gesagt wurde. Durch das Verletzen von Konventionen und Regeln oder z. B. durch arrogantes Verhalten verderben wir uns die Möglichkeit, andere Menschen zu überzeugen. Der unbewusste Anteil ist dabei erheblich; manchmal können wir eine bestimmte Person einfach nicht erreichen und nur, weil wir sie durch unser Aussehen und unseren Habitus an ihren alten Chef erinnern, von dem sie im Streit entlassen wurde...

1.2 Gedächtnis

Auch wenn Sie nicht an »Pre-Alzheimer« leiden, können Sie sich nicht alles merken. Ich bin sogar ein sehr vergesslicher Mensch, was sowohl bei der Arbeit als auch in anderen persönlichen Beziehungen immer wieder zu Irritationen führt. Es gibt Techniken, das Gedächtnis zu stärken oder durch Mnemotechniken zu verbessern. Trotzdem können wir uns nicht alles merken. Leider gelingt es uns aber auch nur begrenzt, alles aufzuschreiben und so vor dem Vergessen zu retten.

Wir können nur die wichtigsten Dinge dokumentieren. Dabei sollten wir auch immer einen pragmatischen Kompromiss finden zwischen Aufwand, Umfang und Inhalten, wobei ein besonderes Augenmerk auf der Wartung von Dokumenten liegen muss, um nicht entweder andauernd unsere Dokumente ändern zu müssen oder aber schnell veraltende Texte vorzufinden, die keinen relevanten Praxiswert mehr haben. Die Kunst besteht also im Rahmen der Softwareentwicklung darin, durch den Code, im Code und durch kodierte Testfälle die lokale Dokumentation durch die Arbeitsergebnisse selbst zu erreichen und in externen Dokumenten die übergreifenden Zusammenhänge und langfristig gültigen Aspekte zu behandeln.

Selbst wenn uns das gelingt, brauchen wir die Detailinformationen in unseren Köpfen. Und dort verhält es sich wie mit einer Festplatte, auf der von jemand anderem Dateien gelöscht werden und wir kein Backup haben. Es passieren Fehler.

1.3 Fachlichkeit

Wir sind technische Experten, stecken in den Tiefen unserer Programmiersprachen, Tools und Klassenbibliotheken. Methodisches Arbeiten in den Bereichen der Softwarearchitektur und des Designs sind uns geläufig, wir modellieren mit der Unified Modeling Language (UML) und können Tage bzw. Nächte damit verbringen, Code zu optimieren, die Performance eines Systems zu verdoppeln oder einen vertrackten Fehler durch Analyse des Stackdumps zu finden. Dafür sind wir ausgebildet, und darin haben wir Erfahrung.

Programmierung und die Erstellung von Software sind kein Selbstzweck. Auftraggeber verfolgen fachliche Ziele, und die Anwender und Fachabteilungen, mit denen wir es zu tun haben, um an die Anforderungen zu kommen, die wir umsetzen sollen, haben ganz andere Sorgen. Auch sie sind Fachexperten, nur leider auf ganz anderen Gebieten. So lange, wie wir uns bereits mit der Umsetzung von Entwurfsmustern oder der Implementierung von Mehrschichtarchitekturen befasst haben, haben sie in ihrer eigenen fachlichen Welt gearbeitet.

Um zu verstehen, was wir eigentlich tun sollen, müssten wir eigentlich selbst eine Banklehre gemacht, Versicherungs- oder Speditionskaufmann gelernt, ein Baustatik-, Jura- oder BWL-Studium absolviert haben. Haben wir aber nicht! Entwickler, die lange im selben Umfeld arbeiten, erarbeiten sich nebenbei einen Großteil dieses Wissens, aber eben nicht alles.

Warum ist das überhaupt ein Problem? Wir reden doch miteinander und die Anforderungsgeber sagen uns schon, was sie wollen. In der Praxis treffen wir dabei primär auf drei Probleme:

- Die Anforderungsgeber können nur schwer vermitteln, was sie wollen, da sie sich selbst darüber nur diffus im Klaren sind. Die Abstraktions- und Analysefähigkeit ist leider sehr unterschiedlich verteilt. Häufig muss dies auf Seiten der Entwicklung im Rahmen der Analyse geleistet werden. Jetzt ist aber die Gefahr groß, dass wir aus Unkenntnis fachlicher Zusammenhänge in der Abstraktion wichtige Details übersehen bzw. Zusammenhänge zu einfach sehen.
- Wir sprechen nicht die gleiche Fachsprache (Abb. 1.3). Es ist zwar immer noch Deutsch, aber wir verstehen es trotzdem nur begrenzt. Es findet also ein Transfer statt, bei dem Informationsgehalt verloren gehen kann. Diese Transferverluste können sich später als Fehler rächen. Gemindert werden kann dieser Verlust nur durch einen expliziten Übersetzer. Zusätzlich erfolgt im Rahmen der Analyse eine Abstraktion, die auch zu Fehlern führen kann.
- Die Anforderungsgeber wissen nicht, was technisch möglich ist, und können daher nur im Rahmen ihres technischen Horizonts Vorschläge machen. Um aber von unserer Seite aus Alternativen vorschlagen zu können, müssen wir erstmal verstanden haben, was die Anforderungsseite eigentlich will bzw. braucht. Da wir das aber nur schwer verstehen, drehen wir uns leicht im Kreis.

1.4 Komplexität

Selbst wenn wir die drei zuvor behandelten Bereiche in den Griff bekommen, spielen uns unsere Aufgabenstellungen immer noch einen Streich. Softwareprojekte gehören zu den komplexesten Dingen, die Menschen versuchen. Leider sind wir nur begrenzt in der Lage, Komplexität zu überblicken. Wir versuchen unsere Aufgaben zu zerlegen und so die Gesamtkomplexität zu reduzieren. Dennoch werden uns die Vielfalt und die Abhängigkeiten der Anforderungen wie auch unsere technischen Möglichkeiten immer wieder Fehler bescheren. Durch die Zerlegung schaffen wir eben nur den Anschein, die Komplexität im Griff zu haben (Abb. 3.3 auf Seite 24).

Abbildung 1.3: Bei der Kommunikation zwischen Fachabteilung und Entwicklung findet ein Transfer aus einer Fachsprache in eine andere statt.

1.5 Erstes Fazit

Es bleibt uns also nichts anderes übrig, als zu akzeptieren, dass Fehler immer wieder gemacht werden, ja geradezu gemacht werden müssen! Oder anders formuliert: Wenn wir keine Fehler machen, treten wir auf der Stelle und kommen inhaltlich nicht voran.

Akzeptieren wir Fehler als notwendig in unserem Projekt-Lern-Prozess, so können wir sie bewusst dazu nutzen:

- ❏ Über Fehler können wir die kritischen Bereiche identifizieren, um sie dann genauer zu betrachten.
- ❏ Unser Entwicklungsprozess sollte sich aktiv und zu jeder Zeit den Fehlern stellen, sie suchen, finden und beheben.

Leider stellt sich uns das Problem der Fehler und ihrer Entdeckung noch wesentlich differenzierter dar. Fehler weisen Strukturen auf. Nicht jeden Fehler können wir zu jedem Zeitpunkt finden. Es muss daher differenzierte Testarten geben. Die grundsätzliche Einstellung ist dabei aber der Schlüssel zum Erfolg!

Wir akzeptieren Fehler und nutzen sie. Fehler sind nicht notwendigerweise ein Zeichen von Schwäche, sondern systemimmanent. Wenn wir das leugnen, werden wir scheitern. Die Einstellung gegenüber Fehlern, die *Fehlerkultur*, ist so wichtig, dass sie später noch differenzierter betrachtet wird.

2 Programmiersprachen sind fehleranfällig

Unser wesentliches Werkzeug ist die Programmiersprache selbst. Und wie jedes Tool, das wir sonst noch so einsetzen, hat sie Stärken und Schwächen. Schauen wir uns zwei konkrete Beispiele näher an.

2.1 Die Venussonde Mariner 1

Im Jahr 1962 wurde die Trägerrakete der Mariner 1-Venussonde 290 Sekunden nach dem Start kontrolliert zerstört, da sie von der vorgesehenen Flugbahn abwich. Der Schaden belief sich auf ca. 18,5 Mio. $. Was war los? Die Steuerungssoftware der Atlas-Agena B-Trägerrakete ist in FORTRAN programmiert worden. Die entscheidende Schleife sieht so aus [37]:

```
IF (TVAL .LT. 0.2E-2) GOTO 40
DO 40 M = 1, 3
W0 = (M-1)*0.5
X = H*1.74533E-2*W0
DO 20 N0 = 1, 8
EPS = 5.0*10.0**(N0-7)
CALL BESJ(X, 0, B0, EPS, IER)
IF (IER .EQ. 0) GOTO 10
20 CONTINUE
DO 5 K = 1. 3
T(K) = W0
Z = 1.0/(X**2)*B1**2+3.0977E-4*B0**2
D(K) = 3.076E-2*2.0*(1.0/X*B0*B1+3.0977E-4**(B0**2-X*B0*B1))/Z
E(K) = H**2*93.2943*W0/SIN(W0)*Z
H = D(K)-E(K)
5 CONTINUE
10 CONTINUE
Y = H/W0-1
40 CONTINUE
```

Codebeispiel 2.1: Ausschnitt der FORTRAN-Steuerungssoftware der Atlas-Agena B-Trägerrakete aus dem Jahr 1962.

FORTRAN-Cracks können ja mal den Fehler suchen. Während meines Physikstudiums habe ich diese Sprache gut kennen gelernt und auch später noch in FORTRAN programmiert. Ich darf Sie daher bitte kurz durch die relevante Stelle des Codes führen? Es ist die kleine Schleifenanweisung in der Mitte:

```
DO 5 K = 1. 3
```

Richtig wäre gewesen:

```
DO 5 K = 1, 3
```

Ja wirklich: Ein Punkt anstatt eines Kommas macht den Unterschied. Und der Compiler bemerkt es auch nicht! In FORTRAN gibt es eine Reihe von Default-Regeln, die den Entwicklern das Leben vereinfachen sollen, aber leider seltsame Nebenwirkungen haben. So werden unter gewissen Umständen Blanks ignoriert. In diesem Fall denkt der Compiler, es soll sich um eine Wertzuweisung handeln, da nach dem Gleichheitszeichen wohl eine Zahl steht und dabei das Blank ignoriert wird. Davor muss dann eine Variable stehen. Auch hier werden die Blanks ignoriert. Da diese Variable nicht vorher deklariert wurde, gelten die Defaults, in diesem Fall wird eine FLOAT-Variable mit dem Namen DO5K angelegt. Zusammengefasst sieht der Compiler die Zeile

```
DO5K = 1.3
```

und führt keine Schleife von 1 bis 3 aus, wie eigentlich gewünscht. Kleine Ursache, große Wirkung!

Sie werden einwenden, dass sich dieser Fehler vor über 40 Jahren zugetragen hat, in der ältesten Hochsprache. Heute sind wir doch viel weiter. Sind wir das wirklich? Auch in den modernen, typisierten Sprachen ist ein solcher Fehler möglich, z. B. in C++:

```
while (x > 0,1) {...}
```

Dieses Statement führt zu einer Endlosschleife, weil auch hier ein Punkt mit einem Komma verwechselt wurde. Ein C++-Compiler sieht zwei Terme in der Bedingung, $x > 0$ und 1, wobei Letzteres immer TRUE ist.

Erst in Java würde die `while`-Bedingung angemeckert werden, da dort keine implizite Wandlung von 1 in TRUE erfolgt. Sind also typsichere Sprachen wie Java oder Ada die Lösung?

2.2 Der Jungfernflug der Ariane 5

Speziell für komplexe, sicherheitsrelevante Software wurde im Auftrag des US-Verteidigungsministeriums die Sprache *Ada* entwickelt. Hilft uns das weiter? Ich befürchte nicht, denn z. B. die Steuersoftware der Ariane-Raketen ist in Ada geschrieben.

Die Gesamtentwicklungskosten in zehn Jahren der Ariane 5 im Jahr 1996 belief sich auf ca. 5,5 Mrd. €. Werfen wir einen Blick in die Programmierung des Trägheitsnavigationssystems [37]. Ich habe dabei nur die wesentlichen Teile herausgepickt und die für unsere Betrachtungen irrelevanten Zwischenteile, die durch ... angedeutet sind, übersprungen.

```
declare
    vertical_veloc_sensor: float;
    horizontal_veloc_sensor: float;
    vertical_veloc_bias: integer;
    horizontal_veloc_bias: integer;
...
begin
    declare pragma suppress(numeric_error, horizontal_veloc_bias);
    begin
        sensor_get(vertical_veloc_sensor);
        sensor_get(horizontal_veloc_sensor);
        vertical_veloc_bias := integer(vertical_veloc_sensor);
        horizontal_veloc_bias := integer(horizontal_veloc_sensor);
...
    exception
        when numeric_error => calculate_vertical_veloc();
        when others => use_irs1();
    end;
end irs2;
```

Codebeispiel 2.2: Ausschnitt der ADA-Steuerungssoftware der Ariane 5-Trägerrakete, 1996

Was ist hier passiert? Standardmäßig werden die Gültigkeitsbereiche zur Laufzeit geprüft, was jedoch unterdrückt werden kann. Genau dies erfolgt in der Zeile

```
declare pragma suppress(numeric_error, horizontal_veloc_bias);
```

Von einem Sensor für die horizontale Geschwindigkeitsermittlung werden interne Einheiten an die Steuersoftware gegeben. Diese werden mit der Zeile

```
horizontal_veloc_bias := integer(horizontal_veloc_sensor);
```

einer Ganzzahl-Variablen zugewiesen. Genau hier erfolgt 30 Sekunden nach dem Abheben ein Überlauf, ein Integer-Overflow, der nicht abgefangen wurde, da die Laufzeitprüfung etwas weiter oben ausgeschaltet wurde.

Wie nur konnte es dazu kommen? Nun, die betroffene Software lief seit Jahren problemlos und unverändert in der schubschwächeren Vorgängerversion Ariane 4. Auf einen intensiven Test inkl. einer Simulation wurde daher verzichtet, insbesondere weil der Test mit ca. einer halben Mio. € auch recht teuer war.

37 Sekunden nach dem Zünden der Rakete bzw. 30 Sekunden nach dem Abheben erreichte die Ariane 5 in 3700 m Flughöhe eine Horizontalgeschwindigkeit von 32768,0 internen Einheiten des Sensors. Dieser Wert lag etwa fünfmal höher als beim Vorgängermodell Ariane 4. Wie gesehen führte die Umwandlung in eine ganze Zahl zu einem Überlauf, der nicht abgefangen wurde.

Der redundant ausgelegte Ersatzrechner hatte das gleiche Problem bereits 72 ms vorher und schaltete sich gemäß seiner Spezifikation sofort ab. Die Diagnosedaten, die zum Hauptrechner geschickt wurden, interpretierte dieser als Flugbahndaten, die zu unsinnigen Steuerbefehlen für die Feststofftriebwerke wie für das Haupttriebwerk führten. So sollte die berechnete Flugabweichung von über 20° korrigiert werden. Daraufhin drohte die Rakete auseinander zu brechen und sprengte sich 39 Sekunden nach dem Zünden der Triebwerke selbst.

Das sollten wir uns etwas genauer anschauen: Der problematische Programmteil wird nur für die Startvorbereitungen und den Start eingesetzt. Es ist aus Sicherheitsgründen während der ersten 50 Sekunden aktiv, bis die Bodenstation die vollständige Kontrolle übernommen hat.

Im Code wird nur bei drei der sieben Variablen auf einen Überlauf geprüft. Für die anderen vier Variablen wurde diese Prüfung ausgeschaltet, da Beweise existieren, dass die Werte bei der Ariane 4 stets klein genug bleiben würden. Die Beweise gelten jedoch nicht für die wesentlich stärkere Ariane 5 und wurden auch nicht für sie nachgezogen oder geprüft. Die Ursache war also die Wiederverwendung scheinbar unproblematischen Codes!

Wieso lag ein so fester Glauben an die Software der Ariane 4 bzw. 5 vor? Es wurde beim Programmdesign davon ausgegangen, dass nur Hardwarefehler auftreten können! Das Risikomanagement hat Softwarefehler gar nicht in Betracht gezogen. Deshalb wurden auch die Ersatzrechner mit identischer Software ausgestattet. Daher wurde auch in der Systemspezifikation festgelegt, dass sich im Fehlerfall eines Rechners dieser abschalten soll und der andere einspringt. Ein Restart des Systems dauert viel zu lange, da die Flughöhenbestimmung recht aufwendig ist.

2.3 Zweites Fazit

Beide Beispiele habe ich nicht aus Schadenfreude ausgewählt, sondern weil wir die grundsätzliche Problematik daran gut erkennen können. Wie bereits eingangs bemerkt, gehe ich davon aus, dass in der jeweiligen Entwicklung eher überdurchschnittlich gute Programmierer und Projektleiter zu finden waren. Wenn schon denen solche Fehler unterlaufen, wie sieht es dann bei uns »Normalos« aus?

Der Glaube an die Fähigkeiten des Compilers bzw. an die Sicherheit wiederverwendeten Codes verstellt für unsere Risikobetrachtungen den Blick auf die weiterhin problematischen Teile. Gerade typisierte Sprachen geben uns so eine trügerische Sicherheit [28].

Die strenge Typisierung ist ein überschätzter Sicherheitsmechanismus. Sprachen wie Smalltalk oder Python bieten gar nicht die Möglichkeiten dazu. Es sind nicht-typisierte Sprachen, und die Smalltalk- oder Python-Programmierer vermissen die Typisierung auch nicht! Generell können wir uns fragen, wie in Smalltalk oder Python erfolgreich Software entwickelt werden kann, wenn die Typprüfungen doch so wichtig sein sollen?

Laufzeitfehler erfolgen eben trotz der statischen, strengen Typüberprüfungen. Ein kompilierfähiges Programm in einer streng typisierten Sprache wie z. B. Java hat eben nur die rudimentären, syntaktischen Tests bestanden. Diese sind notwendig, aber bei weitem nicht hinreichend!

Deutlich wird dies am Beispiel einer Interface-Realisierung aus Abb. 2.1 auf Seite 14. Das Interface `Sortierbar` deklariert die zu implementierenden Methoden für alle sortierbaren Klassen. Eine Client-Klasse kann nun über eine Menge (Collection) sortierbarer Objekte gehen und z. B. deren Maximum bestimmen. Die implizite Annahme, die dazu getroffen wird, lautet, dass die Menge nur aus Objekten derselben Klasse besteht.

Warum ist das so? Die von den konkreten, sortierbaren Klassen implementierten Vergleichsmethoden wie `istGroesser()` beruhen auf klassenspezifischer Logik. Eine Reservierung wird eben nach anderen Kriterien sortiert werden als eine Person oder ein Buch. Da bei einem Vergleich stets mindestens zwei Objekte betrachtet werden müssen, erfolgt zur Laufzeit ein Cast vom Basistyp `Sortierbar` herunter in die konkrete Klasse, also z. B. `Reservierung`. Damit das auch funktioniert, darf die betrachtete Menge nur homogen aus Reservierungsobjekten bestehen.

O.k., in Java können wir durch explizite Typabfragen auf die Klasse eines Objekts eine zusätzliche Sicherheit programmieren. Es geht in diesem Beispiel auch nur um die Illustration des grundsätzlichen Problems. Außerdem ist dies nicht in allen Sprachen möglich. In nicht streng typisierten Sprachen wie Smalltalk oder Python ist dies weder möglich noch gewünscht!

Unabhängig von der Sprache müssen alle Tests erfolgreich durchlaufen werden, die definiert worden sind, um den korrekten Ablauf sicherzustellen. Und hier spielen Smalltalk oder Python ihre Stärken aus: Der Code kann schneller geschrieben werden, und somit können die Tests früher beginnen!

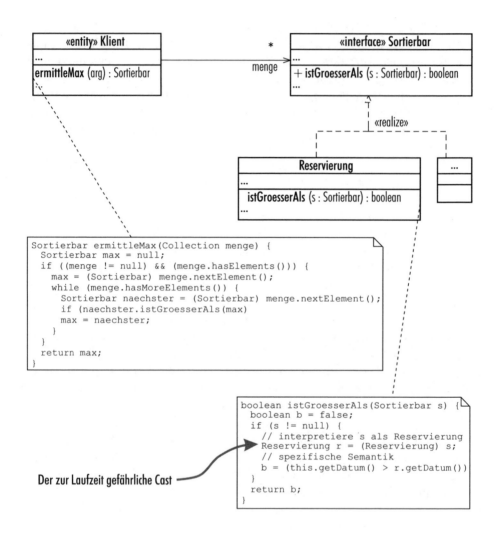

Abbildung 2.1: Das Interface-Pattern wird gerne und häufig zum Entkoppeln von Abhängigkeiten angewendet. Bei der Betrachtung von Mengen von Objekten kann es zu Problemen kommen.

3 Qualität, Fehler, Test: Versuch einer Begriffsbestimmung

3.1 Qualität

Was ist *Qualität*? Wann hat Software eine *gute* Qualität? In den Normen ISO 8402:1994 bzw. ISO 9000 und ISO 9126 wird Qualität wie folgt definiert [23, 42, 43, 44]:

> Qualität ist die Gesamtheit von Merkmalen einer Einheit bezüglich ihrer Eignung, festgelegte und vorausgesetzte Erfordernisse zu erfüllen.
>
> Software-Qualität ist die Gesamtheit der Merkmale und Merkmalswerte eines Software-Produkts, die sich auf dessen Eignung beziehen, festgelegte oder vorausgesetzte Erfordernisse zu erfüllen.

In meiner Praxis hat sich eine daraus abgeleitete Vereinfachung bewährt:

> Qualität ist Leistung im Verhältnis zur Erwartung.

Die einfache Formel $Qualität = \frac{Leistung}{Erwartung}$ macht deutlich, dass nicht alles, was machbar ist, auch gute Qualität ist. Vielmehr gilt es, die implizit oder explizit vorhandenen Erwartungen zu erfüllen. Die Kunst, gute Qualität zu liefern, liegt also zuallererst darin zu wissen, was der Kunde will bzw. braucht. Softwarequalität umfasst also mehr als nur das Aufdecken von Fehlerwirkungen. Zu ihr gehören nach der Norm ISO 9126 noch fünf Faktoren [84]:

Funktionalität: alle Charakteristiken, welche die geforderten Fähigkeiten eines Systems beschreiben. Dabei wird die Funktionalität weiter unterteilt in die Merkmale:

- ❏ Angemessenheit: geeignete Realisierung der Anforderungen.
- ❏ Richtigkeit: korrekte Realisierung gemäß der Spezifikation.
- ❏ Interoperabilität: Zusammenspiel des Testsystems mit anderen, vorgegebenen Systemen.

- Ordnungsmäßigkeit: Erfüllung anwendungsspezifischer Normen, gesetzlicher Bestimmungen oder sonstiger Vereinbarungen.
- Sicherheit: Zugriffs- und Datensicherheit gegenüber versehentlichem oder vorsätzlichem, unberechtigtem Zugriff.

Zuverlässigkeit: Bewahrung eines spezifizierten Leistungsniveaus unter festgelegten Bedingungen über einen definierten Zeitraum hinweg. Auch dieses Merkmal wird weiter unterteilt:

- Reife: Wie häufig erfolgt ein Versagen der Software durch Fehlerzustände?
- Fehlertoleranz: Wie verhält sich das System, nachdem ein Problem zu einer Fehlerwirkung geführt hat?
- Wiederherstellbarkeit: Wie einfach und schnell kann das geforderte Leistungsniveau nach einem Versagen oder Ausfall wiederhergestellt werden?

Benutzbarkeit: Die Aufwände für die Benutzung der Software durch die einzelnen Benutzergruppen mit ihren Teilaspekten berücksichtigen:

- Verständlichkeit
- Erlernbarkeit und
- Bedienbarkeit.

Effizienz: Test messbarer Ergebnisse zur Erfüllung der Aufgabe. Häufig werden diese Eigenschaften auch als *Leistung* bzw. *Performance* bezeichnet. Beispiele für Messgrößen sind:

- Zeitverhalten oder
- Ressourcenverbrauch.

Änderbarkeit: Effizienter Einsatz über einen langen Zeitraum hinweg setzt die Änderbarkeit voraus. Sie besteht aus den Aspekten

- Analysierbarkeit
- Modifizierbarkeit
- Stabilität und
- Prüfbarkeit.

Übertragbarkeit: Betrieb unter verschiedenen Betriebssystemen oder auf unterschiedlichen Hardware-Plattformen. Dabei spielen die folgenden Faktoren eine Rolle:

- Anpassbarkeit
- Installierbarkeit
- Konformität
- Austauschbarkeit

Auch daraus können wir bereits jetzt einiges für unsere Praxis ableiten. So können wir nicht alle Qualitätsmerkmale gleich gut erfüllen. Teilweise können sie sich sogar gegenseitig behindern[1]! Eine entsprechende Priorisierung der Ziele ist also notwendig. Die *eierlegende Wollmilchsau* wird nur selten sinnvoll realisierbar sein. Die Ziele, die mit der Software erreicht werden sollen, sind also genau zu erarbeiten und die dafür notwendigen Qualitätskriterien zu bestimmen.

Wir kommen auf diese Aspekte der Qualität noch einmal kurz in Abschnitt 6.1 auf Seite 47 zurück. Sie helfen uns dort bei der Beantwortung der Frage, was wir eigentlich testen wollen.

3.2 Anforderung

Um also die Qualität eines Produkts konkret festlegen zu können, müssen wir die Anforderungen daran kennen. Der Begriff *Anforderung* wird dabei wie folgt definiert [84]:

1. Bedingung oder Fähigkeit, die von einer Person zur Lösung eines Problems oder zur Erreichung eines Ziels benötigt wird.
2. Bedingung oder Fähigkeit, die eine Software erfüllen oder besitzen muss, um einen Vertrag, eine Norm oder ein anderes, formell bestimmtes Dokument zu erfüllen.
3. Aussage über eine zu erfüllende qualitative oder quantitative Eigenschaft eines Produkts.

Diese Sicht hat zwei praktische Konsequenzen, die leider oft vergessen werden. Es handelt sich dabei um äußerst erfolgsrelevante Faktoren, die ich Ihnen nur dringend ans Herz legen kann.

❏ Wir brauchen eine geeignete Anforderungsdefinition. Mit *geeignet* ist zumindest gemeint, dass sie ausreichend detailliert und in schriftlicher Form zugreifbar ist. Was ausreichend detailliert bedeutet, bestimmt der Empfänger innerhalb des Kommunikationsprozesses, also wir Entwickler. Was die Schriftlichkeit anbelangt können wir angemessen aus der ganzen Bandbreite von Digitalfotos der Ergebnisse von Planungsspielen mit dem Kunden, über E-Mail-Korrespondenz zu Anwendungsfällen mit Aktivitätsdiagrammen, bis hin zu mehreren hundert Seiten starken Anforderungsspezifikationsdokumenten auswählen. Wichtig ist nur die spätere Nachvollziehbarkeit.

---

[1]Anforderungen an die Wartbarkeit und Performance können z.B. solche Konflikte auslösen.

❏ Anforderungen gelten nicht nur für die Software, sondern auch für die Anwender. Diese müssen ausreichend geschult sein, was leider oft vergessen wird. Genauso können sie uns auch retten, wenn es Probleme mit der Software gibt. Nicht selten können wir durch spezielle Schulungen Problemen in der Anwendung der Software gezielt vorbeugen. Solange wir nicht die Anforderungen vollständig in unserer Software abbilden, können uns die Anwender oft dadurch helfen, dass sie sich entsprechend verhalten. Dazu müssen sie genau wissen, was wann wie zu tun oder zu unterlassen ist.

3.3 Fehler

Nicht alles, was machbar ist, ist auch gefordert und nicht jeder Fehler ist ein K.o.-Kriterium. John Robbins fasst dies sehr treffend in dem Satz zusammen:

> Der Kunde kauft keine Algorithmen, sondern hochqualitative Produkte [76].

Wir verstehen unter *Fehler* zwei Dinge:

1. Oberbegriff für Fehlhandlung, Fehlerzustand und Fehlerwirkung.
2. Nichterfüllung einer festgelegten Anforderung.

Fangen wir vorne an und differenzieren wir sauber [84]:

Fehlhandlung: (engl.: error)

1. Die menschliche Handlung des Entwicklers, die zu einem Fehlerzustand in der Software führt.
2. Die menschliche Handlung eines Anwenders, die ein unerwünschtes Ergebnis im Sinne einer Fehlwirkung zur Folge hat. Wir bezeichnen dies als *Fehlbedienung*.
3. Unwissentlich, versehentlich oder absichtlich ausgeführte Handlung oder Unterlassung, die unter gegebenen Umständen dazu führt, dass eine geforderte Funktion beeinträchtigt ist.

Fehlerzustand: (engl.: fault)

1. Inkorrektes Teilprogramm, inkorrekte Anweisung oder Datendefinition, die Ursache für eine Fehlerwirkung ist.
2. Zustand eines Softwareprodukts oder einer seiner Komponenten, der unter spezifischen Bedingungen, z. B. unter hoher Belastung, eine geforderte Funktion des Produkts beeinträchtigen kann bzw. zu einer Fehlerwirkung führt.

Fehlerwirkung: (engl.: failure)
1. Wirkung eines Fehlerzustands, die bei der Ausführung des Testobjekts nach *außen* in Erscheinung tritt.
2. Abweichung zwischen spezifiziertem Sollwert und beobachtetem Istwert bzw. Abweichung zwischen Soll- und Istverhalten.

Bereits daraus können wir einiges an Nutzwert für unsere tägliche Arbeit ableiten. Blicken wir noch einmal auf die *Fehlhandlung*: Die Ursachen können menschliche Handlungen der Entwickler wie auch der Anwender sein. Dem könnten wir durch geeignete Qualifikation entgegenwirken. Oder konkret: Je besser wir ausgebildet sind, umso weniger Fehler werden wir machen. Das betrifft sowohl alle am Entwicklungsprozess beteiligten Personen, die wir hier mit dem Sammelbegriff *Entwickler* zusammenfassen, als auch die Anwender. Auch der dritte Punkt der Definition ist interessant: Wir können sicherlich unsere Arbeitsabläufe und Prozesse so optimieren, dass wir die Menge und Schwere der daraus entstehenden Fehler minimieren.

Auch die Definition der *Fehlerwirkung* wirft interessante Aspekte auf. Wir sollten so entwickeln, dass sich eine Fehlerwirkung schnell und deutlich offenbart.

Allgemein können wir also als Fehler eine Abweichung vom erwarteten Verhalten bezeichnen. Diese fallen in fünf grundsätzliche Kategorien:

Inkonsistente Benutzerschnittstellen stören den Arbeitsfluss und damit die Erreichung des Kundenzieles, nämlich die Vereinfachung bisheriger Arbeitsprozesse. Je einfacher, klarer und konsistenter die Bedienung ist, desto weniger Fehler durch Fehlbedienung werden auftreten. Gleichzeitig werden als Nebeneffekt auch die Akzeptanz durch die Anwender höher und die Schulbarkeit der Anwendung besser sein.

Unerfüllte Erwartungen der Nutzer bzw. des Kunden sind der schwierigste und härteste Fehler. Die Fehlerursachen liegen aufgrund mangelnder oder unvollständiger Kommunikation zwischen Kunde und IT-Dienstleister bereits am Anfang des Projekts.

Schlechte Performance gehört eigentlich auch in den Bereich der nicht erfüllten Erwartungen, bedarf aber durchaus aufgrund ihrer Besonderheiten einer eigenen Betrachtung. Ein ansonsten gutes Produkt kann weitgehend seine Kundenakzeptanz verlieren, wenn die Performance nur mangelhaft ist. In vielen Bereichen ist dies ein K.o.-Kriterium.

Dieser Fehler kann zweiseitig angegangen werden. Die Zielperformance der Programme sollte bereits im Vorfeld bei den Anforderungen genauestens festgelegt werden. Nur so kann die technische Machbarkeit geprüft und eine zielgerichtete Umsetzung überhaupt erfolgen.

Vorgaben und Machbarkeitsstudien sind aber nur ein Stützpfeiler zur Entwicklung performanter Programme. Daneben wird bereits parallel zur Entwicklung ein Testumfeld benötigt, welches realistische, d. h. kunden- und belastungsnahe Tests ermöglicht. So können Designfehler frühzeitig erkannt oder verschiedene Varianten sinnvoll getestet werden.

Fehlverhalten auf Grund falsch implementierter Regeln oder Berechnungen. Die Ursache ist dafür oft ein unzureichendes Verständnis der Fachlichkeit.

Abstürze und/oder Datenverluste sind wohl die Fehlerart, die uns als Erstes einfällt. Mit Absicht kommen sie deshalb an letzter Stelle, da wegen ihrer starken Gewichtung die Korrekturen der anderen gerne ignoriert oder aus Zeitgründen verschoben werden.

Uns sollte stets bewusst sein, dass, so unterschiedlich die Ausprägungen der Fehlerarten auch sein mögen, sie doch die gleiche Konsequenz haben können: Unsere Programme werden nicht benutzt. Für langfristigen Erfolg brauchen wir aber eine hohe Kundenakzeptanz.

3.4 Test

Lassen Sie uns zu Beginn einen Blick auf das Grundsätzliche von Softwaretests werfen, bevor wir später tiefer in die Details hinabsteigen. Ganz allgemein verstehen wir unter dem Begriff *Testen* Folgendes [84]:

> Unter dem *Test* von Software verstehen wir die stichprobenartige Ausführung eines Testobjekts, die zu dessen Überprüfung dienen soll. Dazu müssen die Randbedingungen für die Ausführung des Tests festgelegt sein. Über einen Vergleich zwischen Soll- und Ist-Verhalten wird bestimmt, ob das Testobjekt die geforderten Eigenschaften erfüllt.

3.4.1 Demonstratives und destruktives Testen

Allgemein wird seit den 70er Jahren zwischen zwei Herangehensweisen unterschieden:

Demonstratives Testen: Die systematische Ausführung eines Systems oder Programms unter sorgfältig kontrollierten Umständen zur Erhöhung der Qualität (Edward Miller, 1978) [75].

Destruktives Testen: Der Prozess, ein System oder Programm mit der Absicht auszuführen, Fehler zu finden (Glenford J. Myers, 1979) [64, 75].

Die erste Art finden wir oft bei Entwicklern; es ist die »Sieh doch, es geht«-Mentalität. Leider finden wir so nur wenig Fehler. Dazu müssen wir destruktiv an die Sache herangehen und das Testobjekt an seine Grenzen und darüber hinaus bringen. Entwickler sollten also lernen, selbst destruktive Tests durchzuführen, aus der Aussage »Siehst du, es geht!« ein »Wenn das Eingabefeld leer bleibt, stürzt das Programm ab!« zu machen. Das erfordert einen schwierigen Wechsel der inneren Herangehensweise. Diese psychologischen Aspekte werden wir noch näher betrachten.

3.4.2 White-Box- und Black-Box-Testverfahren

Je nachdem auf welcher Grundlage wir testen und was unser Testobjekt ist, unterscheiden sich die Tests [73, 84, 89].

White-Box-Test: Die Herleitung und Auswahl der Tests erfolgen auf Grundlage der Implementierung, also der inneren Struktur des Testobjekts. White-Box-Tests sind strukturelle Tests und werden von einigen Autoren auch als *Glas-Box-Test* bezeichnet.

Struktureller Test: Tests, die unter Berücksichtigung der Struktur des Testobjekts hergeleitet werden. Die Vollständigkeit und damit die Qualität der Prüfung wird als *Überdeckungsgrad* bezeichnet und anhand von Strukturelementen wie Zweige, Pfade oder Daten bewertet.

Black-Box-Test: Wir entwerfen die Tests auf Grundlage der Spezifikation bzw. Anforderungen ohne Kenntnis der inneren Strukturen der Software.

Grey-Box-Test: Kombination aus Black-Box- und White-Box-Tests, z. B. ein schnittstellenbasierter Integrationstest von Komponenten, der sowohl prinzipielle Realisierungstechniken als auch Teilabläufe aus der Spezifikation zur Grundlage hat.

In Abb. 3.1 sind die verschiedenen Sichten schematisch dargestellt. Wir befassen uns im Rahmen der Entwicklertests primär mit den White-Box-Tests.

Wieso brauchen wir diese verschiedenen Verfahren? Ein Verfahren reicht leider nicht! Mit White-Box-Tests prüfen wir, ob unser Code richtig funktioniert. Wir beantworten die Frage, ob wir korrekt programmiert haben. Black-Box-Tests stellen sicher, dass auch die Anforderungen realisiert wurden. Hier geht es darum, ob wir das Richtige programmiert haben. Die Grey-Box-Tests finden bei einer komponentenbasierten IT-Struktur verstärkten Einsatz, da weder die ausschließliche Betrachtung der Sourcecode-Ebene noch die alleinige Sicht auf einen monolithischen Block für sinnvolle Tests ausreichend sind.

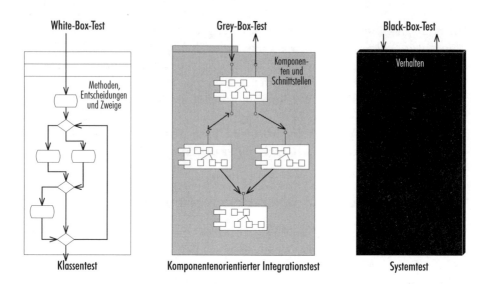

Abbildung 3.1: Prinzipien von White-Box-, Grey-Box- und Black-Box-Test (nach [82]).

3.4.3 Testfall und Testdaten

Ein Testfall besteht aus einem Testablauf und den verwendeten Testdaten. Bleiben wir kurz beim Ablauf. Dort wird beschrieben, welche Schritte nacheinander durchgeführt werden. Prinzipiell kann ich dabei einen Ablauf mit verschiedenen Testdaten wiederholen.

Die Testdaten setzen sich zusammen aus der Beschreibung aller Eingaben und ihrer erwarteten Resultate. Anderenfalls wäre die Prüfung, ob ein Test erfolgreich war, nicht zu machen.

Automatisiere ich Tests, so programmiere ich den Ablauf eines Testfalls, lasse ihn mit bestimmten Testdaten laufen und prüfe die tatsächlichen Resultate gegen meine erwarteten Ergebnisse. Man könnte also die Testdaten aus einer Datenbank einlesen und mit dem programmierten Ablauf verknüpfen. So werden verschiedene Testfälle mit demselben Ablauf, aber verschiedenen Daten einfach machbar.

3.4.4 Unit-Tests: Klassen-, Ketten- und Modultests

Unter dem Begriff Unit-Test verstehen wir alle Arten von Tests lauffähiger Teile der Software durch uns Entwickler. Die zu testende Einheit, die *Unit*, kann dabei sowohl eine einzelne, isolierte Klasse, eine durch Assoziationen verbundene Kette von benachbarten Klassen oder ein Modul von Klassen sein (Abb. 3.2). Meist werden dafür methodische White-Box- und Grey-

Box-Tests durchgeführt. Spezifikationsorientierte Black-Box-Tests sind hier natürlich ebenfalls einsetzbar.

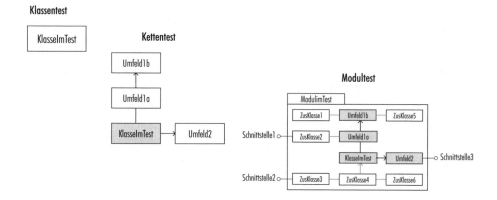

Abbildung 3.2: Unit-Tests erfolgen auf drei Ebenen, als isolierter Klassentest, Kettentest entlang von Assoziationen und als Modultest.

Im Rahmen unserer Tests müssen **alle** diese Unit-Tests durchgeführt werden. Häufig werden aber gerne die Kettentests vergessen. Selbst wenn alle Klassen für sich vollständig getestet worden sind, heißt das aber noch lange nicht, dass deren Zusammenspiel entlang der Assoziationsketten auch funktioniert. Wenn es zeitlich eng wird, sind die Kettentests sogar höher zu gewichten als die einzelnen Klassentests. Die meisten Klassenfehler sollten wir so ja auch bemerken. Allerdings gestaltet sich die Fehlerfindung auf Grund des komplexeren Testobjekts schwieriger, und unsere Klassen können noch Fehler haben, die in dem konkreten Umfeld so nur nicht auftreten.

Klassentest

Der Unit-Test einer Klasse ist ein inkrementeller Test einer Methode (Klassenfunktion) nach der anderen. Dabei spielen wir repräsentative Parameterkombinationen durch. Für einen Test versetzen wir ein Objekt der Klasse in einen zulässigen Zustand und führen einen Methodenaufruf durch. Danach werden der neue Objektzustand geprüft und die Parameter- bzw. Returnwerte mit den Soll-Werten abgeglichen.

Prinzipiell arbeiten wir dazu in zwei Schritten:

1. Jede Methode wird lokal für sich getestet.
2. Jede Folge abhängiger Methoden innerhalb der Klasse wird getestet.

Für den zweiten Schritt simulieren wir nacheinander jede Objektausprägung und simulieren alle potenziellen Verwendungen der Methode unter praktisch relevanten Bedingungen.

Kettentest

Der Kettentest ist ein kleiner, lokaler Klassen-Integrationstest, der sicherstellen soll, dass Vererbungen keine unerwünschten Nebenwirkungen haben und die Methodenaufrufe zwischen aufrufender und aufgerufener Klasse funktional übereinstimmen.

Wir prüfen also speziell die Auswirkungen der ererbten Attribute und Methoden im Rahmen des neuen Verwendungskontexts. Bei den Klassenschnittstellen über deren `public`-Methoden verfolgen wir den Datenstrom von Objekt zu Objekt. Außerdem stellen wir mit unseren Tests sicher, dass stets nur gültige Zustände nach Methodenaufrufen hinterlassen werden.

Modultest

Als Modul bezeichne ich hier eine eigenständige Softwareeinheit mit definierter Verantwortlichkeit, die über definierte Schnittstellen von außen nutzbar ist. Die spezifizierte Funktionalität wird im Modultest über diese Schnittstellen getestet. Vom Prinzip her könnten wir doch dabei genauso vorgehen wie beim Klassentest, nur eben auf einer anderen Abstraktionsebene?

Achtung, so einfach ist das meist nicht! Die Schnittstellen können hochgradig komplex sein, da über sie verschiedene Ablaufvarianten innerhalb des Moduls bestimmt werden [82]. Diese verschiedenen *Pfade* durch die Teile des Moduls mit ihren zahlreichen Verzweigungen gilt es zu testen. Da ein Modul aus mehreren Klassen besteht, die miteinander kommunizieren, steigt die Komplexität und damit unser Testaufwand (Abb. 3.3). Mit zunehmender Abstraktion unserer Testobjekte von der einzelnen Klasse über Klassenketten über Module bis zum Gesamtsystem nimmt also die Komplexität zu.

Abbildung 3.3: Je mehr einzelne Teile zusammenspielen, desto komplexer wird unser System.

Damit in Zusammenhang steht, dass komplexe Zustandsautomaten meist erst innerhalb von Modulen realisiert werden können. Diese gilt es ebenfalls angemessen zu testen, was wir eben erst auf Modulebene durchführen können. Sowohl die Pfadproblematik wie auch der Test von Zustandsautomaten werden später noch eingehend behandelt.

3.4.5 Debugging

Irritiert es Sie, in einem Kapitel zur Erklärung des Testbegriffs einen Abschnitt über das *Debugging* zu finden? Wenn nicht, dann lesen Sie diesen Unterabschnitt bitte genau, denn Debugging ist **nicht** Testen![2]

Mit einem Test wollen wir eine Fehlerwirkung erkennen, sie gezielt und systematisch aufdecken. Mehr geht erstmal nicht. Durch den Prozess des Debuggings wollen wir die genaue Stelle des Defekts, seine Ursache, lokalisieren, um sie beheben zu können.

Beide Begriffe stehen in unserer Arbeit natürlich in einem engen Zusammenhang. So ist z. B. die Wiederholbarkeit von Fehlersituationen für das Debugging die Voraussetzung. In Abschnitt 5.3 gehen wir darauf genauer ein.

---

[2] Es ist häufig nützlich, einen Begriff nicht nur dadurch zu definieren, was er ist, sondern auch abzugrenzen, was er nicht bedeutet.

4 Schlussbemerkungen

O.k. – wir haben verstanden. Dann testen wir Entwickler eben unsere Software, am besten automatisch. Da finden wir Toolunterstützung, können einfach Regressionstests[1] wiederholen und gewinnen so viel mehr Sicherheit.

Aber welche Aussagekraft hat ein Test? Welche Aussagekraft hat eine Bildschirmanzeige wie in Abb. 4.1? Täuschen wir uns mit dem grünen Balken nicht vielleicht selbst [33, 87]? Haben wir auch das Richtige getestet?

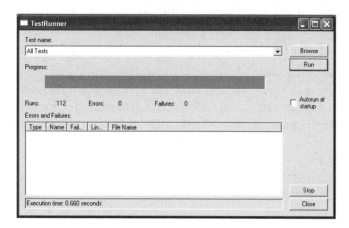

Abbildung 4.1: Welche Aussagekraft hat eine Bildschirmanzeige wie die des grünen (hier: dunklen) Balkens im CppUnit-TestRunner? Ist wirklich alles in Ordnung oder sind nur unsere Tests zu schwach, um die Fehler zu finden?

Damit sind wir bei der Problemstellung des Testens angelangt. Tests können keine Fehlerfreiheit beweisen! Aber wir können die Fehler eliminieren, nach denen wir suchen. Wie aber suchen wir in geschickter Art und Weise? Wie wissen wir, nach was und wo wir suchen sollen?

In diesem Fragenkomplex können wir vier Problembereiche klassifizieren:

---

[1]nach Änderungen am System zu wiederholende Tests

- Technische Probleme
  - Fehleranfälligkeit der Programmiersprachen
  - Beschränkungen der Tools
- Analytische Probleme
  - Testbereich: Was will ich wann testen?
  - Wie sind die Abläufe, und welche Ausnahmen können vorkommen?
- Methodische Probleme
  - Was ist konkret vom Entwickler zu testen?
  - Wie soll ich testen?
- Organisatorische Probleme
  - Sinnvolle Tests
  - Effiziente Tests
  - Verwaltung der Testfälle, Testdaten und der Testprotokolle
  - Schätzungen der Testaufwände

In diesem Buch möchte ich diese Problematik aus Sicht der Entwickler beleuchten. Was können wir tun und wie sollten wir dabei vorgehen? Ich möchte Ihnen Wege zeigen, wie Sie bereits während der Programmierung effizient testen können. Aber vielleicht geht es ja noch früher bereits im Design? Hinter dieser Frage steckt das Konzept des testgetriebenen Designs, das aus dem eXtreme Programming (XP) kommt [5]. Wie kann testgetriebenes Design funktionieren und wann setzen wir es effizient ein? Was für Aufwände kommen auf uns zu? Wie *verkaufen* wir diese Aufwände dem Management?

Ich möchte nicht ein weiteres Buch zu den theoretischen Hintergründen liefern, sondern die Fragen aus der Praxis der Softwareentwicklung versuchen pragmatisch zu beantworten. Das heißt auch, dass ich mich auf zentrale Techniken beschränke, die für den Einstieg in die Testproblematik den größten Erfolg versprechen. Mir geht es darum, einen systematischen und gleichzeitig pragmatischen Einstieg zu finden, der mit so wenig Testtheorie wie möglich auskommt und trotzdem hochgradig effizient ist, also schnell Verbesserungsergebnisse liefern wird.

Darüber hinaus ergeben sich durch die enge Verzahnung von Test und Entwicklung verschiedene Synergieeffekte. So kann z. B. bei der Beurteilung eines GUI-Designs der Aspekt der Testbarkeit ein einfaches Indiz für die Ergonomie und Arbeitsfähigkeit bzw. Eingabefehleranfälligkeit einer grafischen Oberfläche sein. Auch Designaspekte der Wartbarkeit und Robustheit sind eng mit der Testbarkeit verknüpft.

Teil II

Verfahren des Softwaretests

▷ **Lösungen für technische Probleme** 31
Welche Möglichkeiten bieten uns Compiler? Wie weit unterstützen uns streng getypte Sprachen? Was steckt hinter dem xUnit-Konzept? Wie kann die Fehlersuche technisch unterstützt werden?

▷ **Lösungen für analytische Probleme** 47
Was ist mein Testbereich, was will ich eigentlich testen? Wie sind die Abläufe, und welche Ausnahmen können vorkommen? Wie funktioniert testgetriebenes Design?

▷ **Lösungen für methodische Probleme** 55
Was ist konkret zu testen? Wie soll ich testen? Welche Methoden kommen zum Einsatz? Was ist effizient?

▷ **Lösungen für fortgeschrittene Probleme** 77
So weit, so gut, jetzt wollen wir ans Eingemachte: Zustände, Rekursion, Nebenläufigkeit und als größten Block die Besonderheiten beim Test objektorientierter Software.

▷ **Lösungen zum Test objektorientierter Software** 93
Wie reagieren wir angemessen auf die Besonderheiten objektorientierter Software? Was für neue Fehlermöglichkeiten kommen hinzu? Wie können wir gezielt diese Probleme in den Griff bekommen?

▷ **Lösungen für organisatorische Probleme** 125
Wie integrieren wir Tests in unser Projektmanagement? Wie bekommen wir unsere Aufwände in den Griff? Wie koordinieren wir die verschiedenen Testaktivitäten? Wie verwalten wir unsere Tests, Testdaten und Ergebnisse?

5 Lösungen für technische Probleme

5.1 Unterstützung durch den Compiler

In Teil I habe ich bereits angedeutet, dass die Compiler uns nur minimal unterstützen. Kompilierfähigkeit ist notwendig, aber in keinster Weise hinreichend. Auf zwei Ebenen können wir aber aus diesen begrenzten Möglichkeiten das Maximum herausholen. Oftmals nutzen wir nicht alle Information, die uns Compiler bieten. Daneben unterstützt uns ein defensiver Programmierstil davor, bestimmte Fehler zu machen bzw. überhaupt zuzulassen.

5.1.1 Warninglevel

Alle Compiler, die verschiedene Warninglevel anbieten, helfen uns, einen defensiveren Programmierstil zu entwickeln und beizubehalten. Die Compileroptionen sollten so eingestellt werden, dass der niedrigste Warninglevel aktiviert wird. Alles, was dem Compiler auffällt, möchten wir wissen.

Jetzt werden wir von einer Flut an Warnings erschlagen, die es sukzessive abzuarbeiten gilt. Um das zu forcieren, sollten Warnings wie Fehler betrachtet werden. Auch dabei kann uns der Compiler über eine Option helfen. Unser Code ist danach Warning-frei. Jede wackelige Stelle, die wir jetzt neu dazuprogrammieren, fällt sofort auf und kann bereits in der Ersterstellung korrigiert werden.

Leider kann es sein, dass wir unseren Code nie vollständig Warning-frei schreiben können. Die Hauptursache liegt dafür in den verwendeten Bibliotheken, die oft selbst nicht vollständig Warning-frei sind bzw. ein Warning-freies Programmieren nicht zulassen. Aber lassen Sie das bitte nicht als Ausrede zu, anders verursachte Warnings durchgehen zu lassen.

5.1.2 Programmierrichtlinien

In vielen Entwicklungseinheiten gibt es Programmierrichtlinien. Damit sollen drei Dinge geklärt werden:

- ❏ Das Layout des Codes soll schnell erfassbar die Struktur des Codes widerspiegeln.

❏ Bestimmte, als ungeeignet oder gefährlich eingestufte Programmiertechniken sollen unterbunden werden.
❏ Das Nutzen bestimmter Frameworks bzw. Bibliotheken oder aber bestimmte Programmierleitlinien werden vorgeschrieben.

Coding Style Guide für selbstdokumentierende Quellen

Die Überschrift stellt bereits den Bezug zwischen einem Coding Style und der Dokumentation her. Die letzten Endes ausschlaggebende Dokumentation ist immer der Quellcode. Je besser dieser lesbar ist, desto höher ist die Wartbarkeit, desto kürzer sind Einarbeitungszeiten und desto schneller und früher werden Fehler gefunden.

Ein Coding Style Guide lässt sich auf zwei Aspekte reduzieren:

❏ generelles Layout und
❏ (weitgehend) selbstdokumentierenden Code.

Als dritter, zentraler Punkt kommt dessen Einführung und Befolgung hinzu. Bei der Einführung neuer Prozesse oder Regeln ist die Einbindung der Betroffenen in die Entscheidungsfindung der zentrale Punkt. Schnell bricht ein religiöser Grabenkrieg aus, wenn einfach nur eine Vorschrift *vorgesetzt* wird. Alle Betroffenen sollten zu Beteiligten gemacht werden. Dies ist umso wichtiger, da viele Details wahrlich diskussionswürdig sind und ein optimaler Style Guide sehr genau auf die exakten Bedürfnisse und Anforderungen zugeschnitten werden kann und sollte. Dies kann so weit führen, dass es einen firmenweit gültigen, allgemeinen Teil gibt mit mehreren, projektabhängigen Erweiterungen. Wenn heterogen entwickelt wird, also z. B. verschiedene Sprachen in den Projekten Verwendung finden, ist eine solche Aufteilung wichtig. Was für eine Gruppe sehr sinnvoll ist, macht evtl. in einem anderen Projekt wenig Sinn. Gehen Sie in die Diskussion und finden Sie einen tragfähigen, sinnvollen Kompromiss. Viele der im Folgenden vorstellten Layouts und Ideen sind durchaus gleichwertig bzw. Geschmackssache. Wichtig ist dann nur, die jeweiligen Vor- und Nachteile zu kennen, sich auf exakt ein Vorgehen zu einigen und dies auch strikt zu befolgen.

Allgemeines zum Thema Layout Wieso lohnt es sich überhaupt, auf ein eher ästhetisches und damit sehr geschmacksbedingtes Thema wie Layout einzugehen? Ein Beispiel aus dem Schachsport soll den Wert guten, einheitlichen Layouts erläutern [58]:

Eine Untersuchung[1] befasste sich u. a. mit dem Erinnerungsvermögen an komplexe Strukturen im Vergleich von Schachlaien und

---
[1]Chase, Simon: *Perception in Chess*, 1973. In Steve McConnell [58]

Experten. Es galt dabei, sich die Positionen von Schachfiguren auf einem Brett zu merken und später zu reproduzieren. Solange es sich um Positionen handelte, die als konkrete Spielsituationen erkennbar waren, lag das Erinnerungsvermögen der »Großmeister« deutlich über dem der Anfänger. Waren die Positionen aber rein zufälliger Natur, fielen die Unterschiede nur sehr gering aus. Solange also die neuen Situationen mit bekannten Wissensstrukturen in Deckung zu bringen waren, war das Erinnerungsvermögen der Experten phänomenal. Korrespondiert neue Information jedoch nicht mit den bekannten Strukturen, ist das Erinnerungsvermögen wieder auf dem Niveau von Anfängern.

An sich ist es klar: Wir erfassen uns bekannte Strukturen besser und schneller als völlig neue. Layout hilft uns, unseren Quellcode besser zu strukturieren und damit besser zu erfassen. Es lohnt sich also, sich über das Sourcecode-Layout Gedanken zu machen. Ich betone nochmal, dass dies nicht in religiöse Kriege führen darf. Die Tendenz dazu besteht leider nur allzu leicht. Meistens bieten sich mehrere äquivalente Lösungen an. Zur Entscheidungsfindung müssen daher objektive Kriterien dienen. Konkret heißt dies [58]:

Layout ist kein Selbstzweck: Es dient zur besseren Identifizierbarkeit der wichtigen Punkte. Als Grundsatz gilt: *Die Form unterstützt den Inhalt.*

Exakte Repräsentation der logischen Codestruktur: Dabei sind Leerzeilen und Einrückungen die wesentlichen Stilmittel.

Konsistente Repräsentation der Codestruktur: Bereits die Grundregeln eines Style Guide müssen alle Standardfälle abdecken. Zu viele Ausnahmen machen ihn zu unübersichtlich, weshalb er nur geringe Akzeptanz finden würde.

Verbesserung der Lesbarkeit: Nicht alles, was logisch ist, ist auch gut lesbar. Passen wichtige Dinge nicht mehr auf eine Bildschirmseite, weil z. B. die Zeilen zu lang werden, sollten alternative Layouts mit geringeren Zeilenlängen aufgegriffen werden.

Minimale Modifikationen bei Änderungen: Wenn der Code modifiziert werden muss, dürfen keine bzw. nur minimale Änderungen außerhalb der zu ändernden Zeilen entstehen. Ein gutes Layout bleibt also auch bei Änderungen bestehen.

Was sind aber sinnvolle Layout-Techniken? Die beiden wichtigsten möchte ich Ihnen kurz vorstellen [58]:

- ❏ White Spaces und
- ❏ Klammerungen.

Mit *White Spaces* ist mehr als nur ein Leerzeichen gemeint. Es dient zur

- Gruppierung der Dinge innerhalb einer Zeile, die zusammengehören,
- Strukturierung zusammengehöriger Statements durch Leerzeilen. Nach Untersuchungen von Gorla, Benander und Benander (1990) liegt die optimale Anzahl von Leerzeilen bei 8 bis 16%. Darüber hinaus steigt die Dauer für die Fehlersuche drastisch an.
- Ausrichtung innerhalb von zusammengehörigen Zeilen und zur
- Einrückung als Äquivalent zur logischen Struktur. Ein TAB sollte dabei zwei bis vier Blanks entsprechen. Nach Untersuchungen von Miaria und anderen (1983) verringert sich bei mehr als vier Blanks pro TAB die Lesbarkeit deutlich.

Klammern werden viel zu selten verwendet. Bei mehr als zwei Termen sind sie aber bereits angebracht. Die logische Struktur wird sofort deutlich, auch wenn sie nicht notwendig sind. Doch wie oft passieren gerade hier, insbesondere bei Änderungen bestehender Statements, Fehler. Unsere impliziten Rechenregeln sind eben nicht die des Compilers.

Kommen wir nun zum Layout an sich. Es gibt vier wesentliche Layout-Stile (Abb. 5.1) [58].

- Pure Bock (von der Sprache unterstützte Blöcke wie z. B. in Ada)
- Pure-Block-Emulation
- Endline-Layout
- Blockgrenzen durch { - } bzw. das entsprechende Sprachäquivalent wie begin und end.

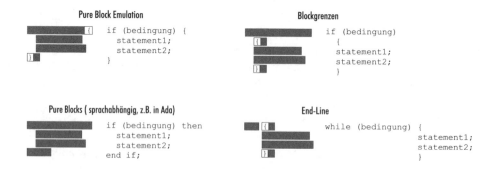

Abbildung 5.1: Die vier grundsätzlichen Layout-Stilarten.

Bei der Beurteilung der in Abb. 5.1 vorgestellten vier Grundlayouts ist es einfacher zu befinden, welches am ungeeignetsten scheint, als die Frage

5.1 Unterstützung durch den Compiler

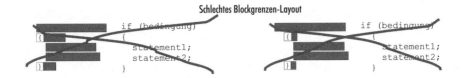

Abbildung 5.2: Vermeiden Sie die obigen Varianten des Layout-Stils *Blockgrenzen* (Abb. 5.1). Die { – } Statements gehören stets zum Block dazu (links). Unnötige Einrückungen (rechts) erschweren das Erfassen des Codes.

nach dem besten zu beantworten. Das Endline-Layout ist am wenigsten universell und erfordert bei Änderungen in der ersten Zeile erheblichen Formatierungsaufwand. Pure-Block-Layout ist leider sprachabhängig; wenn es wie z. B. in Ada unterstützt wird, ist es jedoch erste Wahl.

Es bleiben Pure-Block-Emulation- und Blockgrenzen-Layout übrig. Untersuchungen von Hansen und Yim aus dem Jahre 1987 [58] haben deren Gleichwertigkeit bzgl. der Erfassbarkeit und Verständlichkeit gezeigt. Es bleibt also Geschmackssache. Wichtig ist es nur, einen einheitlichen Weg zu finden. Eine Mischung ist wohl kaum sinnvoll und beraubt uns wieder der zentralen Vorteile eines einheitlichen Layouts.

Layout von Kontrollstrukturen Bislang haben wir das Thema Layout rein von der gestalterischen Seite aus betrachtet. Objekt unseres Layouts sind Sourcecode-Kontrollstrukturen, die jetzt in unsere Betrachtungen mit einbezogen werden sollen. Hier ist das schnelle Erfassen der Strukturen von elementarer Bedeutung. Aus gestalterischer Sicht sind dafür zwei Punkte wichtig:

- Die { – } Paare gehören entsprechend der Abb. 5.1 einheitlich gesetzt.
- Vermeiden Sie doppelte Einrückungen bei { – } Paaren (Abb. 5.2).

Unser Quellcode besteht aber nicht nur aus einem eingerückten Block. Für den Rest gibt es natürlich auch gewisse Richtlinien [58]:

- Abschnitte durch Leerzeilen voneinander trennen.
- Blöcke mit nur einer Anweisung konsistent formatieren, entweder als *Pure-Block-Emulation* oder mit *Blockgrenzen*.
- komplizierte Ausdrücke auf mehrere Zeilen aufteilen.
- kein Endline-Format in `switch-case`- oder `while`-Anweisungen verwenden. Das Endline-Format aus Abb. 5.1 führt gerade hier zu enorm langen Zeilen.

Das Thema Layout abschließen möchte ich mit einer letzten zentralen Regel: **Immer nur ein Statement pro Zeile!** Viele Sprachen lassen es zu, in einer Zeile mehrere Anweisungen unterzubringen. Besonders beliebt sind dabei die Zusammenfassung von Zuweisungen und das einzeilige `if`. In der Folge macht das aber mehr Arbeit, als es bei der Erstellung des Codes einspart. Die Gründe sind zahlreich und einer davon wird bei Ihnen immer zutreffen:

- Die Komplexität des Programmcodes wird offensichtlich und nicht in einer, nur schwer zu verstehenden und damit wartbaren Zeile versteckt.
- Manche Compiler können solche Zeilen mit mehreren Anweisungen nicht vernünftig optimieren. Moderne Compiler brauchen für die Optimierung keine speziellen Formatierungen mehr, was den Vorteil hat, dass wir die Lesbarkeit in den Vordergrund stellen können.
- Für die Leser des Codes gibt es nur eine Suchrichtung, um spezielle Anweisungen zu finden: von oben nach unten. Haben wir mehrere Anweisungen im Code, müssen wir auch noch von links nach rechts suchen. Das, was wir finden wollen, übersehen wir dann zu leicht, und wir brauchen viel länger, um den Code zu erfassen.
- Die Fehlersuche vereinfacht sich, wenn der Compiler uns die Zeilennummer des Fehlers ausgibt.
- Zeilenorientierte Debugger können nur zwischen Zeilen steppen, zwischen zwei Anweisungen in einer Zeile können sie keine Pause einlegen. Mehrere Anweisungen in einer Zeile werden daher in einem Schritt abgearbeitet, was die Fehlersuche erschwert.
- Änderungsarbeiten im Zuge der Wartung werden vereinfacht. Die Erweiterung, aber auch das gezielte Auskommentieren einzelner Anweisungen vereinfacht sich, da das Layout nicht extra angepasst werden muss. Das Layout sollte daher von vornherein wartungsfreundlich sein.
- Einige Sprachen, insbesondere C/C++, sind sehr fehleranfällig für Seiteneffekte bei der Verschachtelung von Operatoren. Die Ausgabe von

```
n = 4;
printf("\%d_\%d_\n", ++n, n+2);
```

ist undefiniert, da C nicht festlegt, in welcher Reihenfolge die Parameter zu interpretieren sind. Die Ausgabe kann also 5 6 oder 5 7 lauten. Ein definiertes Ergebnis 5 7 erhalten wir mit:

```
n = 4;
++n;
printf("\%d_\%d_\n", n, n+2);
```

Selbstdokumentierender Code

Auf die Frage nach der Dokumentation zu einem Programm hören wir oft die Aussage:

> Der Code ist die beste Dokumentation.

Das Attribut *beste* wird dabei gerne durch *aktuelle* oder eine andere, passende Beschreibung ersetzt, je nachdem wie die Frage genau lautete. Der wahre Kern dieser Aussage wird dabei aber meist dadurch verschüttet, dass der besagte Code weder gut von seinem Aufbau her erfassbar, noch verständlich geschrieben ist. Die an sich korrekte Aussage bekommt so eine negative Konnotation und ihr Wahrheitsgehalt wird nicht mehr erkannt. Dokumentation besteht immer aus zwei Teilen:

- externen Dokumenten und der
- aktuellen Implementierung.

Wir können also den Programmierstil als Teil der Dokumentation ansehen. Ein Beispiel sagt mehr als tausend Worte bzw. Regeln. Was macht bitte das Java-Codefragment aus Beispiel 5.1? Und wenn Sie meinen, verstanden zu haben, was es macht, können Sie mir sagen, ob es das korrekt macht? Ich wage die These, dass nicht einmal der Verfasser dieser Zeilen nach einigen Tagen noch weiß, was er da verbrochen hat.

```java
for (i = 1; i <= num; i++)
   meetsCriteria[i] = true;
for (i = 2; i <= (num/2); i++)
   j = i + i;
while (j <= num) {
   meetsCriteria[j] = false;
      j = j + i;
}
for (i = 1; i <= num; i++)
   if (meetsCriteria[i])
      System.out.println(i);
```

Codebeispiel 5.1: Java-Beispiel für nicht lesbaren Code.

Schade um die Mühe, die in dem Quellcode steckt. Selbst bei der einzigen Stelle, an der ein etwas sprechenderer Variablenname gewählt wurde, bleiben Fragen offen: Welches Kriterium wird denn in `meetsCriteria[]` erfüllt?

Mit nur wenig Aufwand wird sofort klar, was gemeint ist (Beispiel 5.2). Das Fragment aus 5.1 in lesbarer Form:

```
for (primeCandidate = 1; primeCandidate <= num;
                                      primeCandidate++) {
  isPrime[primeCandidate] = true;
}
for (factor = 2; factor <= (num/2); factor++) {
  factorableNr = factor + factor;
  while (factorableNr <= num) {
    isPrime[factorableNr] = false;
    factorableNr += factor;
  }
}
for (primeCandidate = 1; primeCandidate <= num;
                                      primeCandidate++) {
  if (isPrime[primeCandidate]) {
    System.out.println(primeCandidate);
  }
}
```

Codebeispiel 5.2: Java-Beispiel in verständlicher Form.

In dieser Schleife über ganze Zahlen zwischen 1 und num wird also bestimmt, ob es sich um eine Primzahl handelt. Auch mit Blockgrenzen-Layout kämen nur fünf einzelne { in jeweils einer Zeile hinzu.

Kommentare und selbstdokumentierender Code Der letzte, aber wohl immer umstrittene Punkt auf dem Weg zu selbstdokumentierendem Code sind die **Kommentare**. Werden sie nicht gepflegt, veralten sie schnell. Sind sie von vornherein wenig sinnvoll, so verwirren sie mehr, als dass sie helfen. Manche Programmierer verzichten deshalb ganz auf Kommentare. Das kann aber auch nicht die Lösung sein, da die Wartbarkeit des Codes im Laufe des Lebens der Software drastisch abnehmen wird.

Kein Kommentar ist zwar besser als ein falscher, aber das Ziel sollte doch lauten, wenige wartbare, aber sinnvolle Kommentare zu schreiben. Die in diesem Kontext beiden wichtigsten Regeln lauten meiner Meinung nach:

Kommentieren Sie keine Programmiertricks: hmm, auf den ersten Blick klingt das sehr ungewöhnlich. Die meisten Programmierer kommentieren gerade diese Stellen ausgiebig, um andere Entwickler davor zu warnen.

Genau hier liegt der Gedankenfehler, oder um es mit Kernighan und Plauger[2] zu sagen:

---

[2]Kernighan und Plauger: *The Elements of Programming Style*, 1978, Zitat aus Steve McConnell [58]

Don't document bad code, rewrite it!

Da sich die meisten Programmierer aber nicht an diese einfache Regel halten, werden große Anstrengungen in die Dokumentation von Programmiertricks gesteckt, anstatt wartbare Alternativen zu entwickeln. Dies hat dann zur Folge, dass nach Untersuchungen[3] die meisten Fehler gerade in den Codeteilen liegen, die am stärksten kommentiert sind. Bei Codereviews ist es deshalb sinnvoll, sich gerade die stark kommentierten Teile besonders genau anzusehen.

Kommentieren Sie die Einheiten Ihrer Daten: Angenommen eine Variable steht für eine Länge und heißt `cubeLength`, so ist im Kommentar bei der Deklaration anzugeben, in welcher Einheit die Länge vorzuliegen hat, also Meter, Millimeter oder gar Zoll oder Klafter. Bei den Zeiteinheiten finden wir einen noch größeren Zoo unterschiedlicher Möglichkeiten. Die exotischsten Varianten, die mir im Laufe meiner Arbeit untergekommen sind und wohlgemerkt in ihrem Kontext stets sinnvoll waren, sind:

- Sekunden seit dem 1. Januar 1980,
- Sekunden seit dem 1. Januar 1900,
- Millisekunden seit dem letzten Reboot oder
- Millisekunden seit dem Start des Programms.

Daneben gibt es noch diverse Tages- und Zeit-Strukturen bzw. Klassen. Eine weitere Möglichkeit, unterschiedlichste Einheiten sinnvoll zur Anwendung zu bringen, sind Koordinatensysteme. Neben dem karthesischen Koordinatensystem gibt es noch eine Reihe weiterer problemorientierter Systeme wie z. B. Zylinder- oder Kugelkoordinaten. Bereits die Wahl des Ursprungs eines karthesischen Koordinatensystems kann uns auf interessante Fragestellungen führen wie z. B. die für die Problemstellung zu berücksichtigenden Quadranten und damit die Wertebereiche der Variablen. Dokumentieren Sie also die Einheiten stets mit, auch wenn sie für Sie noch so offensichtlich sind!

Programmierregeln

Es gibt eine Reihe von Regeln, die das Programmieren sicherer machen. Manche sind allgemeiner Natur, andere gelten nur für bestimmte Sprachen. Zum besseren Verständnis möchte ich ein paar dieser Regeln exemplarisch nennen.

---

[3]Lind und Viaravan, 1989, nach [58]

Sprachunabhängige Regeln Befassen wir uns zuerst mit den Ablaufsteuerungskonstrukten. Zwei Regeln möchte ich kurz betrachten.

Geschlossene Ablaufkonstrukte: Für jede Sequenz, Alternative oder Iteration gibt es nur je einen Ein- und Austrittspunkt. Unerwartetes Rein- und Rausspringen erschwert uns das Verständnis z. B. bei der Fehlersuche und ist bei funktionalen Erweiterungen sowie beim Refactoring sehr fehleranfällig.

Abweisende Schleifen: Es ist sicherer, Bedingungen am Anfang zu prüfen und erst dann die Anweisungen einer Schleife zu durchlaufen, als dies nach einem Durchlauf zu tun. Daher sind `while`-Schleifen den `repeat-until`-Schleifen vorzuziehen.

O.k., ich weiß, dass diese Regeln provokant sind und jeder schnell ein Beispiel finden kann, wo es genau anders sinnvoll ist. Es gibt eben keine Regel ohne Ausnahme. Dennoch rate ich nach meiner Erfahrung dazu, diesen beiden Regeln, so weit es sinnvoll geht, zu folgen.

Als weitere Beispiele möchte ich zwei Regeln zu Sicherheitskonstrukten nennen.

Firewalls für Operationen: Die Eingabeparameter von Methoden bzw. Funktionen sind vor der Verwendung zu prüfen. Am besten erfolgt dies über Assertions, also Zusicherungen, wie sie Sprachen wie C/C++ oder Java ab JDK 1.4 zur Verfügung stellen. Die Prüfungen können dann kontrolliert ein- und ausgeschaltet werden, was wichtig wird, wenn die Prüfungen z. B. die Laufzeit stark verlangsamen. Wenn Ihnen keine Assertions aus der verwendeten Sprache zur Verfügung stehen, können Sie sich durch eigene Bedingungskonstrukte helfen.

Gezielte, konfigurierbare Debugging-Informationen: Eine eigene Error-Messaging-Klasse z. B. im Rahmen eines Exception-Handling-Konzepts ersetzt die ansonsten über den Code verteilten Ausgabe-Statements. Die Fehlerausgaben können z. B. per Konfiguration ein- und ausgeschaltet werden und z. B. programmiererrelevante Informationen in eine Protokolldatei schreiben, wenn Fehler auftreten, ohne dass der Anwender mit kryptischen Meldungen bombardiert wird. Solche Konstrukte beschleunigen die Fehlersuche nicht nur während der Entwicklung, sondern besonders nachdem eine Version des Produkts beim Kunden im Einsatz ist.

Sprachabhängige Regeln Als Beispiel für eine sprachabhängige Regel, die allerdings für viele ähnliche Sprachen gilt, möchte ich einen Schutzmechanismus vor fälschlichen Zuweisungen in Bedingungen nennen. Was ist das Problem?

In Sprachen wie C/C++ sind die Operatoren mit kryptischen Zeichen realisiert. Die Zuweisung erfolgt über =, der Vergleichsoperator ist ==. Dies kann zu Verwechslungen führen:

```
...
const int MAX_EINGABE = 12;
...
if (grenzWert = MAX_EINGABE) then {
  ...
}
```

Diese Bedingung ist immer erfüllt, da hier eine Zuweisung erfolgt anstatt eines Vergleichs. Korrekt hätte das `if`-Statement lauten müssen:

```
if (grenzWert == MAX_EINGABE) then {
```

Wie kann uns der Compiler vor solchen Fehlern schützen? Wenn wir wie im Beispiel Vergleiche mit Konstanten durchführen, hilft bereits eine Umkehrung der Vergleichsparameter:

```
if (MAX_EINGABE = grenzWert) then {
```

Hier wirft der Compiler sofort eine Fehlermeldung, da versucht wird, einer Konstanten einen Wert zuzuweisen. Mir hat diese Umkehrung schon oft geholfen, seltsame Fehler zu vermeiden. Auf den ersten Blick sehen die Vergleiche eigenwillig aus, aber man gewöhnt sich daran. Dieser Trick klappt nur, wenn wir Vergleiche mit Konstanten haben, was recht häufig vorkommt. Wer parallel in verschiedenen Sprachen programmiert, die natürlich verschiedene Zuweisungs- und Vergleichsoperatoren haben, wird diese Regel zu schätzen wissen.

5.2 Was nützen statische strenge Typprüfungen?

Nicht viel, wie wir bereits im Abschnitt 2.3 auf Seite 12 bemerkt haben. Das »strong typing« ist ein überschätzter Sicherheitsmechanismus. Laufzeitfehler erfolgen aus Verletzungen fachlicher Regeln und sollten daher unabhängig getestet werden (Abb. 2.1 auf Seite 14). Deshalb ist es auch nicht verwunderlich, dass es Sprachen gibt, welche die strenge statische Typprüfung gar nicht kennen, wie Smalltalk oder Python. Unabhängig von der Sprache müssen eben alle Tests erfolgreich durchlaufen werden, die definiert worden sind, um den korrekten Ablauf sicherzustellen.

Es ist daher viel sinnvoller, möglichst schnell zu testen. Dafür brauchen wir testbaren, lauffähigen Code. Nur so kommen wir zu gut getesteten, stabilen Systemen. Die Sprache unserer Implementierung ist dagegen weitgehend irrelevant [28]. Wir erkennen also auch hier die Wichtigkeit einer sinnvollen Testfall-Findung.

5.3 Debugging

Wenn wir erst einmal erkannt haben, dass wir immer Fehler in komplexen Programmen haben bzw. finden werden, ist es nur logisch, die Fehlersuche durch geeignete Maßnahmen bereits in der Entwicklung zu unterstützen. Dies steht auch in engem Zusammenhang mit der Robustheit von Programmen. Einige grundsätzliche Regeln möchte ich im Folgenden nennen.

5.3.1 Einplanung der Fehlersuche in Produkt und Prozess

Meist denken wir über das Debuggen erst nach, wenn es zu Programmabstürzen gekommen ist. Dies ist eindeutig zu spät. In diesem Zusammenhang ist es wichtig, sich klarzumachen, dass Debugging sowohl an das Testen als auch an das Konfigurations- bzw. Änderungsmanagement eng gekoppelt ist.

Tests begleiten das Projekt von Anfang an. Deshalb ist es so wichtig, so früh wie möglich und dann permanent lauffähige Versionen zu haben. Alle Änderungen müssen erfasst und nachvollziehbar sein. Dies betrifft den Code genauso wie die Planung und Vorgaben. Aus dem Konfigurationsmanagement muss jederzeit, also ab Projektbeginn, hervorgehen, wer, wann, was, wie und warum geändert hat.

Klare Programmierrichtlinien für die Gestaltung der Benutzeroberfläche, wie auch für die Wartbarkeit, Robustizität und Testbarkeit sollten von Anfang an das Projekt durchdringen. Sie können einfach und kurz sein, aber sie müssen gelebt werden. Das heißt auch, dass sie permanent kontrolliert werden. Codereviews sind hierbei unersetzlich.

All das kostet am Anfang Zeit, die eingeplant werden sollte. Der Projektverlauf bleibt dann aber besser planbar, da das Erkennen von Fehlern aller Art früher und deren Beseitungung schneller erfolgt. Alles andere wäre Augenwischerei, die genau zu den Problemen führt, die wir vermeiden wollen.

5.3.2 Vorbereitung und Ausführung des Debugging

Nur gute Softwareentwickler können auch hohe Leistungsfähigkeit beim Debuggen entwickeln. Beide Qualifizierungen gehen also Hand in Hand [76]. Was für Fähigkeiten müssen dazu erlernt und ständig gepflegt werden? Es sind genaue Kenntnisse über

- ❏ das Projekt,
- ❏ die verwendete(n) Sprache(n),
- ❏ die benutzten Techniken,
- ❏ die zugrunde liegenden Betriebssysteme und
- ❏ die angesprochenen Prozessoren, die CPUs.

Wollen wir ein Programm debuggen, sollten wir wissen, welche Features es hat und wie sie implementiert sind. Die Designprinzipien sollten ebenfalls bekannt sein, ebenso wie das User-Interface und die Programmlogik. Fehlen uns diese Informationen, z. B. mangels Dokumentation, verlieren wir wertvolle Zeit damit, diese erst wieder aufzubauen. Ohne diese Kenntnisse gestaltet sich die Fehlersuche zum reinen Glückspiel. Das, was wir häufig bei guten Entwicklern bei einer schnellen und erfolgreichen Fehlerbehebung gerne als Intuition abtun, beruht genau auf diesen Kenntnissen und reichlich Erfahrung in der Fehlersuche.

Die Sprachkenntnisse dürfen nicht auf die reine Anwendung von Konstrukten begrenzt sein, sondern sollten tiefer gehen. Dies beinhaltet zumindest zu wissen, wann was auf Stack abgelegt und hoffentlich wieder abgeholt wird. Gerade Performanceprobleme beruhen z. B. in C++ gerne auf lokalen Instanzen von Klassen oder im Zeitverhalten von überladenen Zuweisungsoperatoren.

Mit den verwendeten Techniken sind sowohl Prinzipien und ihre Anwendung gemeint[4] als auch z. B. verwendete Klassenbibliotheken oder Komponenten. Als absolutes Minimum müssen zwei Bedingungen erfüllt sein:

- ❏ grundlegendes, generelles Verständnis und
- ❏ die Kenntnis, wo und wie wir schnell an weitere, tiefer gehende Informationen herankommen.

Dazu zählen auch die Debugging-Tools, die uns zahl- und hilfreich zur Hand gehen.

Viele Probleme tauchen im direkten Zusammenspiel mit dem Betriebssystem bzw. mit Betriebssystemfunktionen auf. Wollen wir diese lösen, kommen wir um tiefe Insiderkenntnisse nicht herum. Diese aufzubauen ist langwierig und bedarf ständiger Aktualisierung. In diesem Zusammenhang steht auch das Schreiben eigener Debuggingtools. Voraussetzung dafür ist bereits eine tiefe Detailkenntnis, aber es bringt uns auch ein ganzes Stück weiter voran und wird uns viele neue Zusammenhänge erkennen lassen.

Als letzter Punkt bleibt der Prozessor. Wenn nichts mehr geht, bleiben nur noch der Assemblercode und die Registerinformationen. Wenn die vorgenannten Schritte nicht mehr greifen bzw. ohne positive Wirkung bleiben, landen wir automatisch auf dieser Ebene. Auch wenn wir alle wohl kaum noch in Assembler Programme schreiben können, so müssen wir sie dennoch lesen und verstehen können. Manchmal ist dies der einzige Ausweg aus dem Bug.

Wenn ich im Bisherigen stets von *wir* gesprochen habe, so meine ich damit nicht direkt unsere Person bzw. alle Personen des Entwicklungs-

---

[4]Beispiele sind Microsofts COM [62] oder der OMG-Standard CORBA [66]

teams. Aber alle Entwickler sollten zur sinnvollen Erfüllung ihrer Aufgaben zumindest die ersten drei Stufen beherrschen. Die letzten beiden bleiben meist nur Spezialisten vorbehalten. Davon brauchen wir mindestens einen im Team. Ein darüber hinausgehender Anteil von 10% der Mitglieder in größeren Teams ist sicher sinnvoll. Sind die entsprechenden Kenntnisse nicht vorhanden, sollten sie gelernt bzw. geschult werden. Dies erfolgt sinnvollerweise vor Projektbeginn bzw. am Anfang. Sind die Fähigkeiten bereits vorhanden, werden sie am besten permanent gefordert, aktualisiert und vertieft. Wir erkennen also einen permanenten Weiterbildungsbedarf, den es auch in den Projektplan einzuarbeiten gilt.

Wie kann dies erfolgen? Wir brauchen einen Informationspool mit aktuellen Zeitschriften und Büchern, die auch sinnvoll genutzt werden. Wie bereits genannt bringt das Schreiben eigener Debuggingtools einen enormen Wissensvorsprung und ist daher auf jeden Fall zu empfehlen. Eine andere gute Idee ist es, fremden Code im Debugger zu verfolgen. Die Programme der Kollegen bieten sich da geradezu an. So lernen wir etwas über unsere gegenseitigen Vorlieben und Eigenarten und können im gegenseitigen Austausch unser Coding optimieren. Nebenbei lernen wir, fremden Code zu debuggen, was eine andere Aufgabe ist, als in unseren eigenen Quellen herumzuwühlen, die wir bestens kennen. Dies kann noch dadurch erweitert bzw. erschwert werden, dass wir ein Reverse Engineering ausprobieren und fremde Programme, natürlich nur zu Lernzwecken, versuchen zu verstehen.

Über allem dürfen wir nicht vergessen, dass wir ein Team sind. Debuggen kann man hervorragend zu zweit. Es geht deutlich schneller und man kann sich helfen.

5.3.3 Der Debugging-Vorgang

Debugging ist mehr als das Starten des Debuggers. Es ist ein komplexer, deduktiver Prozess mit klaren Schritten (Abb. 5.3).

Die einzelnen Schritte sind dabei:

1. Fehler reproduzieren: Die Reproduzierbarkeit ist Grundvoraussetzung der Ursachenforschung[5]. Häufig ergeben sich aus der Reproduktion bereits erste Annahmen, die die Fehlerfindung beschleunigen.
2. Fehler beschreiben: Um uns selbst über den Fehler klar zu werden und ihn aber auch Kollegen, die helfen können, eindeutig kommunizieren zu können, sollten wir den Fehler genau beschreiben können. Häufig

---

[5]Dies kann schwierig sein. Beispielsweise ist das Verhalten einer nicht-initialisierten Variablen in C/C++ von der Vorgeschichte der allozierten Speicherstelle abhängig. Im Debug-Modus werden aber auch nicht-initialisierte Variablen vorinitialisiert. Die Folge: Im Debug-Modus läuft alles, in der Auslieferung nicht!

5.3 Debugging

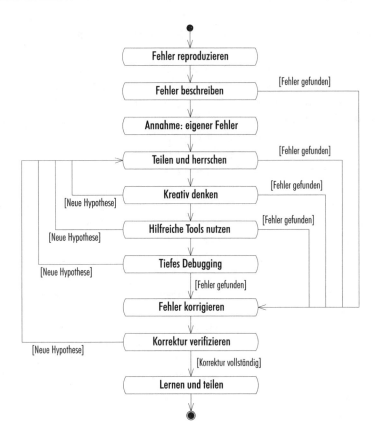

Abbildung 5.3: Der Prozess des Debuggings besteht aus mehreren Schritten. Der Einsatz des Debuggers erfolgt dabei nicht von Beginn an, sondern erst im Schritt *Tiefes Debugging*, wenn es methodisch-analytisch Sinn macht (nach Robbins [76]).

hilft uns die strukturierte Beschreibung unser nebulösen Gedanken die Fehlerursache zu entdecken.

3. Fehlerursache bei uns selbst suchen: Die meisten Fehler machen wir Entwickler selbst. Dass ein Fehler nicht aus unserem Verantwortungsbereich heraus verursacht wurde, sondern die Ursache im Umfeld wie z. B. Betriebssystem oder Compiler liegt, ist glücklicherweise selten. Das ist auch gut so, denn unsere eigenen Fehler können wir selbst beseitigen.

4. Teile und herrsche: Nach diesen Vorarbeiten stellen wir Hypothesen auf und testen diese. Jeder Test gibt uns neue Informationen, und wir modifizieren unsere Hypothese bzw. stellen eine neue auf. Die Fehler-

suche ähnelt also der binären Suche. Oft kann so schnell der Fehler behoben werden.
5. **Denke kreativ:** Wir haben es also mit einem unangenehmen Fehler zu tun. Jetzt versuchen wir, den Fehler von anderen Seiten einzuengen. Dabei brauchen wir Fantasie und möglichst lückenlose Kenntnisse über alle Änderungen am Gesamtsystem, also Quellen, Programmierumfeld und Programmumfeld.
6. **Hilfreiche Tools nutzen:** Es gibt eine Reihe nützlicher, kommerzieller oder eigenentwickelter Debugging-Analysetools. Wichtig ist es dabei, sich nicht auf ein Tool zu begrenzen, sondern stets mindestens zwei auf Lager zu haben, die am besten von verschiedenen Herstellern kommen, um so ihre Schwächen ausgleichen zu können.
7. **Tiefes Debugging beginnen:** Erst jetzt fangen wir mit einem tiefen Debugging an. Es werden alle Fähigkeiten des Debuggers vollends ausgereizt.
8. **Verifikation, dass der Fehler behoben ist:** Anhand der Fehlerbeschreibung kann leicht verifiziert werden, ob er jetzt behoben ist. Im Umfeld von Fehlerkorrekturen treten jedoch durch unvollständige Korrekturen oft Folgefehler oder ungewollte Seiteneffekte auf.
9. **Lernen und teilen:** Nach einer Fehlerkorrektur sollten wir uns kurz zurücknehmen und über das dabei neu Gelernte reflektieren. Als Nächstes teilen wir unseren Kollegen die neuen Erkenntnisse mit, um ähnliche Fehler in Zukunft zu vermeiden bzw. deren Fehlersuche zu verbessern.

Wichtig ist also bei der Fehlersuche, erst genau zu strukturieren und analysieren und danach mit dem Debugger in die Tiefen des Codes hinabzusteigen. Zu viele Programme werden beinahe interaktiv im Debugger geschrieben. Das sollte nicht unser Vorgehen sein, denn es führt zu leicht zu Folgefehlern bzw. Folgeproblemen, weil bestehende Konzepte und Implementationen nicht richtig verstanden wurden.

Das Geheimnis erfolgreichen Debuggens lässt sich also auf die prägnante Aussage von John Robbins reduzieren [76]:

> Der Debugger [oder andere Tools] können uns jede fehlerrelevante Frage beantworten, solange wir nur die richtigen Fragen stellen.

6 Lösungen für analytische Probleme

6.1 Scope: Was will ich testen?

Den Spruch »It's not a bug, it's a feature!« haben wir wohl alle schon einmal gehört. Das zugrunde liegende Problem ist aber schon viel älter und die Lösung dazu auch: »Wer nämlich zwischen dem Wahren und dem Falschen zu unterscheiden weiß, muss eine angemessene Idee des Wahren und Falschen haben.«[1]

Die Anforderungen an ein Softwaresystem setzen sich zusammen aus funktionalen und nicht-funktionalen Anforderungen. Unter die funktionalen Anforderungen fallen die ganzen fachlichen Anforderungen bezüglich Regeln und Prozesse. Die nicht-funktionalen Anforderungen sind zum Großteil technischer Natur wie z. B. Performance oder Durchsatz. Beides spiegelt sich in fachlichen und technischen Testfällen wider.

Damit wir keine wichtigen Tests übersehen, versuchen wir die Anforderungen bezogen auf die entsprechenden funktionalen und nicht-funktionalen Bereiche zu strukturieren. Eine brauchbare Struktur liefert das FURPS-Modell [4, 69], ein Vorläufer der Norm ISO 9126 zur Softwarequalität. Das FURPS-Modell ist Mitte der 80er von Hewlett-Packard entwickelt worden, um die eigene Produktqualität zu verbessern. Es beruht auf einer stark kundenorientierten Sicht. Nach eigenen Angaben ist es HP damit gelungen, sowohl die Anzahl der Fehler pro KLOC als auch die Entwicklungskosten zu reduzieren. Solche Modelle werden als FCM, Factor-Criteria-Metrics-Modelle bezeichnet. Damit sind Qualitätsmodelle gemeint, die sich aus Qualitätsmerkmalen (factors), Teilmerkmalen (criteria) und Qualitätsindikatoren (metrics) zusammensetzen [4].

F unctionality (Funktionalität), z. B. aus den UML-Anwendungsfällen.
U sability (Benutzbarkeit), z. B. aus dem Benutzungskonzept. Für Oberflächen können auch Corporate-Identity-Vorgaben relevant sein.
R eliability (Zuverlässigkeit), z. B. die Wiederherstellbarkeit und die Ausfallfrequenz.

---
[1]Baruch (Benedictus) de Spinoza (1632–1677), jüdisch-niederländischer Philosoph

P erformance (Leistung), z. B. Erreichbarkeit oder Antwortzeiten sowie Durchsätze.

S upportability (Wartbarkeit), z. B. die Testbarkeit und die Erweiterbarkeit.

Klopfen wir alle Anforderungen nach der FURPS-Struktur ab, verringern wir das Risiko, wichtige Anforderungen, egal welcher Art, zu übersehen.

6.2 Fachliche Testfälle finden

Fachliche Testfälle lassen sich bereits aus den Ergebnissen der Analyse ableiten. Wir brauchen die fachlichen Testfälle sowohl für den Test des ganzen Systems z. B. für die Abnahme als auch für Integrationstests und die Tests einzelner Komponenten. Dies kann für einzelne Teilanforderungen sogar bis zu bestimmten Klassen heruntergebrochen werden. So können wir sogar zu fachlichen Unit-Testfällen kommen.

Wenn wir die zu programmierenden Abläufe in Form von Ablaufdiagrammen erfasst haben, bietet sich uns so eine hervorragende Basis zur Entwicklung fachlicher Testfälle. In der UML werden dazu die Aktivitätsdiagramme genutzt. Diese Diagrammform ist universell einsetzbar zur Beschreibung von Abläufen und kann mit leichten Einschränkungen sogar unabhängig vom Einsatz objektorientierter Methoden verwendet werden.

Wie kommen wir zu Aktivitätsdiagrammen? Methodisch lohnt sich ein Umweg über essenziell beschriebene Anwendungsfälle [67]. Dabei wird eine zusätzliche Abstraktionsebene aufgebaut, die sich nur auf die fachliche Absicht, also die zugrunde liegende Intention bezieht und jegliche Technologiebezüge ignoriert (Abb. 6.1) [20, 67]. Ausnahmen und Fehler werden hierbei noch ignoriert. Wir konzentrieren uns hier nur auf den *Sonnenschein-Fall*.

Die so gefundenen, essenziell beschriebenen Schritte werden in einem ersten Aktivitätsdiagramm in einen logischen Bezug zueinander gesetzt (Abb. 6.2). Meist ist dies eine einfache Kette, manchmal hat das Diagramm etwas komplexere Strukturen.

So stellen wir den einfachen Kontrollfluss ohne Ausnahmen oder Fehlerbehandlungen dar. Leider brauchen wir gerade diese beiden Erweiterungen, um Testfälle ableiten zu können. Auf Basis des einfachen Aktivitätsdiagramms fällt es uns viel leichter, die ganzen fachlichen und technischen Ausnahmen halbwegs übersichtlich zu dokumentieren. In Textform kann dies nur auf vielen Seiten, also in schwer nachvollziehbarer und damit schlecht prüfbarer Form erfolgen. Ein Beispiel dazu ist in Abb. 6.3 zu sehen[2]. Obwohl die Schritte nur abstrakt beschrieben sind, ist es dennoch gut

---

[2]Die Darstellung ist in UML 1.5, der aktuell gebräuchlichen UML-Version. Die UML 2.0 beginnt sich jetzt erst zu etablieren (Abschnitt 16 ab Seite 239).

6.2 Fachliche Testfälle finden

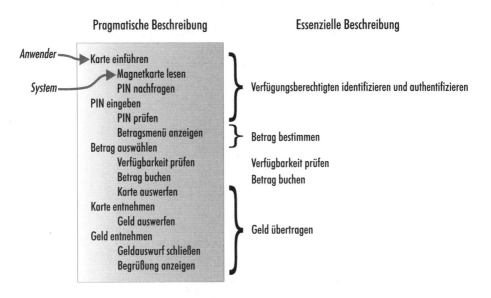

Abbildung 6.1: Bei einer essenziellen Beschreibung werden die einzelnen Schritte nur noch abstrakt bezogen auf die fachliche Intention beschrieben. Ein Technologie- oder Implementierungsbezug wird dabei ausgeblendet.

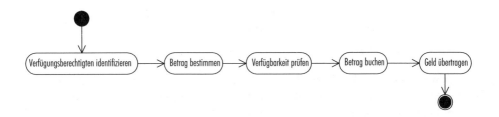

Abbildung 6.2: Beispiel eines Aktivitätsdiagramms auf Basis essenziell beschriebener Schritte eines Anwendungsfalls. Es stellt in einem ersten Schritt nur den Kontrollfluss ohne Ausnahmen dar.

möglich, in dieser Struktur fachliche und technische Ausnahmen zu finden. Die Übersichtlichkeit ist so brauchbar gegeben.

Als Analysedokument sollten die Anwendungsfälle und damit deren Aktivitätsdiagramme bereits früh im Prozess zur Verfügung stehen. So kann eine Analyse aus Testsicht ebenfalls früh im Projektverlauf erfolgen. Die Tests können auf dieser Basis in zwei Richtungen weiterentwickelt werden.

6 Lösungen für analytische Probleme

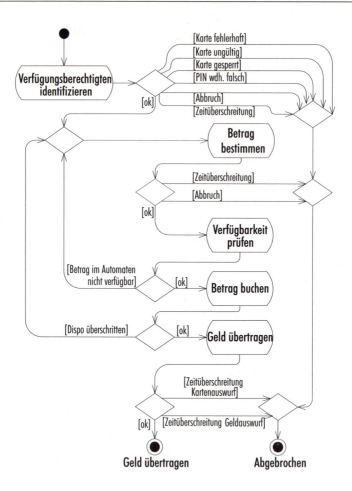

Abbildung 6.3: Das Beispiel aus Abb. 6.2 ist nun um Varianten und Ausnahmen erweitert worden. Auf dieser Basis können schnell konkrete Testfälle gefunden werden. Diese Darstellung entspricht der UML 1.5.

❏ Testfälle als Basis für einen Integrationstest und späteren Freigabetest.
❏ Testfälle für den Entwicklertest (Unit-Test).

Durch die Beschreibung als Anwendungsfall und Aktivitätsdiagramm können wir einfacher konstruktive und destruktive Sichtweisen bewusst voneinander trennen. Im Aktivitätsdiagramm fokussieren wir auf die Varianten und Ausnahmen unter der Fragestellung, was alles schief gehen kann.

Um jetzt aus einem derartigen Aktivitätsdiagramm die Testfälle abzuleiten, gehen wir nach drei Schritten vor und betrachten nacheinander die

Testdaten, die Unit- und die System-Testfälle. Testmethodisch handelt es sich bei allen diesen Testfällen um Black-Box-Tests, da sie auf Basis der Anforderungen erstellt werden können. Je tiefer wir in die einzelnen Komponenten oder Units abtauchen, desto stärker werden wir die Mischform des Grey-Box-Tests einsetzen.

6.2.1 Testdaten ableiten

Aus dem um Varianten und Ausnahmen erweiterten Aktivitätsdiagramm können wir Anforderungen an unsere Testdaten ableiten. Wie könnte das für unser Beispiel aussehen?

Wir brauchen verschiedene Kunden, die verfügungsberechtigt sind. Jeder Kunde hat unterschiedliche Zustände für sein Konto. Die internen Zustände des Geldautomaten wollen wir auch nicht vergessen: Wie viel Geld steht uns zur Verfügung und in welcher Scheinkombination? Natürlich brauchen wir auch Daten für unsere Kartenprüfungen, also die Repräsentation unserer EC-Karten. Anregungen für mögliche Testdaten und ihre Kombinationen sind in Tab. 6.1 zu finden.

Betragswunsch	bereits abgehoben	Saldo	Dispo	verfügbar	Stückelung	Ergebnis
500 €	0 €	500 €	0 €	500 €	200, 200, 100	o.k.
100 €	0 €	0 €	100 €	500 €	200, 200, 100	o.k.
200 €	200 €	-500 €	700 €	500 €	200, 200, 100	o.k.
500 €	0 €	499 €	0 €	500 €	200, 200, 100	überzogen
400 €	105 €	500 €	0 €	500 €	200, 200, 100	zu viel
350 €	150 €	500 €	0 €	500 €	200, 200, 100	nicht verfüg.
...	...	...	...	...	...	...

Tabelle 6.1: Wir brauchen mehrere Kunden mit Konten in bestimmten Zuständen bzgl. ihres Saldos und des möglichen Dispos. Der Betragswunsch kann auch im Zusammenhang mit bereits am selben Tag abgehobenen Summen stehen wie mit dem im Automaten verfügbaren Geldbetrag und seiner Stückelung. Hier sind Beispiele für Testdatenkombinationen angegeben.

Um dafür besonders sinnvolle Daten zu ermitteln, können wir zwei Verfahren einsetzen, auf die wir später detailliert eingehen:

- ❏ Grenz- und Extremwerte (Abschnitt 7.3.1 ab Seite 60)
- ❏ Äquivalenzklassenbildung (Abschnitt 7.3.4 ab Seite 65)

Die Beispieldaten aus Tab. 6.1 geben uns einen ersten Eindruck, wie komplex die Testdatenermittlung sein kann. Die Abläufe und Regeln, die in einem Aktivitätsdiagramm abbildbar sind, geben uns einen guten Einstieg dafür, diese Komplexität zu beherrschen.

6.2.2 Unit-Testfälle ableiten

Um die Anforderungen an die Unit-Tests ableiten zu können, betrachten wir das Umfeld jeder Aktivität für sich alleine. Dazu interpretieren wir eine Aktivität als Methode einer Klasse. Wie kommen wir dazu?

Die Aktivitätsschritte haben wir aus unseren essenziellen Beschreibungen erhalten. Im Aktivitätsdiagramm beschreiben wir einen Ablauf auf Objekten. Diese Objekte sind unsere Entitäten, also unsere Fachklassen. Die Abläufe programmieren wir in unseren Controler-Klassen. Das sind Klassen, die zur Ablaufsteuerung oder übergreifenden Berechnungen dienen. Dabei gilt als erste Faustregel, dass wir pro Anwendungsfall eine Controller-Klasse erstellen [67]. In verschiedenen Anwendungsfällen redundant vorkommende Teilschritte werden in eigenen Subcontroller-Klassen implementiert. Ein essenziell beschriebener Schritt in unserem Anwendungsfall und damit auch eine Aktivität im dazugehörenden Aktivitätsdiagramm entspricht dann meist einer Methode in unserem zentralen Anwendungsfall-Controller (Abschnitt 9.4 ab Seite 119 sowie Abb. 9.19 bis 9.21).

Um die Grundlage für unsere Unit-Tests einer Klassenmethode unseres Anwendungsfall-Controllers zu bekommen, analysieren wir das Umfeld der entsprechenden Aktivität im Aktivitätsdiagramm. Wir erstellen jetzt Testfälle für den korrekten Ausgang und für alle Varianten bzw. Fehlerausgänge. Das Aktivitätsdiagramm gibt uns dazu eine gute, zusammenfassende Übersicht.

Dabei müssen wir beachten, dass nicht jede Aktivität ihre Repräsentation im Controller hat. Einige Schritte können z. B. vollständig in der GUI ablaufen. Die Aktivität »Betrag bestimmen« könnte z. B. inkl. der Zeitüberschreitung außerhalb unserer Geschäftslogik ablaufen. Innerhalb der Geschäftslogik wird sie dann nicht innerhalb eines Controllers als Methode auftauchen. Wenn wir aber die Präsentationsschicht modellieren und testen wollen, könnten wir dafür z. B. die Zeitüberschreitung dort betrachten.

6.2.3 Kettentests ableiten

Für unsere Kettentests betrachten wir die Abläufe in Teilpfaden unseres Aktivitätsdiagramms und damit die Abfolge und das Zusammenspiel mehrerer Methoden, die auf verschiedene Controller bzw. Subcontroller verteilt sind und auf eine oder mehrere Entitäten zugreifen. Die Schritte »Verfügbarkeit prüfen« und »Betrag buchen« könnten z. B. mit Fremdsystemen und Entitäten kommunizieren. Eine solche Objektkette kann aus dem Diagramm abgeleitet und dann entsprechend getestet werden.

6.2.4 System-Testfälle ableiten

Wenn wir System-Testfälle finden wollen, betrachten wir den gesamten Ablauf in unserem Aktivitätsdiagramm und lassen ihn mit verschiedenen Testdatenpaketen ablaufen. Unsere Testdaten multiplizieren wir dazu quasi aus, und wir definieren, wie der Ablauf für eine bestimmte Datenkombination sein soll und was unser konkretes Ergebnis sein soll.

Dabei betrachten wir nicht mehr die einzelnen Aktivitäten oder Objektketten, sondern den gesamten Ablauf vom Startpunkt bis zu einem der Endpunkte. Die Testfälle provozieren also unsere internen Fehler und prüfen, ob das Systemverhalten für den Anwendungsfall korrekt ist. Daneben muss natürlich auch der korrekte Durchlauf mit all seinen Varianten geprüft werden.

Auf Basis des Aktivitätsdiagramms können wir auch diese Testfälle gut identifizieren.

7 Lösungen für methodische Probleme

»Ich habe Folgendes von der Philosophie gelernt: dass ich das, was andere nur aus Gesetzestreue tun, ohne Zwang mache.«[1] Methodisches Vorgehen heißt eben selbstdiszipliniertes Vorgehen. Formalismen nützen uns wenig, wenn sie einfach umgangen werden, weil sie uns unbequem oder nicht sinnvoll erscheinen. Was ist wirklich wichtig?

Häufig werden nur Trivialitäten getestet oder aber das, was einfach zu testen ist. Der Programmcode wird aber nicht an seine funktionalen und technischen Grenzen und darüber hinaus z. B. in die Ausnahmesituationen gebracht. Die Aussagekraft unserer Tests ist dann zu gering. Wir haben bereits gelernt, dass Testen eigentlich *destruktives Testen* bedeutet. Warum fällt uns Entwicklern das nur so schwer?

7.1 Psychologie des Testens

Softwareentwickler scheinen für das Testen ihrer Programme nur bedingt geeignet. Sie übersehen einfach zu viel. Wenn wir uns kurz mit den möglichen Ursachen befassen, ergeben sich vielleicht Chancen, dies zu verbessern. Und die These lautet, dass dies primär psychologische Gründe hat.

Allgemein fällt es wohl jedem schwer, seine eigenen Fehler zu finden. Deshalb lesen ein Lektor und ein Korrektor das Manuskript zu einem Buch. Dass beide nur sehr bedingt etwas mit der Fachlichkeit, also den inhaltlichen Aussagen zu tun haben, ist dabei eher von Nutzen als von Nachteil. Da der Verfasser meist sehr tief in die Details eingedrungen ist, fehlt der notwendige Abstand, den roten Faden des Buchs zu betrachten. Oder konkret: Können andere überhaupt den roten Faden in meinem Buch finden und ihn logisch und schlüssig verfolgen? Wo habe ich wichtige Details, die mir selbstverständlich erscheinen, weggelassen, und wo überdecke ich zentrale Punkte mit Nebensächlichkeiten?

Daneben findet ein Korrektor Rechtschreibfehler ohne Ende. Es fällt mir wie vielen anderen auch sehr schwer, meine eigenen Rechtschreibfehler zu finden. Das ist eigentlich auch ganz klar, denn sonst hätte ich diese

---

[1] Aristoteles (384–322 v. Chr.), griechischer Philosoph, Naturwissenschaftler und Begründer der formalen Logik

Fehler ja auch gar nicht selbst gemacht. Ich überlese sie einfach. Ähnlich verhält es sich mit Programmierfehlern. Wir übersehen gerne unsere eigenen Fehler. Warum nur?

Menschen neigen eher dazu, optimistisch zu sein. Dies ist wichtig, um die täglichen Frustrationen zu ertragen. Bei uns Softwareentwicklern scheint dies besonders ausgeprägt zu sein. Vielleicht weil wir besonders viel Frustration zu ertragen haben. Dazu kommt, dass Entwickler äußerst konstruktive Menschen sind: Wir wollen etwas Neues schaffen.

Tests sind aber pessimistischer, destruktiver Natur. Besonders deutlich wird dies bei Hardware-Sicherheitstests. Eine Bedieneinheit wie z. B. ein Geldautomat darf unter Einwirkung äußerer Gewalt keine gefährlichen Splitter entstehen lassen. Also wird ein definierter, schwerer Gegenstand, z. B. eine Stahlkugel, aus großer Höhe auf den Monitor fallen gelassen. Logischerweise ist unser neuer, meist sehr teurer Bedienpult-Prototyp hinterher ein Bild des Jammers. Der Screen ist eingeschlagen und das Gehäuse verbeult. Der Test ist aber bestanden! Es ist, als ob wir aus Bauklötzen einen hohen Turm gebaut haben und einfach unten drei Klötze wieder herausziehen, um zu sehen, wie stabil er war. Hinterher wissen wir es, aber unser Turm steht nicht mehr.

Entwickler müssen sich also zu destruktiven, aber aussagekräftigen Tests regelrecht überwinden! Wenn wir das akzeptieren, können wir auch Ideen entwickeln, das Problem zu lösen. Da ich lieber den Bauklotzturm meines Nachbarn zum Einsturz bringe als meinen eigenen, könnten wir z. B. unsere Programmteile gegenseitig testen. Fremden Code kann ich einfacher destruktiv testen als meinen eigenen. Weiter abstrahiert heißt das, der Test des eigenen Entwicklerteams reicht nicht aus. Andere Organisationseinheiten müssen ran. So wie ich zum Schreiben von Artikeln oder dieses Buchs Lektor und Korrektor heranziehe, braucht die Softwareentwicklung eine Qualitätssicherung (QS). Wie eine QS aussehen kann, ist individuell von den Aufgaben, Anforderungen und dem Umfeld abhängig. Aber irgendwer sollte diese Rolle wahrnehmen.

Eine andere Idee ist es, die beiden Phasen des konstruktiven Programmierens und des destruktiven Testens klar voneinander zu trennen. Dabei kann die Reihenfolge sehr hilfreich sein. Es fällt mir meist leichter, destruktive Tests zu entwickeln, wenn das Testobjekt noch gar nicht konstruiert wurde. Kurz gesagt: Erst die Testfälle entwickeln und dann das Testobjekt. Dieser Ansatz, der als *testgetrieben* bezeichnet wird, ist für die Entwicklertests besonders vielversprechend und bietet drei Vorteile:

- Es fällt leichter, sinnvolle, aussagekräftige, destruktive Tests zu entwerfen.
- Dadurch, dass wir Entwickler quasi die *Testbrille* aufsetzen, gewinnen wir mehr analytische Erkenntnisse über das zu programmierende

Teilsystem. Wir fangen an, die richtigen Fragen zu stellen und dringen so tiefer in die Analyse ein. Durch diesen Mehrwert erhöhen wir die Wahrscheinlichkeit, bestimmte Fehler gar nicht erst zu machen.
- ❏ Durch die Erstellung von Testfällen fokussieren wir besser auf ein testbares Design. Wenn wir uns mit den Testfällen auseinander setzen, nehmen wir Entwickler die Rolle eines Nutzers unserer Software ein. Entsprechend sollte das spätere Design unserer Software gut nutzbar und besser testbar sein, als wenn wir ohne diese Vorarbeiten programmieren.

Gerade der letzte Punkt ist interessant. Tests sind sonst eher der Entwicklung nachgeschaltet. Wir müssen also Fehler wie kleine Steine aus feinem Sand aussieben. Die Fehler sind also bereits gemacht. Ein testgetriebenes Vorgehen reduziert bereits in der Entwicklung die Anzahl der Fehler. Ich denke, es ist lohnenswert, diesen Gedanken später weiter zu konkretisieren (Abschnitt 10.1.2 ab Seite 139).

Leider ist ein testgetriebenes Design nicht die alleinige Lösung. Wenn wir Entwickler testen sollen, werden wir schnell von den Testmethoden abgeschreckt. Die Vielzahl der Möglichkeiten scheint unüberschaubar. Sicher können wir uns eigentlich erst sein, wenn wir eine kombinatorische Anzahl von Tests durchgeführt haben, für die ein kurzes Menschenleben nicht ausreicht. Fehlerfreiheit lässt sich eben nicht durch Tests beweisen. Warum sollen wir uns also mit Tests befassen, wenn es doch nichts bringt?

Wir brauchen also einfache, aber trotzdem effiziente Verfahren für den Entwicklertest. Wir sind eben nur *Nebenbei-Tester*. Genau für diese Zielgruppe ist dieses Buch gedacht. Es zeigt praktikable Wege, einfache, aber effiziente Tests durchzuführen. Die damit verbundene Denkweise hilft uns dann auch zu einem sinnvollen testgetriebenen Design. Dazu gilt es in Kapitel 10 noch zwei Fragen zu beantworten:

- ❏ Wie funktioniert ein testgetriebenes Design?
- ❏ Wie funktionieren die einfachen, aber effizienten Testverfahren?

Wir wollen vorerst noch bei den Testmethoden verweilen, bevor wir uns dem Projektmanagement widmen.

7.2 Codereviews

Codereviews sind ein asynchrones *Pair Programming*[2] im kleinen Stil. Sie kosten nicht viel Zeit, sind organisatorisch einfach durchzuführen und auch dem höheren Management gut zu verkaufen, bieten aber viele Vorteile des

---
[2]Zwei Entwickler arbeiten gemeinsam an einem Rechner.

Pair Programmings. Im inkrementell-iterativen Vorgehen ist innerhalb einer Iteration der Platz für Codereviews vorgesehen. Sie dienen dort auch zur Ermittlung des Ist-Zustands. Sowohl auf inkrementell-iteratives Vorgehen als auch auf Pair Programming bzw. XP wird später in Abschnitt 10.1.1 ab Seite 129 bzw. auf Seite 136 eingegangen.

Natürlich ist es angenehmer und meist auch effizienter, wenn wir direkt zu zweit entwickeln und testen können, also Pair Programming machen können. Leider lässt sich das übergeordnete Management nur schwer davon überzeugen, solange wir nicht die konkrete Aufwandsreduktion nachweisen können. Codereviews werden uns daher wohl noch lange als Pair Programming-Ersatz begleiten. Eine konstruktive, innere Einstellung, bei der es um die Sache und nicht um Profilierung geht, ist für beide Vorgehensweisen Grundvoraussetzung.

Ein paar Regeln sind bei der Durchführung von Codereviews zu beachten. Zuerst müssen wir zwischen internen und externen Reviews unterscheiden. Die internen Reviews finden zwischen den Entwicklern eines Teams statt. Ein externes Review erfolgt durch eine Person von außerhalb.

Codereviews haben mehrere Vorteile. Der Code sieht einfach besser nachvollziehbar und verständlicher aus, wenn wir wissen, dass ihn in ein paar Tagen jemand anderes liest. Auch halten wir uns so enger an Programmierrichtlinien oder andere Vorschriften. Daneben kann ein zweiter Entwickler besser die unklaren Stellen identifizieren und auch eine Quelle alternativer Design-Ideen sein. Wesentlich ist aber auch das gezielte Verteilen von Wissen unter den Teamkollegen. Vertretungen oder Übergaben werden danach einfacher ablaufen bzw. überhaupt möglich sein. Vorbereitungen sind bei Codereviews nicht notwendig, sie sind daher einfach und schnell durchzuführen.

7.2.1 Interne Codereviews

Ein internes Codereview erfolgt durch einen Kollegen. Das ist uns Entwicklern nichts Unbekanntes. So hat wohl fast jeder ein internes Codereview gemacht bzw. sich geben lassen, wenn wir einen schwierigen Fehler bislang erfolglos suchen. Wir sitzen dann meist gemeinsam vor dem Code und gehen ihn durch. Dieses Prinzip wird einfach ausgedehnt.

Ein Projektleiter sollte die Review-Paare gezielt zusammenstellen und sie öfter verändern. Ein erfahrener Mitarbeiter kann so sein Wissen gezielt an neuere Kräfte verteilen, oder wir bauen echte Vertreter auf, die im Urlaubs- oder Krankheitsfall schnell einspringen und akute Probleme lösen können.

Ein Review dauert dann meist zwischen 30 und 90 Minuten. Damit kein freundschaftliches Geklüngel entsteht, sollte von jedem Review ein kurzes E-Mail-Ergebnisprotokoll an den Projektleiter gehen mit den Punkten:

- Dauer und Teilnehmer
- Name und Versionsstand der Quellen
- resultierende Maßnahmen aus dem Review
- ein Plan zur späteren Umsetzung, falls diese nicht sofort erfolgen konnte

Wenn keine Maßnahmen gefunden wurden, deutet das auf ein zu oberflächliches Review hin, was dann vom Projektleiter kontrolliert werden sollte.

7.2.2 Externe Codereviews

Ein externes Codereview erfolgt durch einen Mitarbeiter außerhalb des Teams. Dies können andere Entwickler sein, z. B. von einem zentralen Architekturteam, deren Framework hier im Einsatz ist, oder aber ein Vertreter der QS.

Auch diese Reviews können kaum speziell vorbereitet werden, da sie sonst nicht aktuell sind. Allgemeine Dokumente sollten jedoch zur Vorbereitung der externen Kollegen bereitgestellt werden.

Der Reviewer hat alle Freiheiten, was und wie lange er es sich ansehen will. Hier werden mehr Erläuterungen durch den Entwickler notwendig werden als bei internen Reviews, weshalb mehr Zeit einzuplanen ist.

Das Ergebnis wird auch etwas formaler sein als bei einem internen Review. Dieses sollte stets vom Reviewer eingefordert werden, um den Wert des Reviews sicherzustellen. Da hier meist mehr Aufwand einfließt als bei internen Reviews, möchte ich besonders genau den Wert abschätzen können. Meist bringt der Reviewer einen formalen Protokollentwurf mit. Falls dies nicht der Fall ist, können wir etwas aus dem kurzen E-Mail-Protokoll für interne Reviews ableiten.

7.2.3 Dokumentreviews

Wir können neben unserem Code noch andere Arten von Texten bzw. Dokumenten einem Review unterziehen. Für uns Entwickler können z. B. Anforderungs- oder Planungsreviews von Nutzen sein.

Diese Art von Reviews hat eine etwas andere Zielsetzung. Wir möchten damit im Wesentlichen zwei Dinge erreichen:

- Fehler wie z. B. vergessene Aufgaben sollen identifiziert werden.
- Die Zustimmung jedes Einzelnen soll ausgesprochen werden.

Solche Reviews sollten mit den Beteiligten bzw. Betroffenen erfolgen. Und zwar wenn es irgendwie geht mit allen! Das bedarf etwas Vorbereitung. So müssen vorab allen die für das Review relevanten Dokumente zur Verfügung gestellt werden. Jeder muss sich vorbereiten können. In einer gemeinsamen Sitzung wird dann Punkt für Punkt durchgegangen und ggf. diskutiert. So hat jeder die Chance sich einzubringen, was allerdings reichlich Zeit kosten kann. Diese Art von Reviews findet daher auch seltener statt.

Die Teilnehmer haben die Pflicht, sich vorzubereiten. Nur dann macht der Aufwand Sinn. Wenn ich feststelle, dass diverse Teilnehmer nicht ausreichend vorbereitet sind, breche ich ein Review auch ab, da es die zentralen Ziele nicht erreichen wird.

Werden Fehler oder offene Punkte im Rahmen des Reviews gefunden, so sollten nur Kleinigkeiten im Rahmen des Reviews geklärt werden. Alles andere wird aus Effizienzgründen in einen anderen, meist deutlich kleineren Rahmen delegiert. Solche Reviews werden dann also in ein bis zwei Iterationen ablaufen.

7.3 Die richtigen Testdaten finden

7.3.1 Grenz- und Extremwerte

In Abb. 7.1 sehen Sie eine auf das Wesentliche reduzierte Maske. In das Edit-Feld kann eine Gehaltsgruppe in Form eines Euro-Werts eingetragen werden. Dabei dürfen nur Werte in ganzen 1000er-Schritten bis maximal 10 000 € eingegeben werden. Bevor Sie weiterlesen, schreiben Sie sich doch bitte kurz auf, mit welchen Werten Sie diese Maske testen würden.

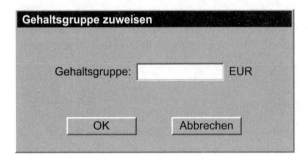

Abbildung 7.1: Testdaten: Beispiel einer Gehaltsgruppenmaske

Um solche Tests effizient zu gestalten, brauchen wir spezielle Testdaten, die *Grenz- und Extremwerte*. Ein Grenzwert für eine Integereingabe wäre eine Zahl, deren Wert nur um 1 verringert bzw. vergrößert werden müsste, um ein *benachbartes* Testdatum mit einer anderen Eigenschaft zu erhalten. Bei nicht-zahligen Testdaten berücksichtigen wir implizite Reihenfolgen, Abhängigkeiten oder Regeln.

Als visueller Mensch kann ich mir Grenz- und Extremwerte gut über die geometrische Analogie von Flächen im Raum vorstellen, die in Abb. 7.2 dargestellt ist.

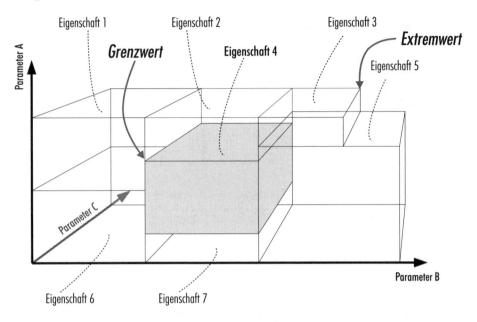

Abbildung 7.2: Grenz- und Extremwerte als Analogie zu Flächen und Kanten im mehrdimensionalen Parameterraum.

Tragen wir die Parameter für ein Systemverhalten jeweils auf einer Koordinatenachse ein, erhalten wir einen mehrdimensionalen Raum. In Abb. 7.2 finden wir drei Parameter A, B und C, die einen dreidimensionalen Parameterraum aufspannen. In Abhängigkeit von den konkreten Parametern erfolgt eine bestimmte Systemeigenschaft. Zu den Eigenschaften gehört natürlich auch das Fehlerverhalten. Für die Tests besonders Erfolg versprechend sind also Parameterkombinationen, die auf den Kanten oder noch besser in den Ecken der Übergänge von einer Eigenschaft zu einer oder mehreren anderen liegen. Eine minimale Modifikation der Eingangsdaten müsste dann ein geändertes Systemverhalten zur Folge haben.

Was macht den besonderen Stellenwert gerade dieser Testdaten aus? Fehler verteilen sich nicht gleichmäßig. Sie sind gesellige Kerle, die im Rudel auftreten. Das tun sie an den komplexen Stellen, an denen Abläufe implementiert oder Regeln umgesetzt werden. Mit Grenz- und Extremwerten können wir also Regeln besonders effizient testen.

Kommen wir jetzt wieder zurück auf unser Eingangsbeispiel: Mit welchen Testdaten soll die Gehaltsgruppenmaske getestet werden? Die Testdaten teilen wir dazu in zwei Kategorien auf, *Gut-Fall-* und *Fehlerfall*-Daten. Für unser Beispiel habe ich Erfolg versprechende Testdaten in der Tab. 7.1 gesammelt.

Gut-Fälle	Bemerkungen	Fehlerfälle	
1 000	minimaler Extremwert	999	-1000
10 000	maximaler Extremwert	1 001	1000.1
7 000	zufälliger Zwischenwert	9 999	1000,1
0	Konkretisierung der Spezifikation	10 001	eintausend
leeres Feld	gelöschte Eingabe	7777	*Bitmap per Paste*
		-1	...

Tabelle 7.1: Erfolg versprechende gültige Testwerte und Fehlerfälle zum Testen der Gehaltsstufen-Maske aus Abb. 7.1.

Aus diesem Beispiel lässt sich aber noch mehr herausholen. Wir benötigen bei unseren Tests meist deutlich weniger Testdaten für die Gut-Fälle als für die Fehlerfälle. Dies ergibt sich aus unserem Schwerpunkt auf *destruktiven Tests*. Wir können die Testdaten auch unter Design-Aspekten betrachten. Darauf kommen wir im nächsten Abschnitt zurück. Vorher wollen wir noch kurz auf unser Geldautomatenbeispiel aus Abschnitt 6.2.1 von Seite 51 eingehen. Was sind Grenzwerte für unseren Geldautomaten? Die Antwort ist gar nicht so einfach, da sich viele Grenzwerte auf Zustände beziehen, die sich aus Kombinationen von festen Eingabegrößen ergeben.

Häufig bekommen wir das zugrunde liegende Regelwerk als textuelle Beschreibung über mehrere Seiten. So ist es für uns nur schwer erfassbar. Zwei Möglichkeiten, besser nachvollziehbare Darstellungen zu erhalten, sind die Transformationen entweder in eine Tabelle oder in eine Mindmap. Letzteres ist besonders als Einstieg in eine neue Thematik gut machbar, da wir so unsere neuen Erkenntnisse einfach in einer vorläufigen Mindmap ergänzen können. Für unser Geldautomatenbeispiel schauen wir uns eine tabellarische Aufstellung des Regelwerks bzw. der beteiligten Teile an (Tab. 7.2). Es sind dazu drei beteiligte Teile zu betrachten:

- ❏ Kontoregelwerk zum Abbuchen
- ❏ zusätzliche Regeln zum Abheben von Geldautomaten
- ❏ Eigenschaften des Geldautomaten
    - ❏ Stückelung der Geldscheine
    - ❏ EC-Kartenprüfungen
    - ❏ Regeln für Ablaufausnahmen wie Zeitüberschreitungen

Kathegorie	Aspekt	Erläuterung
Konto	Kontostand	aktueller Stand in Euro und Cent
	Dispolimit	Überziehungsbetrag in Euro und Cent
Abheberegeln	Tageslimit	Das Limit für Abhebungen pro Tag (meist 500 €)
Geldautomat	Stückelung	5, 10, 20, 50, 100, 200 und 500 €
	EC-Kartenprüfungen	Lesbarkeit, Kundenidentifikation, PIN-Prüfung
	Zeitüberschreitungen	EC-Karten- und Geldentnahme

Tabelle 7.2: Darstellung der beteiligten Teile und des Regelwerks für unser Geldautomatenbeispiel.

Für die so ermittelten, testrelevanten Teile können wir Grenzwerte ausmachen wie z. B. einen Kontostand von 0,00 € oder einen Kontostand gleich dem Dispolimit usw. Die Schwierigkeit bei diesen Grenzwerten ist, dass sie jeweils in Bezug zu anderen Werten stehen. So hängen Betragswunsch, Kontostand, Dispolimit und die bereits am aktuellen Tag abgehobenen Beträge zusammen. Und wenn das alles korrekt ist, kommt die konkrete Stückelung der Geldscheine im Automaten ins Spiel: Wenn nur noch 50 €-Scheine verfügbar sind, können eben nicht 120 € ausgezahlt werden.

Wir erkennen bei der Betrachtung dieses Beispiels noch mehr. Die Fokussierung auf die Grenz- und Extremwerte bei komplexeren Zusammenhängen ist ein guter erster Schritt, wir sollten aber methodisch weitergehen. Wir brauchen eine ausgereiftere Systematik, um die verschiedenen Varianten im Regelwerk besser zu beherrschen. Dazu betrachten wir Äquivalenzklassen. Das machen wir gleich in Abschnitt 7.3.4.

7.3.2 Testdaten als Designkriterium

Schauen wir uns die Testdaten aus unserem Gehaltsmaskenbeispiel noch einmal genauer an, beschleicht uns schnell ein gewisses Unbehagen. So viele Testdaten für so wenig Maske? Da kann doch etwas nicht stimmen. Komplizierte Testdaten deuten auf ein ungeschicktes Design hin. Wir können also unsere Entwürfe anhand der notwendigen Testdaten kontrollieren und bewerten. Alternative Designs können so auf Basis der für den Test notwendigen Daten verglichen werden.

Was heißt das für unser Beispiel? Das Maskendesign ist bei weitem nicht optimal. Die Auswahl kann wesentlich besser aus einer festen Liste (Listbox) heraus erfolgen. Der Anwender gibt dann keine Werte mehr ein, sondern wählt sie aus einer Liste gültiger Werte aus. Die Werte für die Listbox müssen dann zwar einfach zu konfigurieren sein, um flexibel auf Anforderungsänderungen reagieren zu können, was aber ein Standardproblem mit einer Standardlösung ist und damit nicht kritisch. Der verbesserte Maskenentwurf ist in Abb. 7.3 zu sehen. Kleine Änderung, große Wirkung ...

Abbildung 7.3: Die Verwendung einer Listbox anstatt des Edit-Felds aus Abb. 7.1 reduziert die Fehlermöglichkeiten und damit den Testumfang.

7.3.3 Fehlersensibilität

Durch eine zufällige Korrektheit unserer Tests mit bestimmten Testdaten werden Fehler leicht übersehen. So ist ein Test für mathematische Operatoren mit zwei Parametern mit den Testwerten (2,2) nicht sehr fehlersensibel, da $2 + 2 = 2 \cdot 2 = 2^2 = 4$. Mit *Fehlersensibilität* wird also die Eignung von Testdaten zur Aufdeckung von Fehlerwirkungen bezeichnet. Im obigen Beispiel kann ein falscher Operator leicht übersehen werden.

Ein praxisnäheres, aber immer noch konstruiertes Beispiel macht das Problem der Fehlersensibilität noch deutlicher. In der folgenden, fiktiven Skalierungsfunktion aus Beispiel 7.1 hat sich ein Fehler eingeschlichen, da dort ein Minuszeichen anstatt eines Pluszeichens verwendet wird. Die

Funktion `skalieren()` hat eine ganze Zahl (Integer) als Eingangsparameter und Return-Wert. Innerhalb der Funktion erfolgt eine Division durch 30 000 und ein implizites Abschneiden von Nachkommastellen, wobei Sie beim Nachrechnen bitte beachten, dass es keine negative 0 gibt.

```
public int skalieren(int wert){
  wert = wert - 1;  // Fehler: wert = wert + 1 sei richtig!
  wert = wert / 30000;
  return wert;
}
```

Codebeispiel 7.1: Beispiel für geringe Fehlersensibilität anhand einer Skalier-Methode

Von den 65 536 möglichen Zahlenwerten für `wert` produzieren nur vier den Fehler, der sich durch die falsche Subtraktion ergibt:

-30 000 ergibt -1 anstatt 0,

-29 999 ergibt -1 anstatt 0,

29 999 ergibt 0 anstatt 1 und

30 000 ergibt 0 anstatt 1

Im Zweifel führt aber genau dieser nur schwer zu entdeckende Fehler zum Systemabsturz ...

Bei der Auswahl unserer Testdaten müssen wir also stets auf eine hohe Fehlersensibilität achten. Wie wir dem Beispiel auch entnehmen können, ist diese Bewertung deutlich einfacher, wenn wir den Code kennen. Deshalb sind gerade die Entwicklertests mit besonderer Sorgfalt auf fehlersensible Daten zu optimieren.

7.3.4 Äquivalenzklassen

Ein guter Testfall bietet eine gewisse Wahrscheinlichkeit, Fehler zu finden. Ein vollständiger Eingabetest ist normalerweise nicht möglich, weshalb wir uns auf eine Untermenge der möglichen Testfälle beschränken. Wir haben uns bislang mit einfacheren Verfahren zur Testfallauswahl befasst. Wenn wir unsere Testfall-Auswahl noch weiter optimieren wollen, also die Untermenge an Testfällen finden wollen, welche die höchste Wahrscheinlichkeit hat, die meisten Fehler zu entdecken, brauchen wir Testfälle, die eine große Anzahl anderer Testfälle mit überdecken. So können wir die Anzahl unserer Testfälle trotz höherer Aussagekraft überschaubar halten [34, 75].

Ein solcher Testfall sagt etwas über die An- bzw. Abwesenheit von Fehlern für einen speziellen Satz von Eingabedaten und darüber hinaus aus.

Dazu müssen in einem Testfall möglichst viele verschiedene Eingabebedingungen angesprochen werden. Dazu sind die Eingabebereiche so zu unterteilen, dass alle Werte innerhalb eines Bereichs gleich gute Testdaten sind, also zueinander äquivalent sind. Diese Bereiche äquivalenter Eingabedaten heißen Äquivalenzklassen. Der Begriff *Klasse* hat hier natürlich nichts mit einer Klasse im Sinne der Objektorientierung zu tun.

Die Äquivalenzklassenbildung erfolgt heuristisch nach Erfahrung und Intuition. Dabei müssen Äquivalenzklassen für gültige und ungültige Eingaben gefunden werden. Gerade die ungültigen Eingaben werden ja so gerne von uns Entwicklern bei unseren Tests vergessen.

Äquivalenzklassen bestimmen

Wir wollen also Äquivalenzklassen für die möglichen Eingaben bestimmen. Dazu gehen wir in vier Schritten vor.

1. Suche die Anforderungen nach spezifizierten Eingabegrößen und ihren Gültigkeitsbereichen ab. Die Grenzen dieser Gültigkeitsbereiche trennen die Äquivalenzklassen für gültige und ungültige Eingaben.
2. Prüfe die vorläufigen Äquivalenzklassen, ob alle Werte gleich behandelt werden. Teile sie ggf. in mehrere neue Äquivalenzklassen auf.
3. Finde jeweils Sätze von Eingabedaten für die einzelnen funktionalen Anforderungen, die in einer definierten Beziehung zueinander stehen. Diese Datensätze sind für gültige und ungültige Kombinationen zu erstellen.
4. Prüfe, ob die vorläufigen Kombinationen jeweils gleich behandelt werden. Teile die Äquivalenzklassen ggf. weiter auf.

Testfälle für Äquivalenzklassen bestimmen

Um die Äquivalenzklassen für unsere Testfälle zu nutzen, wird jede Äquivalenzklasse der Eingabedaten in mindestens einem Testfall berücksichtigt. Dazu werden die Testfälle wie bei einer Funktionsüberdeckung spezifiziert:

- Bei gültigen Eingabewerten kann ein Testfall meist mehrere unabhängige Testfälle zusammenfassen, um ökonomischer durchgeführt werden zu können. Methodisch ist das kein Problem, da eine eindeutige Fehlerzuordnung trotzdem möglich sein sollte.
- Für ungültige Eingabewerte wird nur eine Fehlersituation getestet. Es gibt also für jede diese Äquivalenzklassen mindestens einen eigenen Testfall.

Bei den Testfällen für Äquivalenzklassen der Ausgabedaten wird nach einer Grenzwertanalyse versucht, den Bereich vollständig über die Extremwerte abzudecken. Leider ist die zugehörige Ermittlung der entsprechenden Eingabedaten häufig sehr mühsam und manchmal gar nicht möglich.

Unser Geldautomatbeispiel

Als Illustration für die Äquivalenzklassenbildung soll uns unser Geldautomatbeispiel dienen. Wir haben es bei der Betrachtung von Aktivitätsdiagrammen in Abschnitt 6.2.1 ab Seite 51 eingeführt und bereits unter dem Aspekt der Grenzwerte in Abschnitt 7.3.1 ab Seite 60 kurz betrachtet. Dabei ist uns aufgefallen, dass die reine Grenzwertbetrachtung für die Testfall-Findung nicht ausreichend ist.

Wie können uns Äquivalenzklassen weiterhelfen? Das Problem bei der Testdaten-Findung für das Geldautomatenbeispiel war ja, dass wir es mit abstrakten Zuständen zu tun haben, die sich aus der Kombination mehrerer konkreter Größen ergeben. Versuchen wir also, diese abstrakten Zustände in den Griff zu bekommen, um dann geeignete Testdaten-Kombinationen unter der Betrachtung unserer Grenzwerte zu ermitteln.

Wir schränken dazu unser Beispiel etwas ein und betrachten nur das Umfeld der Aktivitäten »Verfügbarkeit prüfen« und »Betrag buchen« (Abb. 6.3 auf Seite 50). Die Testfälle für die Identifizierung und Authentifizierung lassen wir außen vor, ebenso wie das Überschreiten der Zeitlimits.

In der Verfügbarkeitsprüfung werden die folgenden Fragen beantwortet:

- Ist noch genug Geld im Automaten?
- Kann der Betragswunsch mit den vorhandenen Scheinen ausgezahlt werden?
- Bleibt der Kunde mit seinem Betragswunsch unter dem Tageslimit von 500 €?

Beim Buchen wird die Konten-spezifische Frage geklärt, ob der gewünschte Betrag abgehoben werden darf. Dazu muss die folgende Ungleichung erfüllt sein:

$$Kontostand - Betragswunsch + Dispositionskredit \geq 0$$

Diese vier Fragen können positiv oder negativ beantwortet werden. Die positive Antwort führt zum Gut-Fall, die negative in eine Variante oder Ausnahmebehandlung. Daraus ergibt sich eine Verkettung von Äquivalenzklassen, die jeweils einen dieser Aspekte berücksichtigen und die Eingabedaten in eine positive bzw. negative Äquivalenzklasse unterteilen. Die vielen Worte lassen sich am besten in einer Grafik ausdrücken, die in Abb. 7.4 dargestellt ist. Wir brauchen also mindestens vier Negativ-Tests und einen Positiv-Test. Wenn wir jetzt unsere Grenzwertbetrachtung berücksichtigen, kommen wir auf mehrere Testfälle für jede Äquivalenzklasse.

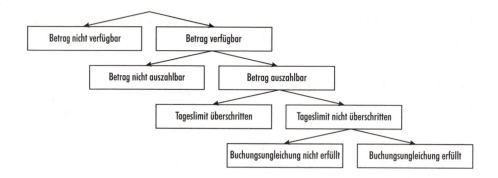

Abbildung 7.4: Die Reihenfolge der Prüfungen gibt eine Verkettung der Äquivalenzklassen für unser Geldautomatenbeispiel.

Wie hilft uns diese Betrachtung weiter? Die Prüfungen sollen in der angegebenen Reihenfolge durchlaufen werden. Wir benötigen für jede Äquivalenzklasse genau einen Test, da bei einer Äquivalenzklasse alle Werte gleichberechtigt sind. Um die Aussagekraft der Tests zu maximieren, wählen wir als Werte innerhalb einer Äquivalenzklasse die Extremwerte. Meist gibt es davon zwei innerhalb einer Klasse, so dass wir auch für eine Äquivalenzklasse mehrere Tests durchführen. Wenn wir bis hierhin richtig gearbeitet haben, entgeht uns so kein relevanter Test. Eventuell finden wir aber auch, dass wir eine Äquivalenzklasse weiter unterteilen müssen. Beim Tageslimit sollten wir z. B. bedenken, dass wir zwei Varianten haben, es zu überschreiten. Der Betragswunsch selbst könnte zu groß sein. Dies könnten wir aber bereits über die Eingabe abfangen. An dieser Stelle der Ablauflogik könnte eine Überschreitung nur eintreten, wenn wir bereits am selben Tag eine andere Abbuchung vorgenommen haben.

Bislang haben wir nur fachliche Tests betrachtet. Es gibt natürlich noch die technischen Tests. Meist kommen die danach an die Reihe. So könnten wir jetzt prüfen, was passiert, wenn die Verbindung zum Knotenrechner nicht steht und wir die Buchungsprüfung nicht durchführen können. Das Prinzip ist auch hier dasselbe, wir kommen hier zu technischen Äquivalenzklassen.

Eine Betrachtung der Äquivalenzklassen kann also auch für unsere Entwicklertests sowie für die Ablauflogik selbst von Nutzen sein. So ist dieses Verfahren auch beim testgetriebenen Vorgehen gut einsetzbar. Als Basis kann uns ein vollständiges Aktivitätsdiagramm dienen. Eine weitere praktische Nutzung von Äquivalenzklassen finden wir im Rahmen der *Classification Tree Method* in Abschnitt 15.4.3 ab Seite 228.

7.4 Überdeckungen: Wege durch die kombinatorische Explosion

Die Überdeckungskriterien führen uns schnell in kombinatorisch nicht mehr abdeckbare Bereiche; es erfolgt eine kombinatorische Explosion. Diese schreckt viele Entwickler ab. Warum soll ich etwas testen, das ich sowieso nicht vollständig testen kann. Es gehen mir doch immer Fehler durch die Lappen.

Ja, das ist richtig, aber deswegen sollten wir nicht auf solche Tests verzichten, sondern vielmehr versuchen, bestmögliche, praktikable Näherungen einzusetzen. Es gibt sie wirklich. Zwei der wichtigsten Vertreter dieser hilfreichen Tests möchte ich Ihnen zum Ende dieses Kapitels genauer vorstellen:

- die vereinfachte Pfadüberdeckung für Schleifen und
- die Termüberdeckung für Bedingungen.

Doch zuerst möchte ich in die Thematik der Überdeckungen und Pfade etwas tiefer einsteigen, um im Anschluss die Überdeckungstests zu optimieren.

7.4.1 Anweisungs-, Zweig- und Pfadüberdeckung

Es gibt die verschiedensten Betrachtungsweisen für Überdeckungen. Für uns Entwickler sind die auf den Code bezogenen Definitionen von besonderer Bedeutung. Dabei gibt es drei wesentliche Arten:

Anweisungsüberdeckung: Anteil der Anweisungen im Code, die mit den Tests durchlaufen werden.
Zweigüberdeckung: Anteil der Zweige im Code, die mit den Tests durchlaufen werden.
Pfadüberdeckung: Anteil der Pfade im Code, die mit den Tests durchlaufen werden.

Was das genau bedeutet, erkennen wir am besten an einem konkreten Beispiel.

Die Java-Methode `berechneProvision` ermittelt anhand der Parameter `anzahlVertraege` und `zuschlagsGrenze` einen Provisionswert. Die Provision selbst besteht aus drei Teilen, die ebenfalls als Parameter einfließen: einem `grundBetrag`, der Summe der Einzelprovisionen der Größe `einzelProvi` und einem `zuschlag` für besonders erfolgreiche Verkäufer. Zur Vereinfachung rechnen wir nur mit ganzen Zahlen und geben den Return-Wert als lokale Variable zurück.

```java
1  public int berechneProvision(
2                      int grundBetrag,
3                      int anzahlVertraege, int einzelProvi,
4                      int zuschlagsGrenze, int zuschlag){
5    int provision = 0;
6    if (0 < anzahlVertraege){
7      provision = grundBetrag;
8      for (int i = 0; i < anzahlVertraege; i++){
9        provision += einzelProvi;     //Provisionssumme addieren
10       if (zuschlagsGrenze <= i){
11         provision += zuschlag;      //fuer Gute gibt es mehr
12       }
13     }
14     if (verbose){                   //globale Konfiguration
15       System.out.println(provision); //ggf. Kontrollausgaben
16     }
17   }
18   return provision;
19 }
```

Codebeispiel 7.2: Java-Beispiel einer Provisionsberechnung

Welche Wege gibt es durch dieses Codebeispiel? Wir können uns diese Frage am einfachsten mit einem Ablaufgraphen beantworten. Dabei werden die Anweisungen zu Knoten zusammengefasst und die jeweiligen Wege durch Kanten dargestellt. Die gebräuchlichsten Konstrukte sind in Abb. 7.5 zu sehen. Dabei habe ich die gebräuchliche Form mit Kreisen und Pfeilen durch UML-Notation aus dem Aktivitätsdiagramm in Form von Aktivitäten und Transitionen ersetzt.

Für unser Codefragment zur Provisionsberechnung sieht ein solcher Graph bereits recht umfangreich aus (Abb. 7.6). An jedem if-Statement verzweigt sich der Graph und die Schleife ist auch gut zu erkennen. Der Ablaufgraph ist eine andere Sicht auf die Struktur unseres Codes.

Was erkennen wir daraus? In Abb. 7.6 sind die Kanten mit Buchstaben benannt. Es gibt einen Weg durch den Code, der jede Anweisung mindestens einmal durchläuft: *acdfgh*. Für ein if-Statement ohne else-Zweig wird dann aber der leere else-Zweig nicht durchlaufen. Das ist der Unterschied zwischen Anweisungs- und Zweigüberdeckung. Ohne leere Zweige sind beide Überdeckungen identisch. Für eine Zweigüberdeckung in unserem Beispiel kommen also noch zwei Pfade hinzu:

❏ *acefgi*, also der Weg durch den Code ohne die Erfüllung der beiden if-Statements in den Zeilen 9 und 13.
❏ *b*, die erste if-Bedingung in Zeile 5 ist bereits negativ.

7.4 Überdeckungen: Wege durch die kombinatorische Explosion

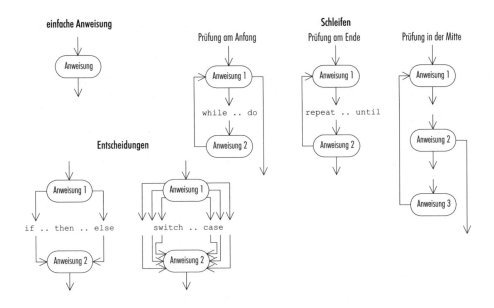

Abbildung 7.5: Die Notationselemente eines Ablaufgraphen als UML-Aktivitätsdiagramm. Einfache Anweisungen können dabei zusammengefasst werden, solange die Entscheidungen und Schleifen klar erkennbar bleiben.

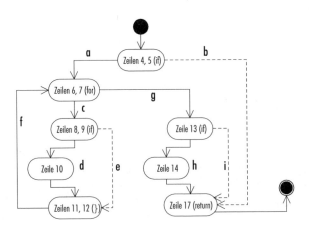

Abbildung 7.6: Der Ablaufgraph zum Beispiel-Listing. Leere Zweige, die bei if-Statements ohne else-Zweig auftreten, sind durch gestrichelte Kanten dargestellt. Die Kanten sind durch die kleinen Buchstaben benannt, die Anweisungen (Aktivitäten) durch ihre Zeilennummern aus dem Listing.

Wie viele Pfade gibt es durch den Code? Theoretisch könnte ich mich bei jedem Schleifendurchlauf an den Verzweigungen neu bzw. anders entscheiden. So entsteht eine enorme Anzahl verschiedener Pfade durch den Code. Tatsächlich sind die meisten dieser Pfade praktisch meist nicht erreichbar. In unserem Fall stehen die Bedingungen beim Schleifeneintritt fest, und es bleiben nur noch die beiden zusätzlichen Pfade *acdfgi* und *acefgh* für die vollständige Pfadüberdeckung übrig, welche die leeren `else`-Zweige im Ablauf mit den entsprechenden `then`-Zweigen kombinieren.

Um die Aussagekraft unserer Unit-Tests sinnvoll zu steigern ist also die Zweigüberdeckung des Codes ein brauchbares Kriterium, wohingegen die Pfadüberdeckung schnell unhandlich werden kann. Wie sollen wir aber die Schleife und die Pfadüberdeckung im Test berücksichtigen? Dafür gibt es Annäherungen, die in den meisten Fällen[3] ausreichend sein sollten, die vereinfachte Schleifenüberdeckung und die Termüberdeckung.

7.4.2 Vereinfachte Schleifenüberdeckung

Um Schleifen zu testen, können wir meist guten Gewissens eine vereinfachte Schleifenüberdeckung einsetzen. Wir reduzieren dabei die Tests auf die fünf Fälle, an denen etwas Neues mit oder innerhalb der Schleife passiert:

1. Kein Eintritt in die Schleife
2. Genau ein Durchlauf durch die Schleife
3. Genau zwei Durchläufe durch die Schleife
4. Eine typische Anzahl von Durchläufen
5. Die maximale Anzahl von Durchläufen

Wenn wir diese Testfälle bereits beim Kodieren der Schleife kennen, vielleicht bereits in einer Testklasse selbst kodiert haben, werden wir weniger Fehler machen. Und wenn wir dennoch einen Bock geschossen haben, wird der erste Test die Schleifeneintrittsbedingung prüfen, die Fälle 2 und 3 Initialisierungsfehler finden und der Fall 5 unsere Abbruchbedingungen testen.

Wir haben also fünf Tests pro Schleife. Bei verschachtelten Schleifen kombinieren sich diese Tests, also bei zwei geschachtelten Schleifen zu $1 + 4 \cdot 5 = 21$. Im ersten Fall springt die äußere Schleife die innere nicht an. Für die Fälle 2 – 5 ergeben sich für die innere Schleife wieder je 5 Testfälle. Wenn wir uns vorher Gedanken zu den Tests machen und diese auch programmieren, werden wir schon geeignete Strukturen wählen, um nicht zu viele verschachtelte und damit schwer wartbare Schleifen zu bauen.

---

[3] sicherheitskritische Bereiche ausgenommen

7.4.3 Test von Bedingungen: die Termüberdeckung

Der Test von Bedingungen ist besonders wichtig, da sich hier gerne Fehler verstecken. Die fachlichen Regeln werden hier abgebildet. Ein sinnvoller Test gestaltet sich glücklicherweise gar nicht so aufwendig, wenn wir die Term- bzw. Bedingingsüberdeckung beachten.

Als Term bezeichnen wir dabei eine nicht mehr teilbare, logische Einheit in einer Bedingung. Die Bedingung

`if ((nr > 1 && !hasFailed()) || newCustomer) {`

besteht also aus drei elementaren Termen, nämlich `nr > 1`, `hasFailed()` und `newCustomer`. Die Operatoren `&&`, `||` und `!` entsprechen der UND, ODER und NOT-Beziehung.

Die Termüberdeckung bietet die beste Optimierung einer Pfadüberdeckung und ist dabei nicht sehr aufwendig. Wenn alle elementaren Terme voneinander unabhängig sind, resultieren genau $n+1$ Testfälle, wenn n die Anzahl der elementaren Terme ist. In unserem Beispiel müssen wir also für die Bedingung vier Testfälle finden. Diese Form der Termüberdeckung wird auch als *minimale Mehrfachbedingungsüberdeckung* bezeichnet.

Die Termüberdeckung funktioniert eigentlich ganz einfach: Die Werte der elementaren Terme sind so einzustellen, dass jeweils einer der Terme für das Resultat der gesamten Bedingung verantwortlich ist. Verfolgen wir das obige Beispiel einfach mal weiter, dann sollte dieses Prinzip klarer werden.

Damit die geklammerten, ersten beiden Bedingungen für das Resultat relevant sind, muss `newCustomer` wegen der ODER-Beziehung falsch sein. Damit `nr > 1` bestimmend ist, muss `!hasFailed()` wegen der UND-Beziehung wahr sein. Die ersten beiden Testfälle haben wir also bereits gefunden. Die Testdaten müssen so gewählt werden, dass die Bedingungen der drei Terme entsprechend erfüllt sind (Tab. 7.3, Zeilen 1 und 2).

	Nr > 1	!hasFailed()	newCustomer	Resultat
1.	wahr	wahr	falsch	wahr
2.	falsch	wahr	falsch	falsch
3.	wahr	falsch	falsch	falsch
4.	falsch	falsch	wahr	wahr

Tabelle 7.3: Die zu erfüllenden Bedingungen der elementaren Terme für eine vollständige Termüberdeckung der Beispielbedingung.

Damit `!hasFailed()` das Resultat bestimmt, muss `nr > 1` wahr sein. Jetzt finden wir bereits unseren ersten doppelten Testfall, denn bereits im ersten Fall waren beide Terme wahr. Es bleibt also als neuer Testfall nur noch, dass `!hasFailed()` falsch ist (Tab. 7.3, Zeile 3).

Damit `newCustomer` das Resultat bestimmt, muss die UND-Bedingung der beiden ersten Terme falsch sein. Hierbei ist es egal, wie wir dazu kommen. Der vierte Testfall ist ein Beispiel dafür (Tab. 7.3, Zeile 4). Den Testfall, dass `newCustomer` falsch ist, haben wir auch bereits mit den vorherigen Fällen abgedeckt. In der Tabelle 7.3 sind also alle notwendigen vier Fälle beschrieben. Jetzt müssen wir nur noch unsere Testdaten entsprechend präparieren.

Die Termüberdeckung wird auch als Bedingungsüberdeckung bezeichnet [84]. Dabei werden drei Ausprägungen unterschieden:

Einfache Bedingungsüberdeckung: Jeder Term der Bedingung muss in mindestens einem Test einmal wahr bzw. falsch gewesen sein.
Mehrfachbedingungsüberdeckung: Jede mögliche Kombination der Wahrheitswerte der einzelnen Termen muss in den Tests berücksichtigt werden.
Minimale Mehrfachbedingungsüberdeckung: Jeder Term muss in mindestens einem Testfall für den Wert der Gesamtbedingung verantwortlich sein.

Die einfache Bedingungsüberdeckung hat eine zu geringe Aussagekraft und ist daher nicht anstrebenswert. Die oben skizzierte Form der Termüberdeckung in Form der minimalen Mehrfachbedingungsüberdeckung bildet den besten Kompromiss zwischen Aufwand und Überdeckung.

7.5 Unbezahlbare Erfahrung: Error Guessing und laterale Tests

Wieso schaffen es einige Menschen beim Testen so schnell, die Problemstellen zu finden, und andere finden auch nach langer mühevoller Suche nichts? Neben technischen und theoretischen Themen macht eben auch unsere Erfahrung eine Menge aus. Diese Kunst wird als *Error Guessing* bezeichnet.

Ich habe bereits mehrfach darauf hingewiesen, dass sich Fehler nicht gleichmäßig verteilen, sondern kumpelhafte Gesellen sind und im Rudel auftreten. Wir können uns als Bild den Sternenhimmel vorstellen, an dem ja auch keine gleichmäßige Sternenverteilung zu finden ist, sondern Gruppen bis hin zu Mustern (Abb. 7.7).

Unsere Erfahrung lehrt uns, diese Bereiche schnell zu finden. Wir entwickeln ein Gespür dafür, wo etwas schief gehen kann. Und nach Murphy geht dann auch etwas schief, das wir nur noch finden müssen. Verlassen wir uns also auf unser Gespür, wie es ein guter Detektiv auch macht.

7.5 Unbezahlbare Erfahrung: Error Guessing und laterale Tests

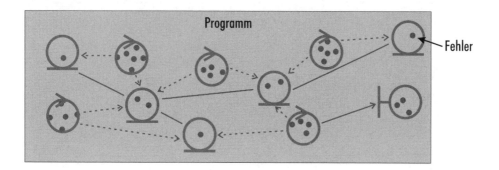

Abbildung 7.7: Schematischer Überblick einer Fehlerverteilung in einem Programm. Fehler sammeln sich in den komplizierten Bereichen, während andere Stellen wiederum fast fehlerfrei sind.

Wie können wir Entwickler unserer Intuition auf die Sprünge helfen? Nutzen wir doch einfach etwas Statistik! Welche Quellen haben in unserem Versionskontrollsystem besonders hohe Versionsnummern, sind also häufig geändert worden? Welche Quellen weichen bei der Anzahl der Methoden vom Durchschnitt ab? Welche Methoden sind überdurchschnittlich lang? Wo finden wir überdurchschnittlich viele Kommentare? Die Antworten auf diese Fragen führen uns schnell in die richtige Richtung. Dort können wir gezielt mit unseren Tests aufsetzen oder die bestehenden Tests verfeinern.

Diese Ideen, die uns beim Testen kommen, können hoch effizient sein. Deshalb ist es auch so wichtig, neben den automatisierten Tests immer händische Tests durchzuführen. Dafür brauchen wir keinen großen Testplan, sondern nur eine Möglichkeit, interaktiv mit unseren Klassen zu agieren. Solche freien Tests werden als *laterale* Tests bezeichnet. Sobald etwas GUI oder ein anderes Interface nutzbar ist, können wir mit lateralen Tests beginnen.

Händische Tests sind deshalb so wichtig, weil automatisierte Tests eben nur die Fehler finden können, nach denen sie suchen. Zumindest ein lateraler Test sollte regelmäßig vorgenommen werden. Die internen Reviews bieten dafür eine gute Gelegenheit, solche Tests durch eine andere Person vornehmen zu lassen. Wir werden uns wundern, was dabei noch alles zutage kommt. Zusätzlich können wir uns bei diesen Reviews etwas von der Testerfahrung unserer Kollegen abschauen.

8 Lösungen für fortgeschrittene Probleme

8.1 Zustandsraumbasiertes Testen

Ein beliebter Tummelplatz für Fehler sind Zustandsübergänge. Ein Zustand ist eine fachlich motivierte Abstraktion einer Menge möglicher Werte eines Modellelements wie z. B. einer Klasse, wobei deren Werte in den Attributen abgelegt werden. Ein Zustandsübergang, also eine Transition von einem Zustand in einen anderen, wird durch ein Ereignis ausgelöst.

Zustandsraumbasiertes Testen können wir unabhängig von prozeduraler oder objektorientierter Programmierung immer dann einsetzen, wenn wir ein zustandsbasiertes Regelwerk implementieren. Ein solches System bezeichnen wir auch als *Zustandsautomaten*. Er besteht aus einer endlichen Anzahl interner Zustände [3]. Wir werden im Zusammenhang mit objektorientierten Testmustern in Abschnitt 9.3.1 ab Seite 112 noch einmal auf dieses Thema zurückkommen.

Zustände können mit der UML modelliert werden. Die entsprechenden Elemente sind Abb. 8.1 zu entnehmen. Im Wesentlichen basiert die Zustandsmodellierung immer noch auf einem Artikel von David Harrel von 1987 [39].

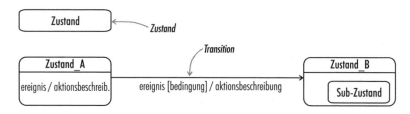

Abbildung 8.1: Die zentralen Elemente der Zustandsmodellierung mit der UML.

Ein Zustand kann Unterzustände haben und Aktionen auslösen, die an bestimmte Ereignisse geknüpft sind. Ein Zustandsübergang (Transition) ist ebenfalls mit einem Ereignis verbunden, welches zusätzlich durch eine Bedingung geschützt sein kann. Transitionen können auch Aktionen auslösen. Aktionen sind z. B. das Senden eines Signals oder der Aufruf von Methoden.

Ein Zustand kann also für definierte Ereignisse bestimmte Aktionen auslösen. Drei solcher zustandsinternen Ereignisse sind bereits vordefiniert:

do Während der Zustand aktiv ist, wird die beschriebene Aktion ausgeführt.
entry Beim Eintreten in diesen Zustand wird die beschriebene Aktion ausgeführt.
exit Beim Verlassen des Zustands wird die beschriebene Aktion ausgeführt.

Die Transitionen werden von Ereignissen ausgelöst und können an Bedingungen geknüpft sein. Diese Bedingung wird auch als *Guard* bezeichnet. Eine Transition kann eine Aktion auslösen, z. B. das Senden eines Signals.

Die möglichen Werte eines Modellelements wie z. B. Klasse spannen einen mehrdimensionalen Raum auf, den Zustandsraum (Abb. 8.2). Eine Klasse legt ihre Zustände in ihren Attributen ab, wobei sich ein bestimmter Zustand aus einer Kombination verschiedener Attribute zusammensetzen kann. Im Zustandsraum gibt es erlaubte Übergänge von einem Zustand in den anderen und verbotene Wege, die mögliche Fehler im späteren Programm bilden können, die Schleichpfade. Im Zustandsraumbasierten Test prüfen wir die erlaubten und verbotenen Übergänge. Gerade die möglichen Schleichpfade werden nur zu gerne beim Test vergessen.

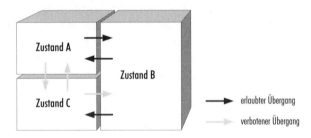

Abbildung 8.2: Schematische Darstellung eines Zustandsraums mit erlaubten und verbotenen Zustandsübergängen. Zwischen Zustand A und B kann hin und her gewechselt werden, aber nur aus B heraus können wir in Zustand C gelangen, der den Endzustand darstellt.

Ein einfaches Beispiel für ein Zustandsmodell finden wir in Abb. 8.3. Dort ist das Modell für einen Kassettenrecorder dargestellt. O.k., Kassettenrecorder sind im Zeitalter der CD-Brenner etwas aus der Mode gekommen, aber das Beispiel ist aussagekräftig und dennoch einfach zu durchdringen. Außerdem handelt es sich um einen modernen Kassettenrecorder mit Sensortasten ähnlich einem CD-Player.

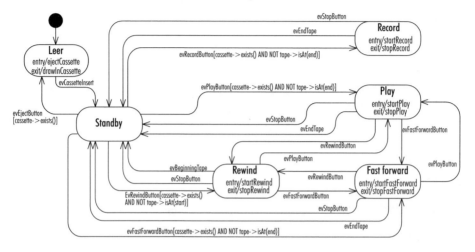

Abbildung 8.3: Zustandsmodell für einen Kasettenrecorder

Nach einem Zustandsmodell können wir nur schwer Tests definieren. Es bietet dafür keine gute Basis. Besser ist es, das Modell in einen Zustandsbaum zu überführen und eine Zustandsübergangstabelle abzuleiten.

Eine Zustandsübergangstabelle erzeugen wir, indem wir alle möglichen Zustände nebeneinander schreiben und an den Kopf jeder darunter liegenden Zeile die möglichen Ereignisse. In die Tabellenelemente können wir jetzt die resultierenden Zustände eintragen. Ein Beispiel für eine vereinfachte Form einer Zustandsübergangstabelle ist Tab. 9.1 auf Seite 115 zu entnehmen. Wie das für unser Kassettenrecorder-Beispiel aussehen kann, ist in Tab. 8.1 zu sehen.

Um sie später besser referenzieren zu können, sind in der Tabelle die Zustandsübergänge durchnummeriert. Übergänge, die an spezielle Bedingungen geknüpft sind, also durch Bedingungsprüfungen geschützt sind, haben wir dabei mit einem *g* für *Guard* markiert. Für die gültigen Übergänge sind die auslösenden Ereignisse angegeben, wobei die Tabelle von der Kopfzeile aus zu den einzelnen auslösenden Ereignissen in der ersten Spalte zu lesen ist. Der resultierende Zustand steht dann in dem Tabellenschnittpunkt. Die Nummern identifizieren die Übergänge eindeutig für den folgenden Zustandsübergangsbaum (Abb. 8.4).

Auf Basis einer Zustandsübergangstabelle kann versucht werden, diese als Tabelle zu kodieren und im Code bei der Behandlung eintreffender Ereignisse gegen diese Tabelle zu prüfen. Die korrekte Implementierung und Anpassungen im weiteren Projektverlauf sollten natürlich getestet werden.

	Leer	Standby	Rewind	Play	Fast Forward	Record
evEject-Button	×	2 (g) Leer	×	×	×	×
evRewind-Button	×	3 (g) Rewind	×	11 Rewind	15 Rewind	×
evPlayButton	×	4 (g) Play	7 Play	×	16 Play	×
evFastForward-Button	×	5 (g) FFwd	8 FFwd	12 FFwd	×	×
evRecord-Button	×	6 (g) Record	×	×	×	×
evStopButton	×	×	9 Standby	13 Standby	17 Standby	19 Standby
evEndTape	×	×	×	14 Standby	18 Standby	20 Standby
evBeginning-Tape	×	×	10 Standby	×	×	×
evInsert-Cassette	1 Standby	×	×	×	×	×

Tabelle 8.1: Die Zustandsübergänge aus dem Zustandsmodell eines Kassettenrecorders aus Abb. 8.3 als Wahrheitstabelle. Durch Bedingungen geschützte Übergänge sind durch (g) gekennzeichnet, ungültige durch ×.

Wir können jetzt beginnend mit dem initialen Zustand *Leer* jeden erlaubten Übergang als Transition zeichnen. So entsteht ein *Zustandsbaum*. Wir beenden eine Transitionsfolge, also einen Ast unseres Baums, wenn wir auf einen Zustand stoßen, den wir vorher bereits schon einmal hatten. Die einzelnen Transitionen werden mit den Nummern aus der Tab. 8.1 benannt. Für unser Kassettenrecorder-Beispiel ist der Zustandsbaum in Abb. 8.4 dargestellt. Ein Zustandsbaum ist kein eigenes UML-Diagramm. Er kann aber mit den Hilfsmitteln der UML beschrieben werden, wie in Abb. 8.4 geschehen. Auf Grundlage der Tabelle und des Baums können wir jetzt das Zustandsmodell vollständig testen. Wir gehen dabei in zwei Schritten vor.

1. Wir testen alle erlaubten Übergänge, indem wir mit unseren Tests jeden Ast unseres Zustandsbaums durchlaufen.
2. Aus der Tabelle entnehmen wir alle verbotenen Übergänge und prüfen, dass diese auch wirklich nicht möglich sind. Ansonsten haben wir einen verbotenen *Schleichpfad* gefunden.

8.2 Rekursion und Nebenläufigkeit

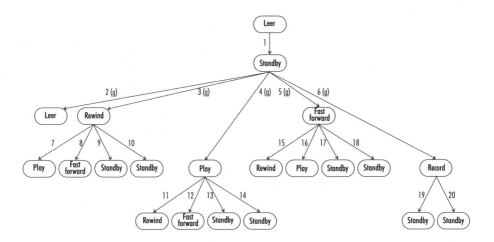

Abbildung 8.4: Aus dem Zustandsmodell aus Abb. 8.3 abgeleiteter Zustandsbaum für einen Kassettenrecorder.

Leider gibt es keine sinnvolle Vereinfachung für diese beiden Testschritte. Wir sollten sie stets vollständig ausführen. Anderenfalls kann uns hier ein schwerer Fehler durch unsere Tests rutschen!

8.2 Rekursion und Nebenläufigkeit

Besondere Probleme für den Test können rekursive Algorithmen oder Nebenläufigkeiten aufwerfen. Bei der Nebenläufigkeit ist das offensichtlich: Parallele Prozesse oder Threads sind komplex und damit per se fehleranfällig. Rekursive Algorithmen sind dagegen mathematisch klar, elegant und eindeutig und von daher eigentlich recht robust. Aber auch hier kann der Teufel im Detail stecken.

8.2.1 Rekursive und iterative Algorithmen

Eine Prozedur, die sich selbst aufruft, heißt *rekursiv*. Der Aufruf erfolgt dabei entweder direkt oder über andere Prozeduren bzw. Methoden indirekt (Abb. 8.5).

Ein rekursiver Algorithmus kann auch nicht-rekursiv programmiert werden. Generell sollten wir uns fragen, ob wir überhaupt eine rekursive Implementierung haben wollen oder nicht lieber den Algorithmus in eine Iteration umformulieren. Als Beispiel, wie die beiden unterschiedlichen Implementierungen aussehen, habe ich einen Klassiker ausgewählt, den Quicksort-Algorithmus nach C. A. R. Hoares [55, 91].

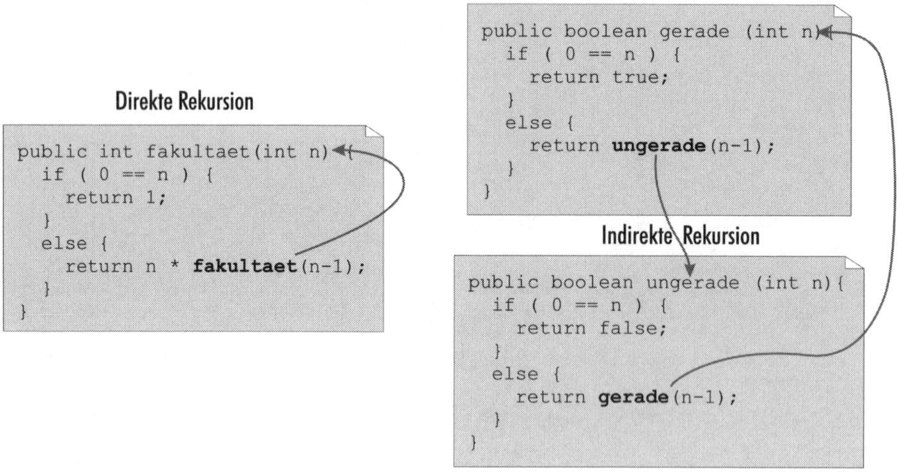

8 Lösungen für fortgeschrittene Probleme

Direkte Rekursion

```
public int fakultaet(int n) {
   if ( 0 == n ) {
     return 1;
   }
   else {
     return n * fakultaet(n-1);
   }
}
```

```
public boolean gerade (int n) {
   if ( 0 == n ) {
     return true;
   }
   else {
     return ungerade(n-1);
   }
}
```

Indirekte Rekursion

```
public boolean ungerade (int n) {
   if ( 0 == n ) {
     return false;
   }
   else {
     return gerade(n-1);
   }
}
```

Abbildung 8.5: Der rekursive Aufruf einer Methode kann entweder direkt erfolgen (links) oder indirekt über andere Methoden (rechts).

```
public void quicksort(sortierbar IA, int links, int rechts) {
  if (links < rechts) {    //Abbruchbedingung der Rekursion
    int li = links;
    int re = rechts;
    sortierbar elem = IA[links];

    do {
      while (IA[li].istGroesser(elem)) {
        li += 1;
      }
      while (elem.istGroesser(IA[re])) {
        re -= 1;
      }
      if (li < re) {
        tauschen(IA, li, re);
      }
    } while (li > re);
    quicksort(IA, links, re);
    quicksort(IA, li, rechts);
  }
}
```

Codebeispiel 8.1: Rekursiver Quicksort auf einem Array in Java.

Das `sortierbar`-Interface stellt eine `istKleiner()`-Methode bereit und es gibt eine `static tauschen()`-Methode zum Austausch zweier Array-Elemente. Für die iterative Variante müssen wir unseren Stack selbst bauen. Dabei kommen wir sofort auf den Punkt seiner Dimensionierung. Im Beispiel wird der Stack ganz einfach statisch angelegt.

```java
public void quicksort(sortierbar IA, int links, int rechts) {
  int[] stack = new int[STACK_SIZE][2]; //f. links-rechts-Paare
  int sp;     //Stack Pointer auf den letzten Eintrag

  sp = 0;
  stack[sp][0] = links;
  stack[sp][1] = rechts;

  do {
    int li = stack[sp][0];
    int re = stack[sp][1];
    sp -= 1;
    do {
      int l = li;
      int r = re;
      sortierbar elem = IA[l];
      do {
        while (IA[l].istGroesser(elem)) {
          l += 1;
        }
        while (elem.istGroesser(IA[r])) {
          r -= 1;
        }
        if (l < r) {
          tauschen(IA, l, r);
        }
      } while (l > r);

      if (l < re) { //Zerlegung im Stack ablegen
        sp += 1;
        stack[sp][0] = le;
        stack[sp][1] = re;
      }
      re = r;
    } while ( le >= re );
  } while ( sp = 0);
}
```

Codebeispiel 8.2: Iterativer Quicksort auf einem Array in Java.

Im schlimmsten Fall eines vorsortierten Arrays müssen wir jedes Element im Stack ablegen. Unser Quicksort wird dann allerdings zum *Slowsort*. Bei der iterativen Implementierung fällt es uns meist leichter, die kritischen Punkte zu identifizieren, die von der Eleganz der Rekursion leicht überdeckt werden. Ein rekursiver Algorithmus muss stets ein definiertes Abbruchkriterium haben. Nur wann ist das Abbruchkriterium erreicht? Rekursionen spielen sich im Stack des Speichers ab. Wann ist dieser aufgebraucht? Hoffentlich nicht bevor das Abbruchkriterium erreicht ist. Wie verhält es sich mit dem Laufzeitverhalten? Ein iterativer Algorithmus kann sehr gut rekursiv implementiert werden. Als Abbruchkriterium können wir eine Zielgenauigkeit unterhalb eines vorher festgelegten Werts *Delta* definieren. Wie viele Iterationen unseres rekursiven Algorithmus brauchen wir, bis wir für bestimmte Ausgangsparameter unterhalb unserer Zielgenauigkeit sind?

Rekursive Algorithmen sollten daher stets mit ihren maximalen Grenzwerten getestet werden und eine Parametrisierung darüber hinaus ablehnen. Jetzt erkennen wir spätestens, dass wir bei der Betrachtung von rekursiven Algorithmen auf die Testprobleme der Schleifenüberdeckung stoßen.

Rekursive bzw. iterative Algorithmen nähern sich schrittweise dem Endergebnis. Je nach Problemstellung erhalten wir am Ende ein exaktes Ergebnis oder eine beliebig gute Näherung. Zu ersten Gruppe zählen die Beispiele aus Abb. 8.5. Hier sollten wir das Laufzeitverhalten bzw. die Speicherressourcen abschätzen bzw. einfach mal ausprobieren.

Gerade in technischen Bereichen treffen wir auf Methoden, die nur näherungsweise Resultate liefern, so dass wir stets mit angeben müssen, wie genau unser Ergebnis sein soll. Dieses *Delta* ist eine weitere Fehlerquelle, da auch hier oft nur bestimmte Bereiche sinnvoll sind. So kann es z. B. passieren, dass das Iterationsergebnis zwischen zwei Werten hin und her springt, aber deren Differenz oberhalb eines zu klein gewählten *Delta* liegt. Auch kann sich das Laufzeitverhalten für kleine *Delta* enorm erhöhen. Hier sind Grenzwert-Analysen für uns unerlässlich.

Bei iterativen Algorithmen kann es noch ein weiteres Problem geben. Manche Lösungen benötigen einen Startwert als ersten Ausgangswert der Iteration, der bereits in der Nähe des Ergebnisses liegen sollte. Meist hat dies Performancegründe, manchmal auch algorithmische Bedeutung. Die Ermittlung eines solchen Startwerts ist selten das Problem. Wir können oft zu einfachen, aber schnellen Abschätzverfahren greifen. Mit diesem Wert gehen wir in unsere Iteration und nach drei bis fünf Iterationen haben wir das Resultat mit der gewünschten Genauigkeit. Das ist eben genau die Stärke solcher iterativen bzw. rekursiven Algorithmen.

Aber was passiert, wenn wir einen unglücklich schlechten Startwert wählen, vielleicht aus Unwissenheit, vielleicht weil wir die Einheiten vertauscht haben? Immer wieder beliebt sind die Vertauschung von Grad und

Rad oder Längeneinheiten. Häufig verwenden wir aus praktischen Gründen in unseren Systemen nebeneinander unterschiedliche Einheiten. Dann sind aber solche Verwechslungen vorprogrammiert. Wir sollten unsere Algorithmen, was solche Fehlparametrierungen anbelangt, auf Herz und Nieren prüfen. Wir kommen dann schnell zu Lösungen wie vorgezogenen Parameterprüfungen oder aber Laufzeitkontrollen wie Schleifenzählern, die in endlicher Zeit eine Iteration zwangsweise abbrechen.

8.2.2 Parallele Prozesse

Nebenläufige Systeme können alle Konstrukte enthalten, die wir sonst auch einsetzen. Es können daher auch alle Fehler vorkommen. In diesem Abschnitt geht es aber um die Fehler, die durch die Nebenläufigkeit, also die Parallelität von Threads oder Prozessen, **zusätzlich** auftreten können. Allgemein werden dabei zwei Arten von Fehlern unterschieden [50]:

- ❏ Fehler aufgrund der Prozesskommunikation und -synchronisation
- ❏ Fehler durch zeitkritische Abläufe, die sog. *race conditions*

Prozesskommunikation und -synchronisation

Hierbei handelt es sich um Fehler aufgrund einer blockierenden Synchronisation und dadurch erzwungenem Warten zwischen Prozessen bzw. Tasks oder Threads [75]. Dabei können wir zwei Arten von *Warte-Fehlern* erhalten:

- ❏ fehlendes Warten und
- ❏ zusätzliches Warten.

Beim *fehlenden Warten* stimmen evtl. unsere Vorbedingungen nicht, was dann in der Folge zu Fehlern führt. Beim *zusätzlichen Warten* unterscheiden wir noch zwischen dem *unnötig langen Warten* auf Nachrichten bzw. Zustandswechsel anderer Prozesse und dem *unendlich langen Warten*. Ersteres schlägt sich negativ auf die Performance nieder[1], Zweiteres führt zum Systemstillstand.

Auch dabei können wir wieder zwei Fälle unterscheiden.

Verhungern bzw. Starvation: Ein Prozess muss unendlich lange warten aufgrund einer unglücklichen Verkettung von Umständen oder weil andere Prozesse sich *unfair* verhalten.

Verklemmung bzw. Deadlock: Das Gesamtsystem ist in einem Zustand, in dem die Blockade sich nicht mehr ändern wird.

---

[1]In einem Realtime-System kann das natürlich ein Fehler sein (vgl. Kapitel 15).

Als Gründe für diese Warte-Fehler lassen sich ganz allgemein drei Ursachen beschreiben:

fehlendes Warten: Operationsfolgen aus zwei Prozessen überlappen sich unzulässigerweise.
unendlich langes Warten: Operationsfolgen sind vorher ausgeführt worden, die nicht hätten ausgeführt werden sollen, da sie in ungewollte Systemzustände geführt haben.
unnötiges Warten: Operationsfolgen können nicht ausgeführt werden, obwohl sie ausführbar sein sollten.

Allgemein bezeichnen wir diese Fehler als *Synchronisationsfehler*.

Wie können wir auf Synchronisationsfehler prüfen? Dazu gibt es prinzipiell drei Verfahren [75]:

Schedulerkontrolle: Sie ist nur bei Nebenläufigkeit auf Single-Prozessor-Maschinen möglich. Der Scheduler serialisiert die einzelnen Tasks und hat damit wesentlichen Einfluss auf die Nebenläufigkeitseffekte. Durch gezielte Veränderungen am Scheduler können wir so bestimmte Reihenfolgen und Synchronisationssequenzen erzeugen.
Uhrkontrolle: Der zeitliche Ablauf nebenläufiger Prozesse wird kontrolliert. Wir simulieren dazu für alle Prozesse eine virtuelle Zeit. Wir können so Prozesse um eine bestimmte Anzahl von Ticks verlangsamen und besser beobachten.
Aufrufkontrolle: Hierfür benötigen wir einen Monitor oder ähnliche Konstruktionen, welche die Aufrufe aller Prozesse entgegennehmen. Wir kontrollieren diesen Monitor so, dass die gewünschte Ausführungsreihenfolge entsteht.

Diese drei Verfahren setzen verschiedene Bedingungen voraus und sind unterschiedlich aufwendig. Generell haben sie alle das Problem, das Zeitverhalten des zu testenden Programms zu verändern. Ihre Aussagekraft ist daher immer eingeschränkt.

Doch gehen wir etwas weiter ins Detail.

- ❏ Schedulerkontrolle

    + Nur geringe Verfälschung des Zeitverhaltens.
    − Sehr aufwendig.
    − Nur wenig automatisierbar, da die Eingriffe in den Scheduler für jede gewünschte Sequenz neu geplant werden müssen.
    − Erfordert detaillierteste, interne Betriebssystemkenntnisse.
    − Nur bei Single-Prozessor-Maschinen einsetzbar.

8.2 Rekursion und Nebenläufigkeit

❏ Uhrkontrolle

+ Genaues Timing der Prozesse.

– Der Test kann zusätzliche Fehler erzeugen, da die Spezifikation und Implementierung der Verzögerungsanweisungen kompliziert ist und genaue Kenntnisse über die Interna des Schedulers voraussetzt.

– Für jede Testsequenz müssen eigene Verzögerungen ermittelt und programmiert werden.

– Das reale Zeitverhalten wird drastisch verfälscht.

❏ Aufrufkontrolle

+ Gut automatisierbar: Entweder ist sowieso ein Monitorprozess vorhanden oder aber er kann nachträglich implementiert werden.

– Das reale Zeitverhalten wird deutlich verändert.

Die Schedulerkontrolle ist also nur für den seltenen Fall der Tests nebenläufiger Prozesse eines Systems mit harten Echtzeitanforderungen auf einer Single-Prozessor-Maschine sinnvoll. In Kapitel 15 werden wir uns noch etwas tiefer mit Realtime und Embedded Systems bzw. den Echtzeitanforderungen befassen.

Die Uhrkontrolle eignet sich für das Testen kleiner nebenläufiger Systeme oder aber für die Simulation nebenläufiger Programme. Wir können so einerseits einen definierten Ablauf im Rahmen eines Testfalls erzwingen und andererseits die Reproduzierbarkeit von Tests sicherstellen. Ein weiterer Vorteil der Uhrkontrolle ist, dass wir sie auch im Rahmen des Debuggings gut gebrauchen können.

Die Aufrufkontrolle bietet in der Regel die höchste Effizienz. Sie kann auch bei verteilten Systemen eingesetzt werden, wenn wir nur *weiche* Echtzeitbedingungen zu erfüllen haben. Die Implementierung einer Aufrufkontrolle ist ein typisches Beispiel für ein *Design for Testability*, also ein gut testbares Design, welches uns neben der Erfüllung fachlicher Anforderungen beim Testen unterstützt. Um eine Aufrufkontrolle zu erreichen, benötigen wir häufig zusätzliche Funktionen bzw. Klassenmethoden zur externen Kontrolle der Aufrufe. Auch eine Reset-Funktionalität kann für die effiziente Testbarkeit zur schnellen Erreichung bestimmter Ausgangszustände gebraucht werden, die sich ansonsten aus den reinen fachlichen Anforderungen nicht ergeben.

Alle drei Verfahren haben das Problem, dass sie das Zeitverhalten mehr oder weniger verändern. Hier sollten wir stets im Auge behalten, ob wir noch im Rahmen der Toleranzen unserer nicht-funktionalen Anforderungen liegen. Wir sollten dabei auch explizite Test-Toleranzwerte definieren, um unsere Tests auch quantitativ aussagekräftiger zu gestalten.

Die Frage der Anzahl der Prozessoren ist bei nebenläufigen Systemen von zentraler Bedeutung. Wenn unser Zielsystem eine Mehr-Prozessor-Maschine ist, brauchen wir diese auch für unsere Tests. Das Verhalten des Schedulers unterscheidet sich grundlegend beim Wechsel von einem Single-Prozessor-Rechner zu einer Zwei-Prozessor-Maschine. Im Single-Prozessor-Umfeld haben wir einfach keine echte Nebenläufigkeit. Dazu kommt, dass die Anzahl der Prozessoren auch ein Maß für die Komplexität des Systems ist. Unsere Tests sollten in einer vergleichbar komplexen Systemumgebung ablaufen, um die maximale Aussagekraft zu erreichen.

Auf jeden Fall sind für den Test nebenläufiger Systeme *Stresstests* von enormer Bedeutung. Dabei wird das Verhalten unter maximaler Last bzw. bei maximalem Durchsatz getestet. Diese Form von Tests, die auch als *Lasttests* bezeichnet werden, sind vom Testablauf her meist identisch zu den Tests, die wir bereits durchgeführt haben. Der Unterschied und damit die zusätzliche Aussagekraft wird durch die veränderte Umgebung gewonnen. Wir fahren dazu das System in definierten Schritten an seine Auslastungsgrenze und prüfen das System- und Zeitverhalten. Die Stresstests sind also ein Teil unserer *Performancetests*.

Da wir in nebenläufigen Systemen keine exakte Wiederholbarkeit im Produktionsumfeld erreichen können, bleibt uns nichts anderes übrig, als das nicht-deterministische Verhalten durch eine Vielzahl verschiedener Tests in den Griff zu bekommen. Besonders sensible Testfälle wiederholen wir dazu unter *verschiedenen* Lastbedingungen.

Race Conditions

Race Conditions sind zeitkritische Abläufe, wobei unser nebenläufiges Programm bei gleichen Eingaben unterschiedliche Ausgaben erzeugt. Es verhält sich damit nicht mehr deterministisch, sein Verhalten ist nicht mehr vorhersagbar. Die Reihenfolge der Ausgabeereignisse, die miteinander im Konflikt stehen, ist nicht mehr eindeutig sortiert [50].

Welche Gründe können zu Race Conditions führen? Wir können zwischen externen und internen Ursachen differenzieren.

❏ Beispiele für externe Ursachen

  ❏ z. B. Interrupt-Routinen, um I/O-Anfragen der peripheren Systeme zu handhaben.

❏ Beispiele für interne Ursachen

  ❏ Rückgabewerte aus Systemaufrufen wie z. B. Zufallszahlen-Generatoren.

  ❏ Kommunikation bzw. Synchronisation paralleler, interner Abläufe wie z. B. Prozesse oder Threads.

8.2 Rekursion und Nebenläufigkeit

Die Betrachtung von Race Conditions unterscheidet zwei Arten:

❏ gemeinsam genutzte Variablen (engl.: shared variables)
❏ Nachrichtenkonflikte (engl.: message passing)

Shared Variables sind von verschiedenen Prozessen gemeinsam genutzte Variablen. Eigentlich ist so etwas gar nicht möglich, da jeder Prozess seinen eigenen Adressraum besitzt und nicht auf andere Adressräume zugreifen kann. Deshalb werden Shared Variables in einem gemeinsam nutzbaren Speicherbereich abgelegt, dem *Shared Memory*.

Wenn zwei oder mehr Prozesse gemeinsam auf eine Shared Variable zugreifen, können Race Conditions auftreten, die dazu führen, dass der Inhalt der Variablen nicht mehr deterministisch, also eindeutig definiert vorhersagbar, ist. Diese Art der Race Condition wird auch als *Data Races* bezeichnet.

Jetzt verstehen wir auch die Metapher des *Wettrennens* besser. Die einzelnen parallelen Prozesse konkurrieren darum, z. B. als Erster oder Letzter die Werte von Variablen zu setzen. Je nachdem, wie das aktuelle Timingverhalten ist, siegt mal der eine und mal der andere Prozess.

Um das Verhalten solcher Systeme besser in den Griff zu bekommen, testen wir es unter den verschiedenen Bedingungen. Ein einfacher Weg dazu ist, das Synchronisationsverhalten von außen zu steuern und so die verschiedenen Möglichkeiten der zeitlichen Abfolge des Zugriffs auf Shared Variables durchzuspielen und zu prüfen. Eine mögliche Konsequenz daraus wäre dann, zusätzliche Synchronisationspunkte einzubauen, um die Data Races zu vermeiden.

Ein anderes mögliches Testszenario prüft das parallele System über längere Zeiträume hinweg unter verschiedenen äußeren Bedingungen wie z. B. unterschiedlicher Auslastung. Dieser Test ist selbst nicht deterministisch und damit nicht eindeutig reproduzierbar. Er läuft im Gegensatz zu anderen Tests mit dem echten, realen Zeitverhalten unseres zu testenden Systems. Andere Tests verändern ja dieses Zeitverhalten, und so kann es sein, dass sie gewisse Fehlersituationen gar nicht erzeugen können. Beide vorgeschlagenen Testszenarien ergänzen sich daher sehr gut.

Nachrichtenkonflikte benötigen kein Shared Memory, sondern treten bei der Kommunikation und Synchronisation zwischen parallelen Abläufen auf. Man spricht daher auch von *Message Races*. Hier laufen also die Nachrichten der verschiedenen Prozesse oder Threads um die Wette.

Wenn die Reihenfolge von Nachrichten aufgrund äußerer Einflüsse nicht mehr eindeutig ist, kommen wir in den bereits besprochenen Bereich der Kommunikations- und Synchronisationskonflikte.

Parallelität auf Ein-Prozessor-Maschinen

Kommen wir zum Abschluss noch einmal kurz auf die Problematik paralleler Prozesse auf einem Prozessor zurück. Es gibt verschiedene Task-Scheduling-Algorithmen, die von den Betriebssystemen genutzt werden, um eine Task-Verwaltung vorzunehmen. Am einfachsten ist sicherlich das *Round-Robin*-Verfahren, eine FIFO-Verwaltung (First-In-First-Out). Aber Vorsicht, für Echtzeit-Systeme ist das nicht so simpel möglich. Auf die Besonderheiten von Realtime und Embedded Systems gehen wir in Kapitel 15 ab Seite 221 tiefer ein. Hier geht es mir vorerst um ein brauchbares Zustandsmodell, mit dem wir Entwickler eine sichere Architektur aufbauen können, so dass von unserer Seite keine Fehler beim Task-Scheduling erfolgen.

Es ist nämlich gar nicht so leicht, parallel ablaufende Tasks zu koordinieren, so dass es keine Deadlocks oder Starvation gibt. Konkurrierende Tasks müssen miteinander kommunizieren. Dies kann z. B. über Nachrichten, Ereignisse oder Semaphoren erfolgen.

Das zugrunde liegende Zustandsmodell ist in Abb. 8.6 dargestellt. Es gilt jeweils für einen konkurrierenden Task von seiner Erzeugung bis zu seiner Terminierung [38].

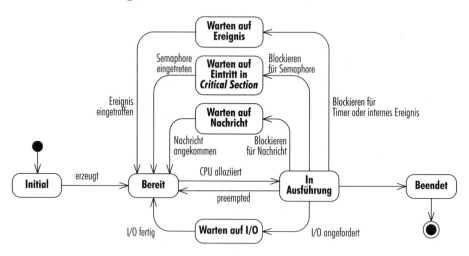

Abbildung 8.6: Zustandsdiagramm für konkurrierende Tasks [38].

Diese Zustände werden vom Multitasking-Kernel des Betriebssystems verwaltet, welches nach einem preemptiven Scheduling-Algorithmus die Prioritäten für die einzelnen Tasks verteilt. Bei einem *preemptiven Multitasking* wählt ein Scheduler nach bestimmten Prioritätskriterien aus einer Prozessliste, der sog. Ready-List, den nächsten Task aus, der CPU-

Zeit zugeteilt bekommt. Dies gibt uns ein besseres Bild von der Komplexität von Multitasking-Betriebssystemen und kann als Anregung dienen herauszufinden, welche Fehler konkret in einem bestimmten Umfeld auftreten können.

Dazu blicken wir kurz noch etwas tiefer in den Scheduling-Mechanismus. Wenn ein Task zu Beginn vollständig erzeugt worden ist, wird er in die *Ready-List* eingetragen und dabei in den Zustand *Bereit* überführt. Sobald ein Task am Anfang dieser Liste steht, wird ihm die CPU zugewiesen, wodurch er in den Zustand *In Ausführung* übertritt.

Jetzt gibt es verschiedene Wege, diesen Zustand zu verlassen.

- Das preemptive Multitasking setzt ein und der aktive Task wird durch einen anderen ersetzt. Er landet dann wieder in der *Ready-List* und zwar an der Position, die seiner Priorität entspricht.
- Der aktive Task wird blockiert. Dafür gibt es vier Varianten mit eigenen Warte-Zuständen.
    - Warten auf I/O.
    - Warten auf eine Nachricht eines anderen Tasks.
    - Warten auf ein Timer-Event oder ein anderes, internes Ereignis.
    - Warten auf den Eintritt in eine *Critical Section*, also den exklusiven, nicht unterbrechbaren Zugriff auf die CPU.

Wenn der Grund für die Blockade nicht mehr gegeben ist, fällt der Task in den *Bereit*-Zustand zurück und reiht sich wieder in die *Ready-List* ein.

Wenn ein Task im Warte- oder Bereitzustand ist, so muss sein gesamter Kontext und Prozessorzustand gesichert worden sein. Sobald ein solcher Task wieder aktiv wird, wird der gesicherte Zustand vorher wieder hergestellt. Diesen Vorgang bezeichnet man als *Context Switching*.

In *Shared Memory*-Mehrprozessor-Umgebungen läuft auf jeden Prozessor eine Instanz des Betriebssystemkernels. Es gibt jetzt verschiedene Algorithmen zur Verteilung von Tasks. Bleiben wir bei der einfachen *Ready-List*, so bekommt jetzt jeder Prozessor die dann gerade oben stehende Task zugeordnet. Durch spezielle Zugriffssteuerungen[2] kann jetzt z. B. entweder ein Task komplett hoch priorisiert auf einem Prozessor laufen oder aber ein Task verteilt parallel auf mehreren Prozessoren. Der Komplexität sind ab zwei parallelen Prozessoren kaum Grenzen gesetzt und damit auch den Fehlermöglichkeiten.

---

[2]Mutually Exclusive

9 Lösungen zum Test objektorientierter Software

Die bislang vorgestellten Methoden gelten weitgehend unabhängig vom Stil der Realisierung. Es ist für ihren Einsatz unerheblich, ob wir prozedural oder objektorientiert Software erstellen. Sobald aber die Programmstruktur Einfluss auf den Test hat, gilt dies nicht mehr, und es sind zusätzliche Tests nach anderen Verfahren durchzuführen. Mit der Objektorientierung haben wir diesen Einfluss speziell durch die Vererbung, die zusätzliche potenzielle Fehlerquellen bietet.

Der Test prozeduraler Programme läuft meist parallel zur Integration, also Bottom-up. Einzig definierte Schichtstrukturen begrenzen uns dabei. Auch objektorientierte Software hat eine Bottom-up-Richtung. Es kommen im Rahmen der Entwicklertests jedoch neue, orthogonale Testrichtungen hinzu. Für objektorientierte Programme brauchen wir also eine erweiterte Richtschnur.

Auf den verschiedenen Ebenen im Rahmen einer objektorientierten Entwicklung werden unterschiedliche Bausteine getestet. Diese bauen sich parallel zur Entwicklung nacheinander von unten nach oben auf.

1. Methoden, also die Funktionen einer Klasse.
2. Klassen mit ihren Methoden.
3. Klassenmengen, die gemeinsam eine Aufgabe im Zusammenspiel durchführen.
4. Komponenten oder Subsysteme als lauffähige, zusammengehörige Gruppen von Klassenmengen.
5. Applikation oder System.

Für die Tests von Methoden, Klassen und Klassenmengen führen wir Entwickler White-Box-Tests durch. Komponenten werden schnittstellenbasiert mit Grey-Box-Tests getestet. Die spezifikationsorientierten Black-Box-Tests laufen dann auf der Applikation selbst. Zusätzlich haben wir für unsere White-Box-Tests jetzt zwei strukturelle Richtungen zu beachten:

- ❑ top-down entlang der Vererbungshierarchie
- ❑ entlang der Assoziationen bzw. Assoziationsketten

Diese orthogonalen Testanforderungen spiegeln sich in den verschiedenen Integrationstest-Ansätzen wider (Abb. 9.1).

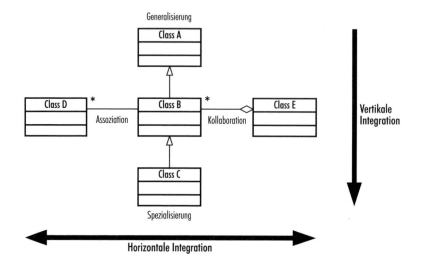

Abbildung 9.1: Die orthogonalen Testanforderungen für Klassentests: Es wird einerseits von oben nach unten entlang der Klassenhierarchie getestet, andererseits erfolgen auch Tests entlang der Assoziationen [82].

Architektur-Test: Auf Basis der Klassendiagramme wird entlang der Klassenhierarchie von der generalisierten Klasse nach unten in Richtung der weiter spezialisierten Klassen getestet. Die Oberklassen kommen also stets zuerst dran.

Klassen-Integrationstest: Auf Basis der Sequenzdiagramme wird entlang der Assoziationsketten das Zusammenspiel der einzelnen Objekte, also das korrekte gegenseitige Aufrufen von Methoden, getestet.

Daraus resultieren zwei Fragen:

❏ In welcher Reihenfolge sollen die Tests in objektorientierten Programmen erfolgen?
❏ Wie sind objektorientierte Programme zu strukturieren, damit die Tests Aussicht auf Erfolg haben?

9.1 Testreihenfolge in objektorientierten Programmen

Um die Frage nach der Testreihenfolge zu beantworten, schauen wir uns vorher kurz Assoziationen und Vererbung an.

9.1.1 Assoziationen

Assoziationen, also *benutzt*-Relationen, können wir gut mit der Aufrufbeziehung zwischen Prozeduren vergleichen. Es bleibt alles beim Alten, und wir können uns aussuchen, ob wir von der benutzten zur benutzenden Klasse testen wollen, also Bottom-up oder Top-down unter Nutzung von Stubs. O.k., aussuchen können wir uns es meist nicht, aber beide Wege sind gangbar, so dass wir mit beiden Situationen klarkommen.

Beim Test entlang von Assoziationen wollen wir gezielt die Strukturinformationen aus dem Klassendiagramm untersuchen. Dabei sollten wir auch die Einhaltung von Multiplizitätsbeschränkungen prüfen. Beispiele für solche Beschränkungen sind in Abb. 9.2 dargestellt.

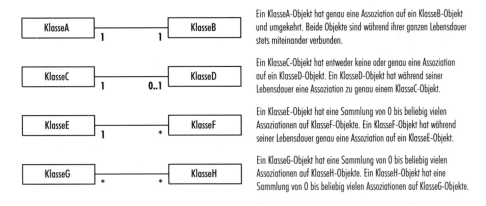

Abbildung 9.2: Beispiele für Multiplizitätsbeschränkungen bei Assoziationen.

Haben wir mehrere Objekte als Multiplizitätsangabe, wie z. B. bei einer *1-zu-**-Beziehung, brauchen wir Testfälle für die vier klassischen Anomalien für Collections (Sammlungen wie z. B. Listen):

- ❏ Einfügeanomalie: Erfolgt das Einfügen neuer Assoziationen an der richtigen Stelle innerhalb der Collection?
- ❏ Änderungsanomalie: Sind Änderungen wie z. B. Umsortierungen auf meiner Collection korrekt?

❏ Löschanomalie: Wird das richtige Element gelöscht, und ist der Zustand der Collection nach dem Löschen korrekt?
❏ Bei bi-direktionalen Assoziationen kann das Problem inkonsistenter Verbindungen auftreten. Die Hin- und Rückreferenzen passen dann nicht zueinander (Abb. 9.3).

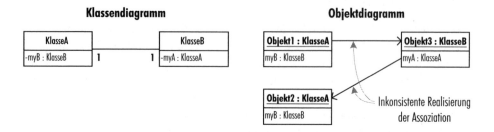

Abbildung 9.3: Beispiel für eine inkonsistente bi-direktionale Assoziation.

Abschließend sollten ererbte Assoziationen einer Prüfung unterzogen werden (Abb. 9.4).

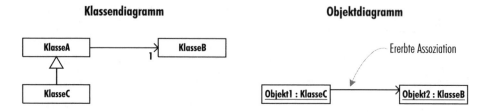

Abbildung 9.4: Beispiel für eine ererbte Assoziation.

Hier kann ein Problem darin liegen, dass wir nicht direkt an das Attribut der Assoziation herankommen, da es `private` ist. Diese Assoziation wird aber wahrscheinlich von ererbten Methoden genutzt, die auch im Kontext der Unterklasse korrekt funktionieren sollen. Doch zur Vererbungsproblematik kommen wir gleich.

9.1.2 Vererbung

Die Vererbung erfordert sowohl für die Implementierung wie für den Test ein Vorgehen von der allgemeinen zur speziellen Klasse. Anders formuliert:

9.1 Testreihenfolge in objektorientierten Programmen

Alle Oberklassen müssen getestet sein, bevor eine abhängige Unterklasse sinnvoll getestet werden kann.

Vererbung ist aber nicht gleich Vererbung. Aus Sicht eines Testers unterscheiden wir zwei Arten:

strikt: In einer Unterklasse erfolgen nur Erweiterungen ihrer Oberklassen (Abb. 9.5).

nicht-strikt: In einer Unterklasse wird Basisfunktionalität aus den Oberklassen überschrieben (Abb. 9.6).

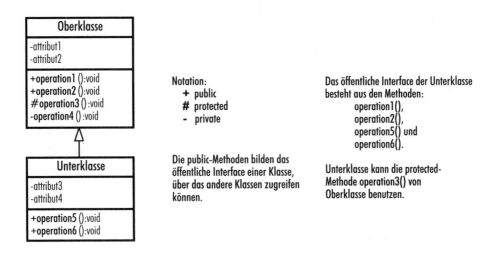

Abbildung 9.5: Wenn eine Unterklasse die Oberklasse nur erweitert, aber deren Methoden nicht überschreibt, nennen wir das eine *strikte Vererbung*.

Eine Unterklasse kann also nicht vollständig getestet werden, wenn wir nicht den Aufbau und die Realisierung ihrer Oberklassen kennen. Wir dürfen Oberklassen daher nicht als Black-Box betrachten. Deshalb sind die Klassen- und Unit-Tests in objektorientierten Programmen auch von so exponierter Bedeutung. Problematisch kann dies werden, wenn die Oberklasse einer Bibliothek entstammt, die uns nicht im Quellcode vorliegt. Die Regeln zur Nutzung der Bibliothek müssen dann detailliert vorliegen und eingehalten werden, um z. B. bei einem Update der Bibliothek keine unangenehmen Überraschungen zu erleben.

Worauf haben wir beim Test einer strikten Vererbung zu achten? Hier ist es einfach, und wir können die Vorteile des Vererbungskonzepts voll ausspielen. Wir brauchen nur für die zur Unterklasse neu hinzugekommenen Methoden neue Testfälle entwickeln und diese damit ausgiebig testen. Für

9 Lösungen zum Test objektorientierter Software

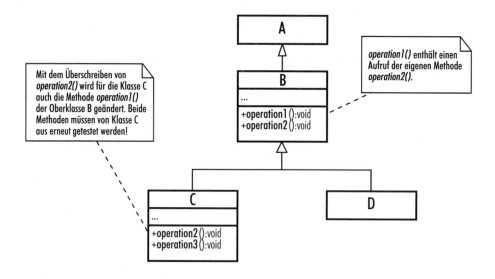

Abbildung 9.6: Wenn eine Unterklasse die Methoden der Oberklassen überschreibt, nennen wir dies eine *nicht-strikte Vererbung*. Um sie testen zu können, müssen wir die Struktur der Oberklassen kennen. Die Methode `operation1()` verhält sich sicher unterschiedlich, wenn sie aus den unterschiedlichen Kontexten der Ober- bzw. Unterklasse aufgerufen wird.

die ererbten Methoden wiederholen wir die bereits bestehenden Tests aus der Oberklasse, da diese nicht von der Unterklasse verändert wurde (Abb. 9.5). Wir erben die Testfälle also mit.

Anders verhält es sich bei der nicht-strikten Vererbung. Neben den neuen Testfällen für die in der Unterklasse neu hinzugekommenen Methoden müssen für alle von der Unterklasse modifizierten Methoden neue Testfälle geschrieben werden. Dazu kommen noch die Methoden, die diese modifizierten Methoden selbst verwenden. Gerade Letztere werden gerne vergessen, aber in Abb. 9.6 sehen wir, warum das gefährlich sein kann. Hier können wir Testfälle nicht einfach erben, also Oberklassentests für unsere Unterklasse wieder verwenden.

Daraus ergibt sich als Testreihenfolge nur eine Möglichkeit, nämlich Top-down. Die Basisklassen müssen getestet sein, bevor ich abhängige Klassen sinnvoll testen kann. Aber selbst dann brauche ich Strukturinformationen über meine Basisklassen, um bei nicht-strikter Vererbung herauszufinden, welche Methoden der Basisklassen aus dem Kontext der Unterklasse erneut zu testen sind.

Dies ist keine einmalige, statische Anforderung, sondern gilt für die gesamte Lebensdauer der Software. Als Programmierer und damit Unit-

Tester der Unterklasse muss ich also über alle Änderungen der Oberklassen informiert werden. Wenn ich diese selbst schreibe, ist das kein Problem. Komplizierter, aber machbar ist es, wenn ein Kollege diese Klassen wartet. Problematisch wird es, wenn ich auf einer externen Klassenbibliothek aufsetze. Wenn dort nicht sauber gearbeitet wird oder ich deren Konzepte nicht angemessen umsetze, handle ich mir schnell ein ganzes Bündel von Problemen ein, die sich spätestens beim Update der Klassenbibliothek auf die aktuelle Version bemerkbar machen. Entsprechende Test- und Anpassungsaufwände sollten daher zu jeden Bibliotheks-Update eingeplant werden.

9.1.3 Testreihenfolge bei Verflechtungen von Assoziationen und Vererbung

Nach dem bisher Gesagten ergibt sich als Reihenfolge für unsere Tests in echten Klassenumgebungen, in denen wir eine Verflechtung von Vererbung und Assoziationen haben, eine eindeutige Reihenfolge.

Wir fangen in der Klassenhierarchie ganz oben an, testen dort zuerst entlang der Assoziationen. Danach gehen wir eine Ebene in der Vererbungslinie tiefer, um dort zuerst entlang der Assoziationen zu testen, bevor wir den Algorithmus erneut anwenden und eine Ebene tiefer gehen, bis wir auf der untersten Ebene angelangt sind (Abb. 9.7).

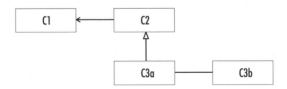

Abbildung 9.7: Die Testreihenfolge dieser vier Klassen lautet C1, C2, C3a und C3b, wobei C3a und C3b auch umgekehrt erfolgen können.

Für die Tests entlang der Assoziationen haben wir zwei Möglichkeiten, wobei es bei uni-direktionalen Assoziationen einfacher ist, erst die unabhängige Klasse zu testen, da wir dann keine Platzhalter für noch nicht vorhandene Klassen, also Stubs oder Dummys, brauchen. Bei bi-direktionalen Assoziationen kommen wir aber nicht darum herum. In Abb. 9.7 betrifft dies die Klassen C3a und C3b. Falls in dem Beispiel die Klasse C2 vor der Klasse C1 erstellt werden soll, muss auch hier mit einem Stub bzw. Dummy gearbeitet werden.

Das Schöne an dieser Reihenfolge ist, dass sie mit einer sehr sinnvollen Programmierreihenfolge übereinstimmt. Die Testsicht und insbesondere ein testgetriebenes Vorgehen unterstützen also aktiv das Vorgehen in der Entwicklung. Es gibt kaum Argumente, anders vorzugehen.

9.1.4 Testreihenfolgen für Methoden

Innerhalb einer Klasse haben wir verschiedene Arten von Methoden. Es gibt eine sinnvolle Reihenfolge bei der Erstellung einer Klasse, die auch als Testreihenfolge geeignet ist. Testgetriebenes Vorgehen bietet sich von daher quasi von selbst an, wenn wir eine Klasse implementieren. Grob vereinfacht aufgeschlüsselt lautet die Reihenfolge:

1. Konstruktoren
2. get-Methoden
3. boolsche Methoden, die is...()-Prüfmethoden
4. set-Methoden
5. Iteratoren
6. komplexe Berechnungsmethoden oder lokale Ablaufsteuerungen innerhalb der Klasse
7. sonstige Methoden
8. Destruktoren

Nach dieser Reihenfolge bauen und testen wir eine Klasse. Beim Erstellen und Testen von Methoden treffen wir auf eine weitere Kategorisierung, die Sichtbarkeiten. Hier gehen wir von innen nach außen vor:

1. Private – nur Klassen-intern sichtbar
2. Protected – nur Klassen-intern und in abgeleiteten Klassen sichtbar
3. Public – überall sichtbar

Unsere Klasse scheint jetzt getestet, doch halt: Wie verhält es sich mit den Modalitäten? Wir gehen auf den Begriff der Modalität in Abschnitt 9.3.1 auf Seite 112 noch detaillierter ein. Für unsere Betrachtungen hier reicht es aus, dass wir Methoden haben, die jederzeit aufgerufen werden können (nicht-modal) und andere, die eine bestimmte Aufrufreihenfolge voraussetzen (modal).

Beide Gruppen sind zu testen. Für die nicht-modalen Methoden gibt es zwei praxisbewährte Tests:

❏ Tests mit verschiedenen Aufrufreihenfolgen
❏ Tests mit wiederholten Aufrufen derselben Methode

Auf den ersten Weg kommen wir schnell, aber der zweite überrascht meist. Aber es ist klar: Eine nicht-modale Methode sollte sich beliebig oft direkt nacheinander aufrufen lassen. Werden fälschlicherweise irgendwelche Zustandsänderungen vorgenommen, bemerken wir sie nach einem sofort wiederholten Aufruf meist schnell.

Modale Methoden testen wir folgendermaßen:

- Tests in der geforderten Reihenfolge:
    - Funktioniert alles wie spezifiziert?
    - Werden nur korrekte Zustände erreicht?
- Tests jeder falschen Reihenfolge:
    - Lehnen die Methoden den Aufruf im falschen Zustand ab?
    - Bleibt die Klasse in einem stabilen, korrekten Zustand?

9.2 Vererbung, das zweischneidige Schwert

Vererbung kann äußerst problematisch sein. Dies ergibt sich daraus, dass in objektorientierten Sprachen versucht wird, ein Generalisierungs-Spezialisierungs-Konzept mit dem Mechanismus der Vererbung umzusetzen, was leider nicht so ganz passt. Daher hat sich die Sicht auf die Vererbung in den letzten zehn Jahren verändert. War die Vererbung Anfang der 90er Jahre noch das Highlight der Objektorientierung, sehen wir sie seit einigen Jahren doch differenzierter. Wo möglich, sollte Vererbung vermieden werden und durch andere Designs ersetzt werden. Schauen wir uns z. B. die Entwurfsmuster von Gamma et al., der Gang-of-Four (GoF), an, so erkennen wir häufig, dass dort eine Vererbung von einer störenden Position an eine geeignetere verschoben wird oder aber durch ein anderes Prinzip ersetzt wird [36].

Damit wir uns richtig verstehen: Vererbung ist ein wichtiges Instrument der Objektorientierung. Polymorphie wäre z. B. ohne sie nicht realisierbar. Aber sie ist kein Allheilmittel und hat diverse Nebenwirkungen. Wie ein Medikament sollte sie angemessen eingesetzt werden.

Ein typisches Problem soll dies kurz illustrieren, das *Rechteck-Quadrat-Drama*. Angenommen wir hätten eine Basisklasse für geometrische Figuren und davon abgeleitet die konkreten Klassen Dreieck, Kreis und Rechteck. Wie fügen wir eine Klasse Quadrat ein? Die typische Lösung sehen wir in Abb. 9.8.

Ein Quadrat ist ja eine Art Rechteck. Passt doch wunderbar, oder? Natürlich können wir so programmieren, der Compiler meckert nicht, und es läuft auch fehlerfrei. Aber ist wirklich alles in trockenen Tüchern? Was passiert, wenn wir für ein Quadrat-Objekt eine ererbte Rechteck-Methode aufrufen, die das Verzerren zulässt? Unser Quadrat wäre keins mehr. Also

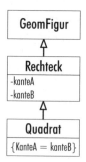

Abbildung 9.8: Die erste Idee, einen Klassenbezug zwischen Rechteck und Quadrat herzustellen, ist problematisch. In der Klasse Quadrat geben wir eine Zusicherung auf Attribute der Oberklasse Rechteck. Das ist eine Verletzung des Zusicherungs-Verantwortlichkeitsprinzips [67] und damit auch des Liskov'schen Substitutionsprinzips [59].

müssen wir alle gefährlichen Methoden von Rechteck durch Überschreiben ausblenden. Nach jeder Änderung in der Klasse Rechteck müssen wir prüfen, ob wir wieder etwas in der Klasse Quadrat zu überschreiben haben.

Doch selbst dann sind wir nicht sicher ... Es hindert mich keiner, ein Quadrat-Objekt auf Rechteck zu casten, also aus meinem Quadrat wieder ein Rechteck zu machen. Da Rechteck eine Oberklasse ist, geht das für getypte Sprachen problemlos. Jetzt können wir direkt eine Rechteckmethode aufrufen. Schon kann ich mein Quadrat-Objekt wieder verzerren (Abb. 9.12 auf Seite 109).

So macht Software-Weiterentwicklung keinen Spaß, Fehlern ist Tür und Tor geöffnet. Das Problem liegt darin begründet, dass wir in der Klasse Quadrat eine Zusicherung auf Attribute geben, die uns nicht selbst gehören, sondern in der Oberklasse liegen.

O.k., einige Spezialisten kommen jetzt sicher auf die Idee, die Klasse Quadrat von Kreis abzuleiten oder aber Rechteck von Quadrat abzuleiten. Das Problem mit dem Attribut habe ich so gelöst, aber Quadrat bzw. Rechteck verhält sich dann nicht mehr erwartungskonform. Diese Form der Vererbung starr mit Blick auf die Attribute ist eine rein technische Vererbung[1]. In der weiteren Entwicklung sind hier fachliche Fehler vorprogrammiert, da Quadrat plötzlich die Methoden eines Kreises hat oder aber Rechteck spezielle Quadrat-Methoden erbt, die für Rechtecke so nicht gelten. Der Wartungsaufwand ist enorm (Abb. 9.13 auf Seite 110).

---

[1]Binder nennt diese Art der Vererbung *inheritance by convenience*, also Vererbung aus Bequemlichkeit [9].

9.2 Vererbung, das zweischneidige Schwert

Die beiden bisher skizzierten Lösungen des Rechteck-Quadrat-Problems kommen in der Praxis mit allen erwähnten Problemen vor. Es gibt noch eine andere, auf den ersten Blick geniale Lösung: Hängen wir doch die Klasse Quadrat direkt unter unsere geometrische Basisklasse. Die obigen Probleme habe ich so gelöst, aber mächtig viel redundanten Code erzeugt. Ein Quadrat ähnelt einem Rechteck eben doch sehr. Objektorientierte Software sollte sich aber gerade durch extrem wenig redundanten Code auszeichnen. Wir wollen doch die Wartungsaufwände möglichst klein halten. Der Trick zur Lösung des Problems nennt sich *Delegation*.

Die Klasse Quadrat bekommt ein eigenes, private-Attribut vom Typ Rechteck. Von diesem ruft Quadrat alle brauchbaren Methoden auf und stellt dafür nur jeweils eine eigene public-Methode bereit. Das sind aber nur simple Einzeiler. Die quadratspezifischen Methoden werden in der Klasse Quadrat geschrieben (Abb. 9.9).

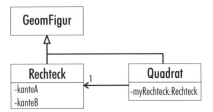

Abbildung 9.9: Ein weiterer Lösungsansatz des Rechteck-Quadrat-Problems aus Abb. 9.8 ist die interne Delegation auf ein Rechteck innerhalb der Klasse Quadrat, die parallel zu Rechteck in die Hierarchie eingehängt ist. So verletzen wir keine Prinzipien der Objektorientierung und erzeugen auch keinen redundanten Code, solange die Basisklasse vollständig abstrakt ist.

Diese Lösung klappt so lange hervorragend, wie wir keine konkreten Methoden aus der Basisklasse GeomFigur erben, die Basisklasse rein abstrakt ist, also vollständig alle Methoden nur deklariert und nicht implementiert werden. Angenommen in GeomFigur hätten wir ein Attribut mittelpunkt sowie eine Implementierung der Methode verschieben(), so erbt Quadrat dieses Attribut und die verschiebe-Methode sowohl direkt selbst, nutzt es aber auch in seinem Attribut myRechteck. Damit alles wieder korrekt läuft, müssen wir in Quadrat die Methode verschieben() überschreiben und Rechteck->verschieben() aufrufen (Abb. 9.10). Bereits dieses simple Vererbungsbeispiel wirft heftigste Probleme auf, die wir mit Vererbung nicht sauber lösen können.

Eine Lösung, welche die Vererbungsprobleme umgeht, ist die, keine Klasse Quadrat neu zu erstellen, sondern die Klasse Rechteck um Metho-

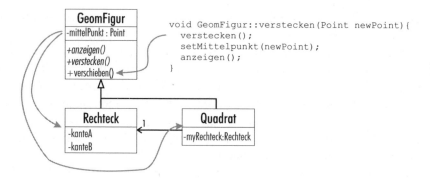

Abbildung 9.10: Bei Vererbung konkreter Methoden ist auch die Delegationslösung problematisch, da ein korrektes Verhalten nur durch Überschreibung aller, auch der konkreten Methoden der Basisklasse gewährleistet werden kann.

den zum Setzen eines Quadrats und zum Prüfen dieses Quadrat-Zustands zu erweitern. Eine solche Prüfung könnte z. B. die beiden Kantenlängen vergleichen und wenn die Differenz unter einem *delta* liegt, dieses Rechteck als Quadrat verstehen.

O.k., wir sind für die Probleme mit der Vererbung sensibilisiert. Wie finden wir aber die Problembereiche heraus? Was müssen wir in nicht-strikten Vererbungshierarchien testen? Was für Probleme kann es noch geben? Die folgenden Unterabschnitte geben uns ein paar Antworten.

9.2.1 Prinzipien zur objektorientierten Vererbung

In der Objektorientierung treffen wir auf eine Vielzahl von Prinzipien. Manche sind klar und einleuchtend, manche widersprüchlich. Im Zusammenhang mit der Vererbung stoßen wir immer wieder auf zwei Prinzipien, die wir uns gleich näher anschauen wollen.

Das Problem mit den Prinzipien in der Objektorientierung ist, dass kein Compiler sie prüft. Wir finden Verstöße gegen die Prinzipien nur durch Codereviews heraus. Oder aber wir stolpern bei Erweiterungen und in der Wartung immer wieder darüber.

Das Substitutionsprinzip nach Liskov

Barbara H. Liskov und Jeannette M. Wing haben für die Formulierung des Substitutionsprinzips eine stark mathematisch geprägte Sprache verwendet [56]. Der Name des Prinzips stammt nicht von ihnen, sondern hat sich so eingebürgert. Vereinfacht ausgedrückt lautet es:

Exemplare einer Unterklasse müssen unter allen Umständen an Stelle von Exemplaren jeder Oberklasse einsetzbar sein [59].

Das Substitutionsprinzip gilt also immer bei strikter Vererbung. Die Klassen verhalten sich dann erwartungskonform, was ihre Fehleranfälligkeit reduziert. Das Substitutionsprinzip fordert jedoch für eine Unterklasse noch mehr:

- Die Vorbedingungen jeder Methode müssen gleich oder schwächer sein als in der Oberklasse.
- Die Nachbedingungen jeder Methode müssen gleich oder stärker sein als in der Oberklasse. Es muss also mindestens so viel definiert sein wie in der Oberklasse.
- Die Klasseninvarianten müssen die gleichen oder stärkere sein. Es dürfen also mehr Zusicherungen gemacht werden.

Für die sichtbaren Zustände bedeutet das:

- Alle sichtbaren Zustände und Zustandsübergänge (Transitionen) der Oberklasse müssen in der Unterklasse erhalten bleiben.
- In der Unterklasse dürfen Transitionen zwischen den Zuständen der Oberklasse hinzugefügt werden.
- In der Unterklasse dürfen neue sichtbare Zustände hinzugefügt werden, solange diese die bestehenden Zustände der Oberklasse orthogonal ergänzen oder aber Unterzustände eines bereits existierenden Zustands sind.

Das Zusicherungs-Verantwortlichkeitsprinzip

Auf Bernd Oestereich geht ein weiteres Prinzip zurück, welches den Bezug zwischen Attributen und den einzuhaltenden Zusicherungen behandelt, das Zusicherungs-Verantwortlichkeitsprinzip [67]:

Eine Klasse kann keine Zusicherungen auf Eigenschaften ihrer Oberklasse erzwingen.

Wir können also in einer Klasse nur Zusicherungen auf Attribute dieser Klasse selbst geben. Die Verantwortlichkeiten für Attribute sind sauber getrennt. Vermischungen führen schnell zu Folgefehlern durch uns Entwickler in unserer weiteren Arbeit analog zu den Verstößen gegen das Substitutionsprinzip.

9.2.2 Flattening: Welche Methoden sind zu testen?

Um die vererbungsbedingten Problembereiche leichter aufspüren zu können, lassen wir einfach die Luft aus der Vererbungshierarchie. Dazu blicken wir quasi wie ein Kfz-Mechaniker von unten auf unsere Hierarchie. Anders als ein Auto sind unsere Klassen dabei durchsichtig und wir erkennen alle Ausprägungen aus der untersten Ebene heraus. Dieser Vorgang wird bildhaft als Flattening bezeichnet. Das schematische Beispiel in Abb. 9.11 verdeutlicht uns das Vorgehen.

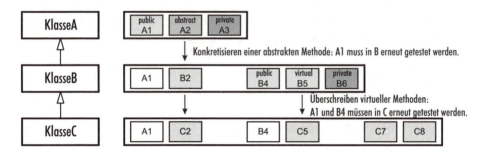

Abbildung 9.11: Das Flattening schematisch: Wir lassen die Luft aus der Vererbungshierarchie und erkennen, welche ererbten Methoden in Unterklassen erneut getestet werden sollten.

Einige Sprachen wie Eifel unterstützen das Flattening direkt per Tool in ihrer Entwicklungsumgebung. Auch einige UML-Tools wie z. B. Rational Rose sind in der Lage, ererbte Attribute und Methode in Unterklassen anzuzeigen.

Wir erkennen in dieser Analyse, ob wir ererbte Methoden im neuen Kontext einer Unterklasse erneut zu testen haben. Das Zusammenspiel der Methoden innerhalb der Klassen kann sich entlang einer Vererbungshierarchie eben ändern und so zu fachlichen Fehlern führen, obwohl in der Oberklasse noch alles in Ordnung war.

Auch im Zusammenhang mit der Betrachtung und dem Test von Zustandsautomaten ist das Flattening hilfreich. Der Zustandsraum einer Unterklasse ergibt sich aus zwei Bereichen: dem aus seiner Oberklasse ererbten und dem durch seine eigenen Attribute aufgespannten Zustandsraum. Ergänzen die eigenen Attribute den Zustandsraum der Oberklasse, so haben wir eine orthogonale Erweiterung des Zustandsraums. Anderenfalls werden Attribute der Oberklasse überschrieben. Um aus Zustandssicht zu gut testbaren Klassenhierarchien zu kommen, sollten die folgenden drei Regeln berücksichtigt werden:

❏ Eine Unterklasse darf ein Ereignis der Oberklasse in mehr Zuständen akzeptieren als die Oberklasse. Auf diese Weise können wir einen Oberklassen-Zustand in Unterzustände partitionieren.
❏ Eine Unterklasse darf neue Zustände definieren, wenn diese orthogonal zur Oberklasse sind, also diese nur um neue Aspekte erweitern.
❏ Die Wirkung von private-Variablen der Oberklasse auf ihren Zustandsraum muss orthogonal zu den Zuständen der protected-Variablen sein.

Wir können die drei Regeln auch kürzer fassen: Benötige nicht mehr, sichere nicht weniger zu [9].

9.2.3 Zufällige Korrektheit durch Vererbung

Auch durch Vererbung können wir das Phänomen der zufälligen Korrektheit erhalten. Es äußert sich dadurch, dass für Objekte einer Oberklasse immer alles korrekt ist, aber für Objekte einer abgeleiteten Unterklasse beim Aufruf derselben Methode für bestimmte Testdaten Fehler auftreten. Als Beispiel schauen wir uns das folgene Listing zweier Kontenklassen an. Konto ist eine konkrete Klasse und gleichzeitig Oberklasse von Sonderkonto.

```java
public class Konto extends Object{
  protected Date lastTxDate, today;
  int neuanfragenProTag(int anzahlAnfragen){
    return ( anzahlAnfragen / tageSeitLetzterTransaktion() );
  }
  int tageSeitLetzterTransaktion(){
    return (today.day() - lastTxDate.txDate() + 1);
  }
}


public class Sonderkonto extends Konto{
  int tageSeitLetzterTransaktion(){
    return (today.day() - lastTxDate.txDate()); // neu definiert
  }
}
```

Codebeispiel 9.1: Java-Beispiel für zufällige Korrektheit durch Vererbung

Was geht hier schief? Mal abgesehen davon, ob es so fachlich sinnvoll ist oder nicht: Innerhalb der Kontoklasse ist alles im Reinen. Die Methode neuanfragenProTag() liefert das Ergebnis eines Bruchs zurück, in dessen Nenner stets eine Zahl größer Null steht. Dadurch, dass das Ergebnis des Bruchs als ganze Zahl abgelegt wird, ergibt sich als Ergebnis erst dann eine Zahl größer Null, wenn im Mittel pro Tag mehr als eine Neuanfrage aufgenommen wurde.

In der Unterklasse Sonderkonto, die eine fachlich etwas andere Ausrichtung als die Klasse Konto hat, wird die Methode `tageSeitletzterTransaktion()` überschrieben, da in diesem Kontext auch das Ergebnis 0 gewünscht ist. Leider schlägt dies negativ auf die ererbte Methode `neuanfragenProTag()` durch. Rufen wir die Methode `neuanfrageProTag()` für Sonderkonto auf, erhalten wir manchmal korrekte Ergebnisse, manchmal falsche Werte und manchmal einen Laufzeitfehler.

Warum das so ist, wird schnell deutlich. Die Methode `neuanfragenProTag()` greift auf verschiedene Methoden `tageSeitLetzterTransaktion()` zurück. Für Sonderkonto-Objekte wird eine Null zurückgegeben, wenn heute eine Transaktion erfolgte. Für Konto-Objekte wird stets ein um eins größerer Wert ermittelt. Dadurch ist die Division in `neuanfragenProTag()` aber kritisch. Durch das Abschneiden zu ganzen Zahlen tritt ein falscher Wert für Sonderkonto-Objekte nur bei im Mittel exakt einer, zwei, drei usw. Neuanfragen pro Tag auf. Erfolgte aber am heutigen Tag eine Transaktion, steht auf einmal eine Null im Nenner des Bruchs und wir haben einen Laufzeitfehler.

Wir erkennen erneut die Wichtigkeit guter Testdaten bzw. definierter Testvoraussetzungen. Bei Codereviews werden solche Fehler gerne übersehen, da der Problembereich auf zwei Klassen verteilt ist.

9.2.4 Typische Fehler in Vererbungshierarchien

Wir lernen primär aus Fehlern. Die angenehmste Art dabei ist es, aus Fehlern anderer zu lernen. Innerhalb von Vererbungshierarchien entstehen leicht Probleme. Daher wollen wir kurz auf die beliebtesten Fehler in Vererbungshierarchien eingehen.

Fehlende Überschreibungen: Operatoren werden nicht oder nur unvollständig überschrieben. Das ist ein häufiger Fehler in Sprachen wie C++.

Direkter Zugriff auf `public`- oder `protected`-Attribute: Die Attribute einer Klasse gehören stets `private`. Ansonsten erzeugen wir leicht Seiteneffekte in Unterklassen, die zu Fehlern in Oberklassen führen. In diesem Zusammenhang kann es auch passieren, dass wir unbeabsichtigt ein solches Attribut aus einer Basisklasse mit einem eigenen Attribut gleichen Namens in einer Unterklasse maskieren.

»Eckiger Stöpsel in rundem Loch«: Verstöße gegen das *Zusicherungs-Verantwortlichkeitsprinzip* durch eine falsche Eingliederung in eine Klassenhierarchie. Ein Beispiel dazu ist in Abb. 9.12 zu sehen.

9.2 Vererbung, das zweischneidige Schwert

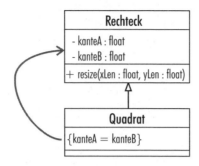

Abbildung 9.12: Durch unpassendes Eingliedern in eine Vererbungshierarchie kann es zu Verstößen gegen das *Zusicherungs-Verantwortlichkeitsprinzip* kommen. In der Klasse Quadrat werden Zusicherungen auf die Attribute von Klasse Rechteck gegeben. Die Methode resize() wird von Quadrat erbt und müsste dort überschrieben werden, um nicht fehlerhaft parametriert aufgerufen werden zu können (Rechteck-Quadrat-Problem in Abb. 9.8 und 9.9).

»Unartige Kinder«: Verstoß gegen das *Substitutionsprinzip*. Beispiele für diese Art von Verstößen sind

- eine Unterklasse, die nicht alle Nachrichten der Oberklasse akzeptiert,
- eine Unterklasse, die einen Status hinterlässt, der für die Oberklasse nicht erlaubt ist.

Bei Ableitungen aus Bequemlichkeit bzw. technisch motivierter Vererbung passiert so etwas schnell, wie unsere andere schlechte Lösung für das Rechteck-Quadrat-Problem in Abb. 9.13. Diese Art zu programmieren liefert lauffähigen Code, aber Erweiterungen und Wartung sind enorm fehleranfällig, da sich die Klassen nicht erwartungskonform verhalten. Ein Rechteck ist eben nicht eine Art Quadrat.

»Wurmlöcher«: Eine Unterklasse berechnet Ergebnisse, die nicht konform zu den Zusicherungen und Zustandsinvarianten der Oberklasse sind.

Verantwortlichkeitsverschiebungen: Eine Unterklasse verändert den Verantwortlichkeitsbereich ihrer Oberklasse. So könnte eine überschriebene Methode nur noch geradzahlige ganze Zahlen als Parameter akzeptieren, während die Oberklasse noch alle ganzen Zahlen bearbeitet.

»Fat Interface«: Eine Unterklasse erbt Methoden, die unpassend oder irrelevant sind. Dies ist ein typisches Design-Problem (Abb. 9.14). Wenn sich das Design-Problem nicht lösen lässt, müssen alle ererbten, unsinnigen Methoden so überschrieben werden, dass sie keinen Schaden mehr anrichten.

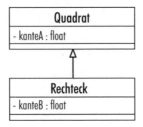

Abbildung 9.13: Eine weitere Art, gegen das Substitutionsprinzip zu verstoßen, sind technisch motivierte Vererbungen. Das Verhalten der Klassen ist nicht erwartungskonform und daher sehr fehleranfällig. Erweiterungen und Wartung sind so nicht effizient möglich (Rechteck-Quadrat-Problem in Abb. 9.8 und 9.9).

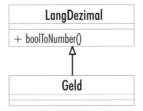

Abbildung 9.14: Aus der Oberklasse werden Methoden ererbt, die in der Unterklasse keinen Sinn machen (Fat Interface). Hier wird ein besseres Design notwendig. `Geld` ist eben nicht eine Art Zahl.

9.2.5 Teststrategie bei Vererbung

Die Objektorientierung verleitet uns dazu anzunehmen, dass wir nur korrekte Basiskomponenten wie Klassen oder Gruppen von Klassen brauchen und diese korrekt zu Systemen zusammenbauen müssen, um korrekte Resultate zu erzielen. Der Wert der Basisklassentests wird für Aussagen zur Funktionalität von abgeleiteten Klassen meist überschätzt. Wie weit können wir annehmen, dass sich die Funktionalität aus getesteten Basisklassen auch in abgeleiteten Klassen korrekt verhält? Wie weit können wir Basisklassentests für die Tests in abgeleiteten Unterklassen wieder verwenden?

Zur Beantwortung der ersten Frage hat Binder drei sog. *Testaxiome* für den Entwicklertest, also Klassen-, Ketten- und Modultest, aufgestellt [9]:

Anti-Extensionalität: Eine Testsuite bzw. die Testfälle für *eine* bestimmte Implementierung nach einer Anforderung decken nicht notwendigerweise auch die Testfälle für eine *andere* Implementierung derselben Anforderung ab. Auch bei gleicher Verantwortlichkeit decken die Testfälle für `Oberklasse::insertElement()` nicht auch `Unterklasse::insertElement()` ab.

Anti-Dekomposition: Die Testabdeckung für einen Klassen- oder Kettentest deckt nicht notwendigerweise auch die Tests für die benutzten (primitiven) Klassen mit ab. Die Testfälle für eine `Konto`-Klasse decken nicht die Tests für die benutzten Klassen `Geld` und `Datum` ab.

Anti-Komposition: Die für Teile eines Moduls angemessenen Testfälle sind nicht notwendigerweise auch für den Gesamt-Modultest ausreichend. Eine Abdeckung durch individuelle Tests für jede einzelne Methode einer Klasse[2] reicht nicht für jeden Pfad möglicher Aufrufreihenfolgen und Interaktionen innerhalb der Klasse aus. Die Zusammenhänge müssen stets mit betrachtet werden.

O.k., das ist ja doch weniger als erwartet. Wir werden immer wieder im praktischen Leben gegen das eine oder andere Axiom verstoßen. Wir sollten dabei aber immer die Risiken abschätzen und uns lieber einmal mehr dazu durchringen, Ergebnisse nicht wider besseren Wissens zu verallgemeinern.

Wie sieht es mit der Vererbbarkeit von Tests aus? Nur wenn wir das Substitutionsprinzip beachtet und eingehalten haben, ist die gewünschte Aussagekraft ererbter Tests auch für abgeleitete Klassen gegeben.

Wie gehen wir jetzt beim Testen innerhalb von Vererbungshierarchien vor? Wir haben hierbei eine starke Kopplung zwischen dem Design unseres zu testenden Codes und der Effizienz unserer Entwicklertests. Eine Klasse sollte eine eigenständige Verantwortlichkeit haben. Andererseits liegt eine Verantwortlichkeit auch in genau einer Klasse. Objektorientierung ist also ein **Denken in Verantwortlichkeiten**.

Jede Unterklasse stellt einen neuen Kontext mit eigenen Interaktionen zwischen lokaler und ererbter Funktionalität dar. Unsere Basisklassentests sind daher zwar notwendig und sinnvoll, aber nicht ausreichend für die Funktionalität abgeleiteter Klassen. Die nutzbaren Oberklassentests beschränken sich auf die Tests ererbter Features im neuen Kontext. In unseren Unterklassentests sollten wir daher speziell nach Vererbungsfehlern suchen, die ererbte Tests nicht finden können.

9.3 Testmuster: Tipps für die Praxis

Es gibt noch viel mehr typische objektorientierte Testprobleme, als wir bisher behandelt haben. Robert Binder hat 37 davon in sog. Testmustern beschrieben [9]. Der Wert dieser Testmuster besteht darin, dass sie typische Fehlersituationen beschreiben und die notwendigen Tests auflisten.

---
[2]was als *Individual Method Scope Coverage* bezeichnet wird

Wir wollen uns drei in der Praxis häufig vorkommende Muster exemplarisch anschauen. Es handelt sich dabei um die meiner Meinung nach aussagekräftigsten und interessantesten Muster, die jeder objektorientierte Entwickler kennen sollte.

9.3.1 Modale Klasse

Wir wollen eine Testsuite für eine Klasse mit festen Einschränkungen bezüglich der Abfolge von Methoden entwickeln. Zuerst sollten wir dazu ein gemeinsames Verständnis bekommen, was eine modale Klasse auszeichnet.

Modalitäten von Klassen

Es gibt vier Arten von Klassen aus Sicht der Modalität.

Nicht-modal: Es gibt **keine** Einschränkungen bei der Reihenfolge von Methodenaufrufen oder Ereignissen. Als Beispiel können wir eine Date-Time-Klasse heranziehen, die jede Reihenfolge ihrer set- und get-Methoden akzeptiert.

Uni-modal: Es liegen **sequenzabhängige** Einschränkungen in der Reihenfolge von Methodenaufrufen und Ereignissen vor. Als Beispiel denken wir an eine Ampel-Klasse, in der eine feste Reihenfolge der Lichtsignale zu berücksichtigen ist.

Quasi-modal: Wir finden **inhaltsabhängige** Einschränkungen in der Reihenfolge der Methodenaufrufe und Ereignisse vor. Eine Stack-Klasse akzeptiert den immer wieder erfolgenden Aufruf einer push()-Methode nur, solange es keinen Überlauf gibt.

Modal: Die echten modalen Klassen haben **fachliche** Einschränkungen in der Reihenfolge der Methodenaufrufe und Ereignisse sowie innerhalb von parallelen funktionalen Bereichen. Eine Konto-Klasse hat diverse fachliche Regeln und damit Einschränkungen z. B. beim Abheben, Einfrieren oder Auflösen eines Kontos zu beachten.

Das Testmuster

Das zugehörige Testmuster nutzt das zustandsraumbasierte Testen aus Abschnitt 8.1 auf Seite 77 und fordert, alle gültigen Zustände zu prüfen [9]:

- gültige Methodenaufrufe, die akzeptiert werden sollen,
- illegale Methodenaufrufe, die abzulehnen sind,
- der resultierende Zustand für diese beiden Methodenaufrufe,
- die Ergebnisse jedes Methodenaufrufs.

Welche Fehler sind typisch für modale Klassen? Das Testmuster nennt hier:

- Fehlende Transition: Eine Methode wird abgelehnt, obwohl sie fachlich erlaubt ist.
- Falsche Aktion: Das Ergebnis für eine bestimmte Methode in einem bestimmten Zustand ist falsch.
- Ungültiger resultierender Zustand.
- Korrupter oder inkonsistenter Zustand.
- Ein heimlicher Nebenweg erlaubt einen Methodenaufruf, obwohl er nicht erlaubt ist.

O.k., die Liste ist nicht sehr originell. Auf die meisten wären wir auch so gekommen, aber auch wirklich auf alle? Es verhält sich mit den Testmustern wie mit den Design-Pattern. Viele kennt man aus eigener Erfahrung, aber bei weitem nicht alle.

Was empfiehlt das Testmuster zum weiteren Vorgehen? Wir brauchen ein Zustandsmodell als Basis. Aus Testsicht können wir damit gar nicht so gut arbeiten. Wir überführen es daher in einen Zustandsbaum. Der Zustandsbaum ist kein UML-Diagrammtyp, kann aber mit den Elementen des Zustandsmodells aufgebaut werden. Ähnlich wie bereits zuvor beim Ablaufgraph, der auch kein UML-Diagrammtyp ist, helfen wir uns durch etwas Verwandtes innerhalb der UML.

Für jeden Weg von der Wurzel des Baums bis zu einem Blatt ist ein Test zu entwerfen und durchzuführen. So decken wir alle gültigen Zustandsübergänge im Test ab. Für die Tests der ungültigen Transitionen brauchen wir eine Wahrheitstabelle, die wir für jede bedingte Transition aus dem Zustandsdiagramm ableiten: Welcher Übergang ist erlaubt und welcher nicht? Jetzt testen wir die ungültigen Transitionen der Reihe nach durch.

Ein kleines Beispiel soll das illustrieren: eine Reservierungsklasse. Das stark vereinfachte Zustandsmodell entnehmen Sie bitte Abb. 9.15. Der Zustand `reserviert` ist so lange aktiv, bis entweder der Reservierungszeitraum begonnen hat oder aber die Reservierung storniert wird. Nur im Zustand `reserviert` darf die Reservierung noch verändert, also z. B. verlängert werden. Abgerechnet werden darf nur aus den Zuständen `zurueckGegeben` oder `storniert`.

Daraus lässt sich schnell ein Zustandsbaum ableiten. Dabei multiplizieren wir jede mögliche Folge von Transaktionen so lange aus, bis wir wieder einen bereits vorher verwendeten Zustand oder den Endzustand erreicht haben (Abb. 9.16). Hier wurden alle möglichen Transitionsfolgen untereinander aufgetragen. Eine solche Folge endet, sobald wir auf einen Zustand stoßen, der bereits vorher behandelt wurde, oder den Endzustand erreicht haben. Für jeden Weg von der Wurzel zum Blatt sind Testfälle zu entwickeln

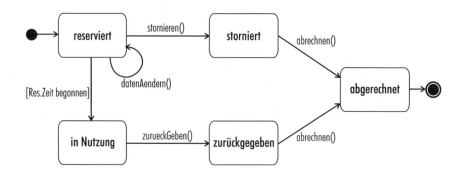

Abbildung 9.15: Das vereinfachte Zustandsmodell einer Reservierungsklasse.

und durchzuführen. So kommen wir schnell zu den Testfällen für die gültigen Transitionen.

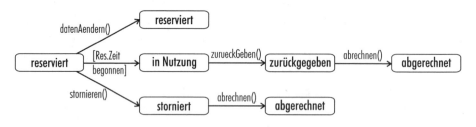

Abbildung 9.16: Aus dem Zustandsmodell aus Abb. 9.15 lässt sich dieser Zustandsbaum ableiten.

Für die Ermittlung der Tests für die ungültigen Zustandsübergänge benötigen wir laut Testmuster eine Wahrheitstabelle. Für unser Beispiel ist diese in Tab. 9.1 dargestellt. Wir können ihr alle ungültigen Übergänge entnehmen und entsprechende Tests gestalten. So können also die Tests für ungültige Zustandsübergänge leicht ermittelt werden.

9.3.2 Modale Hierarchie

Wie gehen wir vor, wenn wir eine Vererbungshierarchie mit modalen Klassen haben? Dort wird ein modales Verhalten über eine Hierarchie abstrakter und konkreter Klassen implementiert. Wir finden dort also eine Vielzahl von Einschränkungen und Regeln, die zu testen sind. Das entsprechende Testmuster heißt *modale Hierarchie*.

9.3 Testmuster: Tipps für die Praxis

	reserviert	in Nutzung	zurück-gegeben	storniert	abgerechnet
reserviert	•	•	×	•	×
in Nutzung	×	×	•	×	×
zurück-gegeben	×	×	×	×	•
storniert	×	×	×	×	•
abgerechnet	×	×	×	×	×

Tabelle 9.1: Die Zustandsübergänge der modalen Klasse Reservierung als Wahrheitstabelle. Gültige Übergänge sind mit •, ungültige mit × gekennzeichnet.

Als stark vereinfachtes Beispiel nehmen wir eine Vererbungshierarchie geometrischer Figuren (Abb. 9.17). Die obersten beiden Basisklassen sind abstrakt, also nicht vollständig implementiert. Deren Unterklassen erben Deklarationen, die sie implementieren müssen.

Das geometrische Regelwerk für die Position, Farbe, offene bzw. geschlossene Kurven, Art und Anzahl der Segmente usw. ist auf die Klassen in der Hierarchie verteilt.

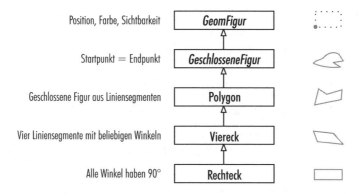

Abbildung 9.17: Vereinfachtes Beispiel einer modalen Hierarchie mit geometrischen Klassen. Die kursiv ausgezeichneten Klassen sind abstrakt, also nicht vollständig implementiert.

Das Testmuster für eine im Test befindliche Unterklasse in einer solchen modalen Hierarchie benennt den folgenden Testkontext:

- Die Klasse im Test ist eine konkrete Unterklasse und
    - erbt von einer modalen Oberklasse,
    - implementiert eigenes Verhalten sowie
    - erweitert das modale Verhalten der Oberklasse.
- Die Klasse muss konform zu ihrem eigenen Zustandsmodell und dem seiner Oberklasse sein.

Wir müssen also die Zustandsmodelle der Oberklassen kennen. Sie müssen uns vollständig bekannt sein. Wenn es in diesen Modellen zu Änderungen kommt, müssen wir diese sofort gegen das eigene Zustandsmodell unserer Unterklasse prüfen.

Was für Fehler können auftreten? Die beiden zentralen Fehlermöglichkeiten lauten:

- Eine überschreibende Methode in unserer Unterklasse erzeugt Zustände, die eine Untermenge oder aber Erweiterungen der Zustände der Oberklasse sind, ohne aber die Zustände der Oberklasse ändern zu können.
- Die Oberklasse hat Fehler, die aber nur bei der Nutzung in der Unterklasse auftreten.

Daneben treten gerne noch die folgenden Fehler auf:

- Alle statusbasierten Fehler der Oberklasse werden ererbt.
- Mögliche neue, statusbasierte Fehler, die durch die Erweiterung in der Unterklasse entstanden sein können.
- Fehler, die dadurch entstehen, dass die Anforderungen an die Zustände der Oberklasse nicht beachtet wurden:
    - Eine gültige Nachricht der Oberklasse wird abgelehnt.
    - Eine ungültige Nachricht der Oberklasse wird akzeptiert.
    - Eine falsche Aktion erfolgt auf die Nachricht der Oberklasse.

Wie gehen wir beim Test vor? Da unsere Klasse im Test eine modale Klasse ist, gehen wir nach dem bereits bekannten Testmuster einer modalen Klasse vor. Zusätzlich müssen alle Status und Ereignisse der Oberklassen berücksichtigt werden, die sich in unserer Unterklasse auch zeigen können. Die Sichtweise des Flattenings ist also hilfreich.

Als Voraussetzungen für unseren Test müssen natürlich alle Oberklassen jeweils ihre Tests bestanden haben. Außerdem sind alle Methoden der beteiligten Klassen für sich getestet und erfüllen das Kriterium der Zweigüberdeckung.

Wir entwickeln als Testbasis ein Zustandsmodell für unsere Testklasse, das auch die ererbten Zustände berücksichtigt, indem wir ein Flattening durchführen. Damit führen wir den Test analog zur modalen Klasse durch. Jeder mögliche Weg von der Wurzel bis zum Blatt des Zustandsbaums wird getestet, um die gültigen Übergänge zu prüfen. Für die ungültigen Transitionen erstellen wir eine Wahrheitstabelle.

9.3.3 Nicht-modaler, polymorpher Server

Verlassen wir die modalen Beispiele und wenden uns dem polymorphen Server zu. Eine polymorphe Serverklasse ist eine Oberklasse, welche die allgemeine Basis für eine große Anzahl konkreter Klassen liefert. Zum Zeitpunkt ihrer Implementierung sind die konkreten Klassen meist nur teilweise bekannt. Polymorphe Serverklassen werden eben gerne verwendet, um für die Zukunft eine einfache Erweiterbarkeit zu schaffen. Diverse Funktionalitäten in unserem System brauchen die Unterschiede der konkreten Klassen nicht zu kennen.

Auch hier soll ein vereinfachtes Beispiel zur Illustration dienen (Abb. 9.18). Die Basisklasse `GeomFigur` beinhaltet alle Gemeinsamkeiten geometrischer Figuren und deklariert gleichzeitig ihre funktionale Schnittstelle, die in allen konkreten Klassen implementiert werden muss (dynamische Polymorphie). So braucht die Klasse `ZeichenFlaeche` für das Verschieben aller Objekte nur zu wissen, dass es sich um `GeomFiguren` handelt, nicht aber, um welche konkrete Klasse.

Bei einem polymorphen Server müssen wir sicherstellen, dass das Substitutionsprinzip erfüllt ist. Auch dazu wenden wir die Sichtweise des Flattenings an.

Wir müssen dazu jede überschriebene Methode aus dem nicht-modalen Server in den konkreten Klassen testen. Die überschreibenden Methoden müssen die Einschränkungen der überschriebenen Methoden beachten, um sich stets konsistent zu verhalten. Leider ist es aber unmöglich, eine polymorphe Serverklasse in jedem Zusammenhang mit jeder konkreten Client-Klasse zu testen, da diese z. T. noch gar nicht geschrieben sind. Ein Fehler kann aber nur gefunden werden, wenn die überschriebene Methode in jeder überschreibenden Klasse getestet wird[3].

Unsere Teststrategie sieht also folgendermaßen aus:

❏ Jede polymorphe Methode muss in ihrem eigenen Klassenumfeld und in allen Client-Unterklassen, die sie erben, getestet werden.
❏ Client-Klassen der polymorphen Server-Klasse dürfen durch ihre Überschreibungen keine Fehler erzeugen. Dies wird durch die Ein-

---

[3] Bei diesem Test werden die Fehler der Client-Klassen nicht geprüft. Es dreht sich nur um die überschriebenen Methoden aus dem polymorphen Server.

9 Lösungen zum Test objektorientierter Software

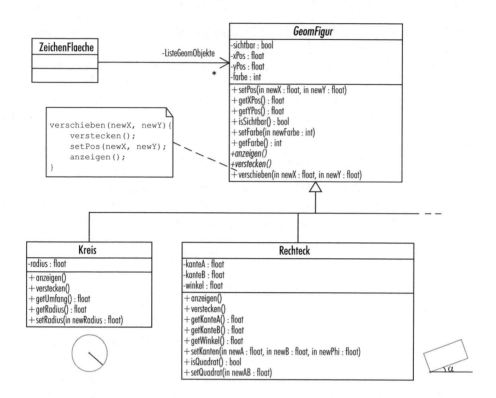

Abbildung 9.18: Vereinfachtes Beispiel eines polymorphen Servers mit geometrischen Klassen. Die kursiv ausgezeichneten Klassen bzw. Methoden sind abstrakt, also nur deklariert, aber nicht implementiert.

haltung des Substitutionsprinzips sichergestellt. Zusätzlich muss die Korrektheit aller Implementierungen des Basisklassen-Interface[4] und seiner Vereinbarungen geprüft werden.

❑ Zum Ablauf der Tests werden Reviews durchgeführt und automatisierte Testsuiten bzw. Testtreiber.

Der Test ist beendet, wenn jede Oberklassenmethode im Kontext jeder Unterklasse ausgeführt und getestet wurde. Der Test ist dann für jede neu hinzukommende Klasse zu wiederholen, wobei die unverändert gebliebenen, alten Klassen nicht erneut getestet werden müssen, solange die polymorphe Server-Klasse unverändert bleibt. Aus der Korrektheit der bestehenden Klassen können leider keine Rückschlüsse für neue Client-Klassen gezogen werden.

---

[4]In unserem Beispiel sind dies die abstrakten Methoden von `GeomFigur`.

9.4 Struktur von objektorientierten Programmen: Klassenarten und ihre Tests

Klasse ist nicht gleich Klasse. Wir brauchen etwas mehr Struktur in unserer Software. Klassen gehören in bestimmte Schubladen, die Klassenarten, und haben damit gewisse Gemeinsamkeiten. Außerdem gibt es fachlich motivierte Klassen und technisch begründete. Die Kenntnis der zugrunde liegenden Struktur eröffnet uns erst den Blick für das hoch komplexe Klassensystem, das wir programmieren.

Es gibt verschiedene solcher Einteilungsstrukturen, die sog. *Designleitlinien*. Sie ähneln sich stark, so dass ich einfach eines herausgegriffen habe: Entity-Control-Boundary (ECB)[5].

Was zeichnet die einzelnen Klassenarten aus? Schauen wir uns die Wichtigsten an. Es gibt nämlich mehr als nur die drei Namensgeber.

Entity: Die Fachklassen besitzen viele Attribute und daher auch viele simple Methoden, diese auszugeben oder zu manipulieren. Wirklich komplexe Methoden besitzen sie eher wenige. Meist behandeln sie ein lokales Steuerungsproblem, für das ein eigener Controller zu aufwendig wäre. Typische Beispiele sind die persistenten Klassen wie Kunde, Vertrag, Adresse usw.

Control: Die Steuerungsklassen besitzen kaum Attribute und meist nur wenige Methoden. Die haben es aber in sich. Dort liegen unsere Abläufe, Berechnungen und Steuerungen. Als Faustregel gibt es für jeden Anwendungsfall einen eigenen Controller für seine Ausführung.

Boundary: Die Systemschnittstellen trennen unsere Systeme sauber voneinander. Sie fassen Zugriffe und Ergebnisse zusammen. Sie haben selten eigene Attribute und nur wenige Methoden, die selbst auf die Methoden des dahinter liegenden Systems zugreifen. Bildschirmmasken sind z. B. solche Systemschnittstellen. Dort werden die darunter liegenden Informationen gebündelt zusammengefasst.

Interface: Die Klassenschnittstelle ist technisch selbst eine rein abstrakte Klasse. Es werden dort nur Methoden deklariert, aber nichts implementiert. Sie dienen zum Entflechten von Abhängigkeiten zwischen Klassen oder Komponenten.

Factory: Die Fabriken dienen zum zentralen Erzeugen von Objekten im Speicher. Sie finden gerne Anwendung, wenn z. B. viele Objekte ähnlicher Klassen an verschiedenen Stellen erzeugt werden müssten oder

---

[5]Achtung: Mit *Control* ist nicht der Controller aus dem Entwurfsmuster Model-View-Controller (MVC) gemeint. Der Controller aus MVC ist eher ein Vermittler denn ein Steuerer.

die Verwender der erzeugten Objekte nur auf Basis abstrakter Oberklassen auf die verschiedenen, konkret erzeugten Klassen zugreifen.

Die Darstellung über eigene Symbole in der UML ist Abb. 9.19 zu entnehmen. Die Klassenarten werden in der UML durch Stereotypen dargestellt. Stereotypen werden in die doppelten spitzen Klammern «» angegeben, also z. B. «Entity». Für die hier abgebildeten Stereotypen gibt es in der UML zusätzlich die eigenen Kreis-Symbole.

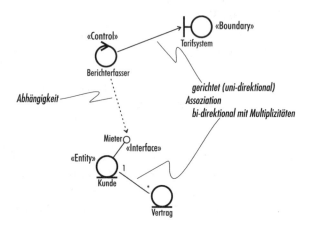

Abbildung 9.19: Verschiedene Klassenarten in UML-Darstellung.

Wie spielen die unterschiedlichen Klassenarten in einem System zusammen? Controller benötigen wir zur übergeordneten Ablaufsteuerung. So gilt als erste grobe Faustregel, pro Anwendungsfall einen Controller zu programmieren, der exakt diesen Anwendungsfall abbildet. Die Controller greifen auf die Entitäten zu, um dort Daten zu ermitteln, abzulegen oder zu verändern (Abb. 9.20). Diese Regel greift sicherlich nicht immer, kann aber recht gut als erste, grobe Richtschnur genutzt werden. Explizite Controller-Klassen werden für die Steuerung *übergeordneter* Abläufe eingesetzt. Der Controller sitzt dann wie eine Spinne im Netz seiner benutzten Klassen. Controller interagieren mit den Entitäten, anderen Untercontrollern oder Boundarys. Handelt es sich dagegen bei dem betrachteten Ablauf nur um ein lokales Problem, kann dies meist gut von der zentralen Entität geleistet werden. So kann dafür die Komplexität gering gehalten werden.

Dieses Prinzip wird für Mehrschicht-Architekturen weiter verfeinert. Zum generellen Verständnis reicht es aus, das Schema aus Abb. 9.21 verstanden zu haben. Die klassischen drei Schichten sind schon lange durch Unterstrukturen zu einem n-tier-Modell erweitert worden.

9.4 Struktur von objektorientierten Programmen

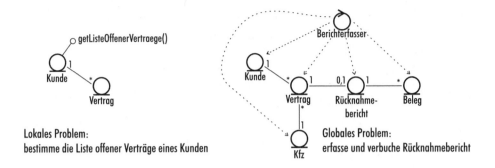

Abbildung 9.20: Controller werden für die Steuerung übergeordneter Abläufe eingesetzt (rechts). Handelt es sich nur um ein lokales Problem, kann dies meist gut von der zentralen Entität geleistet werden (links).

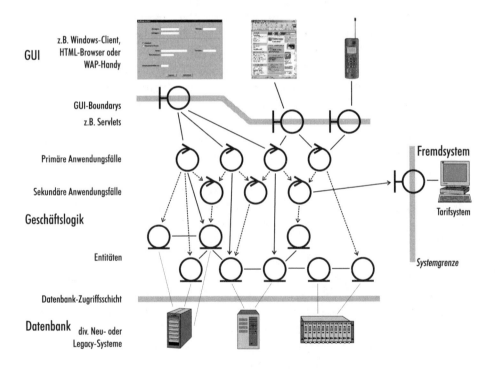

Abbildung 9.21: Schema einer Mehrschicht-Architektur (n-tier). Die Geschäftslogik spaltet sich in verschiedene Unterschichten auf.

Als GUI können beispielsweise sowohl *native Clients*, HTML-Browser oder WAP-Handys auf der gleichen Anwendung laufen. Ihre Funktionalität ist natürlich unterschiedlich. An die Geschäftslogik werden sie über die GUI-Schnittstelle, also GUI-Boundarys, angekoppelt. Im Internet-Umfeld kommen dazu z. B. Servlets zum Einsatz.

Die GUI-Boundarys greifen nicht direkt auf Entitäten zu, sondern starten je nach Eingabe des Benutzers einen bestimmten Anwendungsfall-Controller, in dem die Abläufe und Regeln für jeweils einen Anwendungsfall ausprogrammiert sind. Als Faustregel gilt, dass für jeden essenziell beschriebenen Schritt vom Controller eine entsprechende Methode bereitgestellt wird. In der obersten Ebene der Controller liegen also unsere Anwendungsfälle. Da wir redundant vorkommende Schritte aus den Anwendungsfall-Controllern herausziehen möchten, legen wir diese in eigene, kleine Sub-Controller. Methodisch entspricht dies einem sekundären Anwendungsfallfragment [67]. Diese Sub-Controller bilden die unter den Controllern liegende Schicht.

Die Controller greifen auf die Entitäten oder über Boundarys auf Fremdsysteme zu und lesen, schreiben bzw. verändern deren Daten. Die Entitäten selbst werden über Datenbank-Zugriffsschichten in den verschiedenen Datenbanken unseres Systems abgelegt.

Was bedeutet das für unsere Unit-Tests? Die verschiedenen Klassenarten sind unterschiedlich fehleranfällig. Wir können priorisieren, was uns hilft, wenn die Zeit knapp ist oder wir nachträglich Tests programmieren wollen.

Die simplen `get`- und `set`-Methoden brauchen wir meist nicht explizit zu testen. Häufig werden sie sowieso generiert, so dass wir nur den Generator einmal gut zu testen haben. Wir können uns bei den Entitäten auf die wenigen, komplexen Methoden konzentrieren, wo eigene, lokale Berechnungen angestellt werden oder aber im Zusammenspiel mit einigen untergeordneten Entitäten entlang einer Objektkette ein lokaler Ablauf erfolgt.

Unsere Controller hingegen müssen intensiv getestet werden, alle Methoden ohne Ausnahme. Die komplexen Abläufe, die in Controllern mit ihren Regeln und Ausnahmen programmiert werden, sind besonders fehleranfällig.

Auch Boundarys benötigen einen intensiven Test aller Methoden. Diese fassen jedoch nur die dahinter im gekapselten System befindlichen Methoden zusammen. Daher bildet der Test einer Boundary die Voraussetzung für einen schnittstellenbasierten Systemtest, den Grey-Box-Test. Die Boundary muss funktionieren, damit wir das dahinter liegende System fachlich testen können.

Diese prinzipielle Betrachtungsweise kann auf jede weitere verwendete Klassenart übertragen werden. Die Grundfrage, die wir beantworten müssen, lauetet immer wieder, wo die komplexen, fehleranfälligen Abläufe und Zusammenhänge im Code repräsentiert werden. Dort setzen wir zuerst den Hebel an.

9.5 Zusammenfassung

Konventionelle Teststrategien fokussieren stark auf den Test kleiner Funktionseinheiten parallel zur funktionalen Zerlegung in einer strukturierten Analyse. Dies reicht in objektorientierten Umfeldern nicht mehr aus. Zusätzlich müssen wir genauso intensiv das Zusammenspiel der Teile über Assoziationen und innerhalb der Vererbungshierarchien als Fehlerquelle berücksichtigen. Obwohl die Grundelemente erfolgreich getestet worden sind, kann es im Zusammenspiel zu diversen Fehlern kommen.

Problembereiche können durch Reviews erkannt werden oder aber auch selbst durch Flattening sichtbar gemacht werden. Als Konsequenz daraus können sich auch Designänderungen ergeben, bei denen die Vererbung durch andere Techniken wie z. B. eine interne Delegation ersetzt wird oder aber die Vererbung aus einem zentralen Bereich herausgenommen und an eine andere, eher lokale Position verschoben wird.

10 Lösungen für organisatorische Probleme

Möglichkeiten und Techniken zur Lösung unserer technischen, analytischen und methodischen Probleme gibt es reichlich, wesentlich mehr, als ich im Rahmen eines Buchs überhaupt vorstellen kann. Deshalb habe ich mich auf die meiner Meinung nach wichtigsten und effizientesten Verfahren begrenzt.

Bei den organisatorischen Problemen verhält es sich etwas anders. Hier sind wir mit Lösungen etwas dünn versorgt. Im Wesentlichen kann ich sogar nur die Problematik anreißen und so über ein gewachsenes Problembewusstsein beim Leser hoffen, dass Sie in einer konkreten Situation eine spezielle Lösung erarbeiten können.

10.1 Testgetriebenes Design: Abläufe und Ausnahmen

Ein testgetriebenes Vorgehen bietet reichlich Vorteile, wirft aber auch Probleme in der Umsetzung auf. Um die Vorteile besser einschätzen und die Nachteile in den Griff bekommen zu können, möchte ich kurz die Unterschiede zwischen testgetriebenem und klassischem Design herausarbeiten. Dazu werde ich zuerst auf die prinzipiellen Vorgehen bei der Softwareerstellung eingehen, die unseren Handlungsrahmen bestimmen.

Testgetriebenes Vorgehen ist nicht ein starres Muster, sondern kann individuell auf jedes Projekt zugeschnitten werden. Wichtig ist dabei nur, dass eine Unit-Test-Infrastruktur von Beginn an aufgebaut wird und einen ggf. notwendigen Ausbau der Tests einfach zulässt. Wir gewinnen so ein hohes Maß an Flexibilität und können sehr gezielt priorisieren.

Um das testgetriebene Vorgehen besser verstehen zu können und Unterschiede sowie Integrationsmöglichkeiten in andere Prozesse besser nachvollziehen zu können, stelle ich kurz ein paar »klassische« Verfahren vor, um danach gezielt auf das testgetriebene Vorgehen einzugehen.

10.1.1 Vorgehensweisen: Wasserfall oder Iterationen?

Es ist schon ein Witz, dass das als Wasserfall-Modell bekannte Vorgehen auf einer Fehlinterpretation der Ideen von Walker Royce beruht [4]. Er hatte sehr wohl ein praxisnäheres Vorgehen zum Ziel, aber die Einfachheit des *Missverständnisses* war und ist wohl zu attraktiv. Dazu kommt, dass ein inkrementell-iteratives Vorgehen recht kompliziert und arbeitsaufwendig im Projektmanagement ist und so Fehlern Tür und Tor öffnet.

Für beide Vorgehen gilt, dass sie für die Abwicklung von Projekten entwickelt wurden und nicht für das Tagesgeschäft.

Was ist ein Projekt?

Im Gegensatz zum Tagesgeschäft hat ein Projekt folgende Eigenschaften:

Einmaliges Vorgehen: Ein Projekt ist immer etwas Besonderes, das wir vorher so noch nicht durchgeführt haben. Sicher können wir vorher ähnliche Projekte gemacht haben.

Risiko: Ein Projekt ist immer der Gefahr ausgesetzt, scheitern zu können. Dies liegt in der Einmaligkeit und anderen unbekannten Faktoren wie z. B. dem Einsatz neuer Technologien, ein neues Vorgehen oder ein neu zusammengestelltes Team. Deshalb ist ein explizites Risikomanagement unerlässlich.

Projektstrukturen: Ein Projekt wird mit einer eigenen Struktur abgewickelt, die nicht notwendigerweise der hierarchischen Linie entsprechen muss. Es gibt einen Auftraggeber, Projektleiter, Projektteam, Projektauftrag, Lenkungskreis usw.

Begrenzungen: Ein Projekt findet im Rahmen definierter Grenzen statt. Dies sind Projektstart und -ende. Ein Projekt ist also immer begrenzt! Wir haben limitierte Ressourcen und ein festes Budget. Projektmanagement hat also immer etwas von *Mangelverwaltung* an sich.

Für die Abwicklung von Projekten gibt es verschiedene Vorgehensmodelle. Einzelne Techniken daraus lassen sich auch im Tagesgeschäft einsetzen, welches in einer hierarchischen Linie erledigt wird.

Die Entwicklung von Produkten ist nicht per se Projektabwicklung, sondern kann in Firmen, die auf die Entwicklung neuer Produkte ausgerichtet sind, auch in einer Linienorganisation erfolgen. Ein Projekt hat eben stets den Charakter von etwas Einmaligem.

Das Wasserfall-Modell

Das vereinfachte Wasserfall-Modell geht davon aus, dass zu Beginn eines Projekts alle Anforderungen bekannt sind und sich diese nicht im Projektverlauf ändern. Dann kann man diese Anforderungen zuerst vollständig analysieren, dann auf Basis der Analyse ein Lösungskonzept entwickeln, dieses umsetzen und abschließend testen. Der Name stammt von Barry Boehm [10] und kommt also aus der bildlichen Umsetzung dieses Vorgangs (Abb. 10.1).

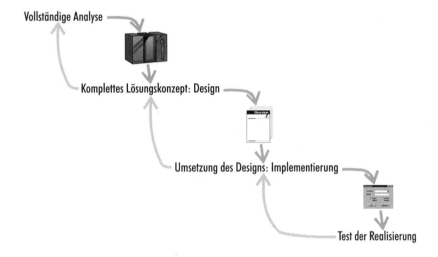

Abbildung 10.1: Das vereinfachte Wasserfall-getriebene Vorgehen (dunkle Pfeile). Werden in einem Schritt Fehler erkannt, ist in den vorhergehenden Schritt zu springen (helle Pfeile).

In den Schritten *Analyse* und *Design* werden die entsprechenden Dokumente erstellt, nach denen dann die Realisierung und der nachfolgende Test abläuft (dunkle Pfeile in Abb. 10.1). Werden in einem Schritt Fehler erkannt, ist in den vorhergehenden Schritt zu springen (helle Pfeile in Abb. 10.1).

Das ursprünglich von Royce in den 60er Jahren erdachte und die *stagewise models* von H. D. Benington weiterentwickelnde Vorgehen ist etwas komplexer und zeigt sogar iterative Ansätze (Abb. 10.2). Es führt zwei Rückkopplungsschleifen ein, wobei diese aus Kostengründen auf die angrenzenden Stufen begrenzt sind.

Generell lassen sich die folgenden Charakteristika bestimmen:

- ❏ Jede Aktivität ist in der richtigen Reihenfolge und vollständig durchzuführen.
- ❏ Am Ende jeder Aktivität steht ein fertig gestelltes Dokument.
- ❏ Der Ablauf ist streng sequenziell, d.h., eine Aktivität muss abgeschlossen sein, bevor die nächste beginnen kann.

10 Lösungen für organisatorische Probleme

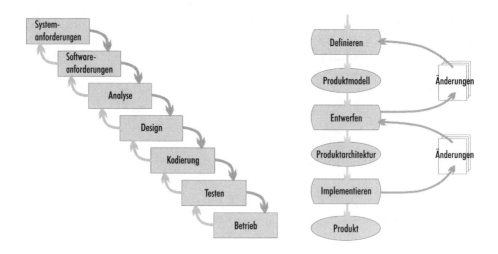

Abbildung 10.2: Das ursprüngliche Vorgehensmodell von Walker Royce erweiterte die *stagewise models* um Rückkopplungsschleifen (in der Abb. links). Rechts ist das Vorgehen prinzipiell und abstrahiert dargestellt, was die Rückkopplungen klarer herausstellt [4]).

❏ Das Modell ist einfach, verständlich und benötigt nur wenig Managementaufwand.
❏ Die Beteiligung der Anforderungsgeber und Anwender ist nur in der Definitionsphase vorgesehen und nicht im Design oder der Kodierung.

Wir haben hier also ein dokumentengetriebenes Vorgehen, das aufgrund seiner Einfachheit weite Verbreitung gefunden hat und auch für einige neuere Vorgehen wie z. B. das V-Modell die Basis gelegt hat.

Je dynamischer unser Umfeld und je komplexer unsere Anforderungen sind, desto stärker offenbaren sich die Nachteile dieses Vorgehens. Der Dynamik sich ändernder oder zu Beginn noch unklarer Anforderungen wird nicht Rechnung getragen. Dokumentengetriebene Vorgehen können leicht dazu führen, dass die Dokumentation wichtiger wird als das Produkt. Eine objektive Fortschrittsmessung anhand lauffähigen Codes ist erst sehr spät möglich. Risikofaktoren werden schnell zu wenig berücksichtigt und resultierende Zeitverzüge gehen vollständig zu Lasten des Tests und damit der Qualität.

Nichtsdestotrotz kann das Wasserfall-Modell funktionieren, wenn z. B. die Projektdauer kurz oder die Komplexität gering ist. Den meisten unserer heutigen Anforderungen scheint es mir jedoch bei weitem nicht mehr gewachsen.

Das V-Modell – Erweiterung des Wasserfalls

Auf Basis des Wasserfalls ist das Vorgehensmodell des Bundes entwickelt worden. Es integriert die Qualitätssicherung in das Vorgehen [4]. Es unterscheidet zwischen den Begriffen:

Verifikation: Die Überprüfung der Übereinstimmung zwischen einem Softwareprodukt und seiner Spezifikation (Doing things right).
Validation: Die Prüfung der Eignung eines Produkts bezogen auf seinen Einsatzzweck (Doing the right things).

Auf den verschiedenen Ebenen werden die verschiedenen Testfälle aus den Spezifikationen abgeleitet. Aufgrund der V-förmigen, grafischen Struktur des V-Modell-Blocks für die Softwareentwicklung (SE) ergibt sich der Name dieses Modells (Abb. 10.3).

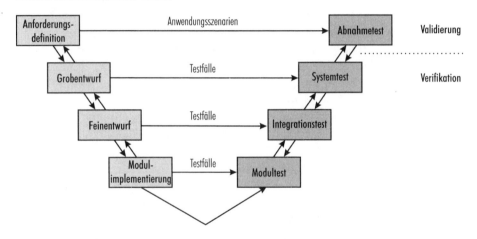

Abbildung 10.3: Das V-Modell, Bereich Softwareentwicklung, schematisch [15].

Neben dem SE-Teil finden wir im V-Modell noch die Bereiche Projektmanagement, Konfigurationsmanagement und Qualitätssicherung als Vorgehen definiert. Es ist ausgesprochen umfangreich beschrieben und für die Durchführung von Großprojekten ausgelegt. So sind alleine 25 verschiedene Rollen innerhalb der Softwareentwicklung definiert.

Inkrementell-iteratives Vorgehen

Das heute als inkrementell-iteratives Verfahren bekannte Vorgehen geht auf Ideen von Barry Boehm (Spiralmodell) [11] und Ivar Jacobsen (OOSE) [46] zurück. Eigentlich handelt es sich beim *Unified Software Development*

Process (USDP) [47] um das Metamodell eines Vorgehensmodells, also um ein Modell, wie man inkrementell-iterative Vorgehensmodelle baut. Konkrete Ausprägungen des USDP sind z. B. der Rational Unified Process (RUP, [53]) oder der Object Engineering Process (OEP, [68]).

Eine der Ideen des USDP ist es, die verschiedenen Disziplinen der Softwareentwicklung so weit wie möglich parallel arbeiten zu lassen. Eine andere besagt, ein System in definierten Teilschritten, den Inkrementen, aufzubauen. Dazu kommt, dass die Konstruktionsphase anstatt in einem langen Stück in mehrere kurze Iterationen zerlegt wird, die jeweils ein konkretes (Teil-)Ergebnis, das Inkrement, liefern. Die wesentlichen Vorteile liegen auf der Hand:

- Entscheidungen beruhen schnell auf konkreten Ergebnissen und nicht mehr auf Annahmen.
- Die Erkenntnisse aus den verschiedenen Disziplinen können sich schnell und einfach gegenseitig befruchten bzw. rückkoppeln.
- In der Entwicklung kann von einem funktionierenden Kern ausgehend Schritt für Schritt gezielt erweitert werden, ohne Stabilitätseinbrüche zu riskieren. Dadurch kann eine hohe Flexibilität gegenüber Anforderungsänderungen erreicht werden.
- Durch die regelmäßigen Integrationen wird das Risiko einer *Big-Bang*-Integration am Ende des Projekts drastisch reduziert.

Eingekauft wird dies durch ein erheblich aufwendigeres und anspruchsvolleres Projektmanagement sowie einer hohen Zahl an Regressionstests.

Der Prozess wird mit einer zweidimensionalen Grafik dargestellt. Horizontal läuft die Zeit, die in Phasen eingeteilt wird. Die Übergänge von einer Phase zur nächsten werden über Meilensteine geprüft. Senkrecht dazu sind die verschiedenen Disziplinen angeordnet, die ihre Aufgaben im Softwareentwicklungsprozess haben. An den Schnittpunkten sehen wir schematisch, wer wann seine Aktivitätsschwerpunkte hat (Abb. 10.4).

Ein inkrementell-iterativ geführtes Projekt zerfällt in zwei Sichten, die zeitliche, in Phasen gegliederte, horizontale und die nach Aufgaben bzw. Disziplinen aufgeteilte Organisation senkrecht dazu verlaufende Richtung. Im Gegensatz zu einem rein sequenziellen Ansatz wie im Wasserfall-Modell wird hier versucht, die einzelnen Disziplinen so weit wie möglich zu verzahnen und parallel laufen zu lassen. Der Vorteil liegt in der Möglichkeit, schnell Erkenntnisse in allen Disziplinen zu erlangen, die ggf. Auswirkungen bzw. Rückkopplungen auf die anderen Disziplinen haben. Der Nachteil liegt im wesentlich aufwendigeren Projektmanagement.

Die zeitlichen Phasen werden in feste Blöcke unterteilt, die Iterationen. Am Ende jeder Iteration steht ein konkretes, überprüfbares Ergebnis. Es erfolgt nur eine grobe Phasenplanung auf Basis der Iterationen, die quasi

10.1 Testgetriebenes Design: Abläufe und Ausnahmen

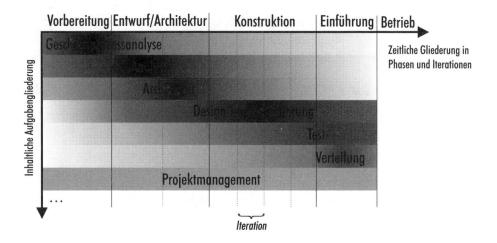

Abbildung 10.4: Ein inkrementell-iterative geführtes Projekt zerfällt in zwei Sichten, die zeitliche, in Phasen gegliederte, horizontale und die nach Aufgaben bzw. Disziplinen aufgeteilte inhaltliche Sicht.

den Takt angeben. Die konkret anstehende Iteration wird exakt geplant. Als Planungshilfsmittel finden Meilensteine und Timeboxen Verwendung.

Meilenstein: Konkretes Ergebnis, das an einen Termin verknüpft ist. Ist das Ergebnis zu dem geplanten Termin nicht erreicht, muss der Termin verschoben werden. Inhalt geht vor Zeit.

Timebox: Fester Termin, an den ein Ergebnis geknüpft ist. Sind zu dem Termin Teile nicht fertig, müssen diese entweder verschoben oder ausgelassen werden. Zeit geht vor Inhalt.

An Meilensteinen mache ich konkrete Ergebnisse und Phasenabschnitte fest, eine Timebox erlaubt es, zu festen Zeiten den aktuellen Ist-Zustand exakt zu erfassen. Beide Managementinstrumente kommen zum Einsatz.

Auch iteratives Vorgehen lebt von guter Vorbereitung (Abb. 10.5). Die Vorbereitungsphase wird mit dem Erteilen eines schriftlichen Projektauftrags beendet. Dazu wurden die Geschäftsprozesse und zentralen Anwendungsfälle grob analysiert. In der Entwurfs- und Analysephase wird analytisch zuerst in die Breite gegangen, um möglichst viele Anwendungsfälle auf einer abstrakten Basis beschreiben zu können. Auf dieser Basis wird ein Architekturkonzept entwickelt und umgesetzt. Wenn die Architektur steht, kann mit den eigentlichen Iterationen begonnen werden. Die Analyse wird verfeinert und die ersten Inkremente werden erstellt. Dabei ist zu beachten, dass von Beginn an Produktqualität erreicht werden muss. Würden wir mit dieser Methode Häuser bauen, so stünde zuerst ein Gerüst aus Wänden und

Decken inkl. einer Infrastruktur. Danach würden wir Zimmer für Zimmer wohnfertig ausbauen. Die Erkenntnisse, die so bei den ersten Zimmern gewonnen werden, fließen direkt in die Realisierung der späteren Zimmer ein.

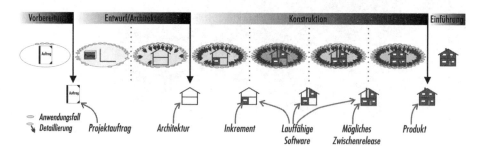

Abbildung 10.5: Schematische Übersicht inkrementell-iterativen Vorgehens.

Ein Projekt gliedert sich in die folgenden Phasen (Abb. 10.4 und 10.5):

Vorbereitung: Grobe Analyse der Geschäftsprozesse und der zentralen Anwendungsfälle, um einen Prokjetauftrag konkretisieren zu können. Am Ende steht als Meilenstein der unterschriebene Projektauftrag.

Entwurf und Architektur: Möglichst umfassende Analyse des zu realisierenden Systems (80%-Lösung). Dabei wird zuerst auf einem relativ abstrakten Niveau versucht, die fachliche Intention, also die Absicht der einzelnen Anwendungsfälle, zu beschreiben, ohne vorerst in die Detaillierung zu gehen. Der Umfang und Abgrenzungen sollen klar werden. Es erfolgt eine Priorisierung der Anwendungsfälle, nach deren Reihenfolge die Detaillierung begonnen wird. Parallel wird eine fachlich angemessene Architektur entwickelt, in die die spätere Lösung integriert wird. Das geprüfte, stabile und abgenommene Architekturkonzept inkl. seiner ersten Implementierungen bildet den Abschlussmeilenstein dieser Phase.

Konstruktion: Hier findet das eigentliche iterative Vorgehen statt. In den Konstruktionsiterationen werden nacheinander definierte Inkremente im Rahmen der vorgegebenen Architektur erstellt. Dabei ist zu beachten, dass jedes Inkrement bereits Produktqualität haben muss. Andere Teile kommen noch nicht in die Abschlussintegration der Iteration.

Einführung: Das fertige Produkt oder aber eines der Zwischenreleases wird in die Zielumgebung integriert mit allen dazu notwendigen Tätigkeiten wie Datenmigrationen usw.

10.1 Testgetriebenes Design: Abläufe und Ausnahmen 133

Betrieb: Das Produkt ist in Betrieb, und es erfolgen letzte Fehlerkorrekturen. Das Projekt wird abgeschlossen.

Es ist ein Missverständnis anzunehmen, inkrementell-iteratives Vorgehen bedürfe keiner Planung bzw. der Konstruktion ginge keine Analyse voraus. Die Analyse wird optimiert und dazu in bestimmte Tätigkeiten aufgeteilt, die entweder vorab oder parallel zur Konstruktion laufen. Die Planung ist im Vergleich zu Wasserfall-getriebenen Vorgehen deutlich aufwendiger, aber zeitnah und damit realistischer.

Um die Planung der Arbeitspakete sinnvoll durchführen zu können, sollten die Anforderungen klar priorisiert sein. Eine Priorisierung erfolgt sowohl in technischer wie in fachlicher Hinsicht (Abb. 10.6). Beide Sichten werden so einfach kombiniert und liefern eine Gesamtpriorität. Nehmen Sie dazu nur wenige, also drei bis fünf Kategorien. Dabei ist stets darauf zu achten, dass sich die Mengenverteilung der konkreten Prioritäten in Richtung der höheren Prioritäten verringert. Es kann nicht jede Anforderung Top-Priorität haben!

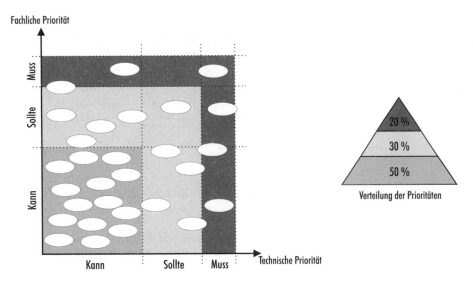

Abbildung 10.6: Die Anforderungen lassen sich aus technischer und fachlicher Sicht priorisieren. Aus den beiden Prioritätszuordnungen kann grafisch eine Gesamtpriorität bestimmt werden (links). Die Verteilung der Prioritäten sollte zu den hohen Prioritäten hin abnehmen (rechts).

Die einzelnen Arbeitspakete innerhalb der Planung müssen so strukturiert werden, dass sie innerhalb einer Iteration zu erbringen sein sollten. Die Planung sollte zur Sicherheit *überplant* werden. Wir planen also mehr

Arbeitspakete für eine Iteration, als wir gemäß unseren Kapazitäten und Abhängigkeiten vermuten, schaffen zu können. So bauen wir einen Sicherheitsmechanismus auf, der zwei Vorteile bietet:

- Die Reserven werden nicht ohne Grund verbraucht.
- Den Plan einer Iteration nicht zu 100% zu erfüllen hat zumeist keine Auswirkungen auf den Gesamtplan.

Wie diese Überplanung funktioniert, ist in Abb. 10.7 dargestellt.

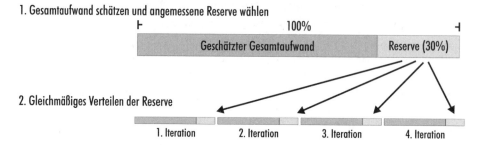

Abbildung 10.7: Reserven in eine Iteration (Timebox) einplanen.

Die zur Sicherheit für unvorhergesehene Aktivitäten eingeplanten Reserven gehören dem ganzen Projekt und werden zu Beginn abgeschätzt. Gemäß dem Anteil (im Beispiel aus Abb. 10.7 30%) wird die Reserve auf die Iterationen verteilt. Damit sich die Entwicklung nicht unkontrolliert in die Reserve ausbreitet, wird diese in jeder Iteration durch Arbeitspakete aus der Folgeiteration aufgefüllt. Es erfolgt also eine bewusste Überplanung. Im Projektcontrolling muss ich das berücksichtigen: Im Beispiel entspricht das Erreichen von 70% der Arbeitspakete der Erfüllung des Pflichtteils des Plans. So kann der Druck auf die Entwickler gut gesteuert werden, und unsere Reserven werden nicht für »goldene Wasserhähne« verschwendet.

Ein zweiter Sicherheitsmechanismus erfolgt dadurch, Arbeitspakete aus allen Prioritätsgruppen einzuplanen (Abb. 10.8). Wenn Arbeitspakete aus dem *Pflichtteil* am Ende der Iteration nicht fertig geworden sind, sollten

10.1 Testgetriebenes Design: Abläufe und Ausnahmen

dies überwiegend niedrigst priorisierte Aufgaben sein. Diese fallen dann erstmal weg. Nur hoch priorisierte Arbeitspakete, die trotz risikobewusster Planung nicht geschafft wurden, werden in die Folgeiteration übernommen und verändern damit auch unsere Gesamtplanung.

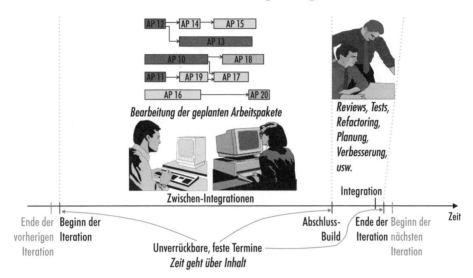

Abbildung 10.8: Eine Iteration hat eine zweiteilige Struktur: Implementierungsteil sowie Integrations- und Reviewteil.

Eine Iteration hat eine zweiteilige Struktur. Der erste, deutlich längere Block ist der zentrale Implementierungsteil. Gemäß der Planung werden die einzelnen Arbeitspakete umgesetzt. Im nur ein paar Tage dauernden, zweiten Teil werden die Ergebnisse gesichtet, geprüft, kurze Verbesserungen durchgeführt und die Planungen aktualisiert. Die Termine für den Beginn, die Grenze zwischen den beiden Teilen und das Iterationsende werden als Timebox festgelegt. Um Verzögerungen puffern zu können, sind die geplanten Arbeitspakete unterschiedlich priorisiert. Die *kann*-Aufgaben (Abb. 10.6) fallen dann ersatzlos weg.

Was bedeutet dieses Vorgehen aus Testersicht? Da zum Ende jeder Iteration vollständige Tests durchgeführt werden und wir damit auch eine hohe Anzahl von Regressionstests haben, ist der Druck, Tests zu automatisieren, sehr hoch. Da wir bereits mit der ersten Konstruktionsiteration lauffähige Software in Produktqualität als Ergebnis erreichen wollen, sind intensive Entwicklertests anzuraten. Auch diese sollten automatisiert ablaufen, um bereits bei den Zwischenintegrationen innerhalb einer Iteration regelmäßig zum Einsatz kommen zu können. So kann die angestrebte Produktqualität erreicht und gehalten werden.

Wichtig ist dabei der Bezug zwischen der Produktqualität eines Inkrements und der Effizienz automatisierter Tests. Automatisierte Tests sind immer ein Stück Softwareentwicklung und damit aufwendig. Erreichen wir für ein Inkrement Produktqualität, wird der dazu gehörige automatisierte Test für lange Zeit stabil bleiben und kaum Wartung benötigen. So kann Testautomatisierung effizent ablaufen. Haben unsere Inkremente hingegen keine Produktqualität, werden auch unsere automatisierten Tests noch häufig angepasst werden müssen. Dieser Effekt trifft besonders auf automatisierte Black-Box-Tests zu, gilt aber auch für Unit-Tests.

Nach den Integrationen einer Iteration erfolgt ein Integrationstest auf Basis der funktionalen und nicht-funktionalen Anforderungen, um das Zusammenspiel der Klassen und Module zu testen. Diese Tests müssen spätestens in der Iteration entwickelt werden, in der die zu testende Funktionalität realisiert werden soll. Auch diese Tests werden häufig wiederholt. Ob sich dabei eine Automatisierung lohnt, hängt von verschiedenen Umständen ab.

- ❏ Es müssen ausreichend Wiederholungen eines unveränderten, stabilen Tests erfolgen. Eine Testautomatisierung ist ein eigenes Softwareprojekt und rechnet sich erst nach fünf bis zehn Wiederholungen[1].
- ❏ Die Tests müssen über längere Zeit stabil laufen. Erfolgt die Automatisierung über die GUI des Projektprodukts oder andere, feste Systemschnittstellen, ist dies meist gegeben. Muss ich den automatisierten Test jedoch nach jeder Änderung anpassen, lohnt sich die Automatisierung eher nicht.
- ❏ Es gibt Tests, die ich nur automatisiert durchführen kann, wie z. B. Lasttests oder Tests von Komponenten ohne GUI. Dann darf der Test nicht weggelassen werden, sondern muss eben automatisiert laufen, auch wenn die obigen Kriterien vielleicht nicht gelten.

eXtreme Programming

eXtreme Programming (XP) geht auf Kent Beck zurück [5]. Aus seiner Erfahrung als Berater und *Retter* für kritisch gewordene Projekte ist ein sehr leichtgewichtiger Prozess entstanden, der mit extrem kurzen Iterationen arbeitet.

XP besteht aus einer Reihe von Regeln und Management-Techniken, die laut Beck dazu führen sollen, dass die Kosten von Änderungen an der Software im Projektverlauf ungefähr konstant niedrig bleiben. Damit steht er im Widerspruch zur gängigen Meinung, die besagt, dass die Änderungskosten im späteren Projektverlauf deutlich steigen (Abb. 10.9).

---

[1] Dazu später mehr in Kapitel 11 ab Seite 159.

10.1 Testgetriebenes Design: Abläufe und Ausnahmen

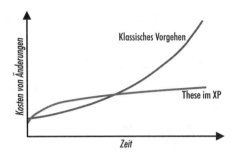

Abbildung 10.9: Die Änderungskosten-These des eXtreme Programming.

XP ist eine sehr kommunikationsbetonte und teamausgerichtete Vorgehensweise, die für kleine und mittlere Teamgrößen geeignet ist. Einzelne XP-Methoden lassen sich aber gut in beinahe jedes Projekt aufnehmen. Die einzelnen Verfahren sind:

Planungsspiel: Starke und dauerhafte Einbindung der Anforderungsbeitragenden[2] in den Entwicklungsprozess. Rasches Festlegen des Umfangs der nächsten Version. Dies beinhaltet oft Aktualisierungen der Planung.

Kurze Releasezyklen: Der Zeitraum zwischen dem Erkennen einer Anforderung und ihrer Umsetzung soll so kurz wie möglich gehalten werden. Daraus folgt ein Zwang zur Einfachheit.

Metapher: Die Kommunikation und damit die Ausrichtung des Teams orientiert sich an gut gewählten Metaphern, die die Funktionsweisen des Systems veranschaulichen.

Einfaches Design: Um jederzeit und damit auch spät im Projektverlauf einfach und damit kostengünstig Änderungen vornehmen zu können, muss das gewählte Design so einfach wie möglich strukturiert sein. Unnötig komplexe Strukturen sind zu vermeiden.

Testen: Die Entwickler schreiben fortwährend und von Beginn an automatisierte Unit-Tests. Die Kunden entwickeln ihrerseits die Abnahmetests, die gleichzeitig auch mit als Anforderung dienen.

Refactoring: Auf der Grundlage einfachen Designs und automatischer Unit-Tests können bei Bedarf relativ einfach und sicher Designänderungen erfolgen, um zu einem angemesseneren Design zu kommen. Refactoring bedeutet, dass keine Verhaltensänderungen programmiert werden, sondern nur das Design modifiziert wird, um auf dieser neuen Ba-

---
[2]Im XP wird hier ein fester, permanenter Ansprechpartner gefordert. Bei komplexen Projekten wird dies von einer Person kaum zu leisten sein. Sie kann dann höchstens als Verteiler dienen.

sis besser weiterentwickeln zu können. Detaillierter wird das Thema in Abschnitt 10.2 ab Seite 143 behandelt.

Pair Programming: Der Produktcode wird paarweise programmiert. Es sitzen also immer zwei Programmierer an einem Terminal, wobei einer kodiert und der andere überwacht. Die beiden Rollen werden dann von Zeit zu Zeit gewechselt.

Kollektives Code-Eigentum: Jeder darf jederzeit den ganzen Code ändern. Alle Programmierer tragen die Verantwortung für den gesamten Code.

Fortlaufende Integration: Das System wird kompiliert, gelinkt und integriert, sobald eine Aufgabe erledigt worden ist, also mehrmals pro Tag.

40-Stunden-Woche: Überstunden sind zu vermeiden und werden nicht länger als eine Woche geleistet.

Fortlaufender, direkter Kundenkontakt: Es steht mindestens ein Vertreter der Anwender bzw. des Auftraggebers dem Projektteam permanent als Ansprechpartner zur Verfügung.

Programmierstandards: Die Standards sollen die Kommunikation über den Code erleichtern und sind von allen Entwicklern einzuhalten.

Diese Verfahren stützen sich gegenseitig. Ergänzt werden sie durch andere Ideen aus der agilen Softwareentwicklung [1] wie z. B. Tuning-Workshops oder Stand-up-Meetings. Letztere lassen sich auch außerhalb von XP gut zur Steigerung der Effizienz von Statusmeetings einsetzen. Hierbei stehen alle Teilnehmer im Kreis, und jeder erhält ein paar Minuten Zeit, um über den Status quo seit der letzten Besprechung und geplante Aktivitäten zu informieren. Es sollen Probleme und Abhängigkeiten aufgedeckt werden, die Entwicklung einer Lösung erfolgt außerhalb der Besprechung. Durch das ungewohnte Stehen fokussieren wir besser darauf, uns kurz und prägnant zu fassen.

XP benötigt also technisch und kommunikativ starke Mitarbeiter, ein vertrauensvolles, offenes Zusammenarbeiten und mutiges Vorgehen. Aus unserer Sicht besonders spannend ist die starke Betonung des Testens bereits in der Entwicklung. Auch wenn Sie kein eXtreme Programming betreiben, können Sie von dieser Vorgehensweise nur profitieren.

Innen inkrementell-iterativ, außen V-Modell?

Nicht selten stellt sich das Problem, dass wir gerne inkrementell-iterativ vorgehen würden, unser Auftraggeber aber ein Wasserfall-getriebenes Vorgehen fordert. Dies ist der z. B. der Fall, wenn wir für den Bund oder Länder arbeiten, wo das V-Modell gefordert wird. Aber es kann noch härter kommen, denn z. B. im militärischen Bereich wird international ein noch reineres Wasserfallmodell vorgeschrieben.

Die Probleme ergeben sich aus der Vollständigkeit geforderter Dokumente. Wasserfall-orientierte Vorgehen sind eben dokumentengetrieben. Aber es ist eine durchaus sinnvolle Abbildung eines inkrementell-iterativen Vorgehens auf das V-Modell möglich. Die beiden Phasen *Vorbereitung* und *Entwurf/Architektur* sind ja auch nicht klassisch iterativ. Am Ende der Vorbereitung steht ein Dokument, der Projektauftrag als Meilenstein. Entsprechende Analysedokumente können und werden in der Entwurfs- und Architekturphase ebenfalls geschrieben werden. Erst in der Konstruktion gehen wir rein inkrementell-iterativ vor. Dieser Bereich interessiert den Auftraggeber methodisch meist nicht, so dass ein Mapping auf das V-Modell gut machbar ist. Dazu kommt, dass durch die Einteilung in Grob- und Feinspezifikation durchaus Spielraum besteht, Feinspezifikationen zeitlich nach hinten zu verschieben.

Ein weiterer Vorteil besteht in der Betonung der Testfall-Findung. Wir können nach dem V-Modell hervorragend *testgetrieben* vorgehen. Was es damit auf sich hat, sehen wir im nächsten Abschnitt. Hier möchte ich den Aspekt der *Spezifikation über Testfälle* hervorheben.

Ein erprobtes Vorgehen bei der Abbildung inkrementell-iterativen Vorgehens auf das V-Modell ist die Definition von Ausbaustufen und Teilsystemen, die quasi als Zwischenergebnisse, also Inkremente, zu bestimmten Terminen fertig gestellt werden sollen. Da eine fachliche Spezifikation den meisten aus Angst, etwas Wichtiges zu vergessen, schwer fällt, bieten sich Testfälle und Anwendungsszenarien geradezu an. Anwendungsszenarien können auf Anwendungsfälle heruntergebrochen werden, sollten aber nie als vollständig angenommen werden. Die Testfälle sind als Ergänzungen gerade für die Ausnahmen unabdingbar.

Da viele Mitarbeiter seitens des Auftraggebers wenig Erfahrung in der Systemspezifikation haben und daher unsicher sind, bietet sich oft auch die gute Gelegenheit, den Auftraggeber methodisch zu unterstützen. Dadurch schaffen wir Vertrauen, und die Umsetzung inkrementell-iterativen Vorgehens fällt deutlich leichter.

10.1.2 Testgetriebenes Design

Klassisch lässt sich Softwareentwicklung in vier Aktivitäten einteilen:

- Analyse
- Design
- Kodierung
- Test

Diese Phasen können beim inkrementell-iterativen Vorgehen durchlaufen werden. Sie betreffen dann jeweils ein Arbeitspaket bzw. eine zu bewältigende Aufgabe. Dieses Vorgehen funktioniert, lässt sich aber verbessern. Die zentrale Anregung dazu entstammt dem XP.

Das Entwerfen eines Tests führt zu analytischen Fragen und kann damit sehr gut bereits während der Analyse durchgeführt werden. Destruktive Tests fokussieren auch die analytische Denkweise. Wenn wir Entwickler unsere automatischen Unit-Tests schreiben, bevor wir das Testobjekt kodieren, werden wir daher weniger Fehler programmieren und die Anforderungen besser umsetzen. Der zweite Vorteil liegt darin, dass es uns leichter fällt, eine testbare Architektur und ein testbares Design zu erstellen, da diese einfach auf die Tests ausgerichtet werden können. Die Testbarkeit wird also erhöht. Ein solches Vorgehen bezeichnet man als *testgetrieben* oder Test-Driven Development (TDD).

Wie sieht der Zyklus testgetrieben aus?

- Analyse
- Testfälle erzeugen
- Kodierung
- Test
- Refactoring

Ein expliziter Designschritt taucht nicht mehr auf. Vielmehr haben wir ein fachliches Design in den Schritten *Analyse* und *Testfälle erzeugen* und ein technisches Design im abschließenden *Refactoring* (Abb. 10.10). Die Dauer für einen Durchlauf sollte so kurz wie möglich sein und kann ggf. bis auf deutlich unter einer Stunde minimiert werden. Dann werden mehrere dieser Zyklen direkt nacheinander durchlaufen.

Das sieht deutlich aufwendiger aus, liefert aber zusätzlich automatisierte Tests. Die These lautet, dass die Dauer beider Vorgehen etwa gleich ist. Meine Erfahrungen mit testgetriebenem Design bestätigen diese These auch. Obwohl wir mehr schaffen, dauert es nicht länger!

Die Ursache liegt darin, dass wir weniger interne Schleifen drehen müssen, wenn wir bei der Kodierung auf die Fragen stoßen, die wir testgetrieben bereits bei der Testfall-Erzeugung gefunden und beantwortet haben. Testbare Designs lassen sich darüber hinaus auch gut erweitern, wenn wir die Sicherheit guter Tests haben. Dazu kommt, dass sich einfache Designs besser pflegen lassen. Die Entwicklungssicherheit nimmt also zu.

Das klingt ja gut. Warum machen das nicht alle? Ein Grund liegt darin, dass viele Entwickler nicht wissen, wie sie sinnvolle Tests entwickeln können. Einen Einstieg dazu soll dieses Buch leisten. Dazu kommt aber noch ein psychologischer Effekt: Testgetriebenes Design wirkt langsam! Der subjektive Eindruck ist der, nicht von der Stelle zu kommen. Beim Hacking direkt vom Hirn ins Terminal haben wir einfach das Gefühl, schnell voranzukommen. Objektiv stimmt das nicht, aber es fühlt sich eben so an. Da-

10.1 Testgetriebenes Design: Abläufe und Ausnahmen

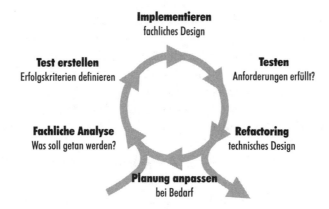

Abbildung 10.10: Die einzelnen Aktivitäten beim testgetriebenen Design weisen keinen expliziten Designschritt aus. Vielmehr teilt sich die Lösungskonzeption auf in ein *fachliches Design* auf Grundlage der Analyse und Testfälle und ein *technisches Design* im anschließenden Refactoring.

gegen muss seitens des Projektleiters immer wieder energische Überzeugungsarbeit geleistet werden. Spätestens wenn die ersten Entwickler die Vorteile des testgetriebenen Designs selbst nutzen konnten, sollte sich dieses Problem verringern.

Auch bei den Integrationstests kann sehr gut testgetrieben vorgegangen werden. Die Testfall-Definition eines Integrationstests kann ich als Teil der Analyse auffassen. Das Ergebnis einer Analyse kann sehr gut durch Testfälle ergänzt und konkretisiert werden. Dabei werden wir die Vorteile des testgetriebenen Vorgehens genau so erleben wie in der Entwicklung. Durch die destruktive Testbrille betrachtet, kommen wir leichter an die unklaren Bereiche und können die besseren Fragen stellen. Ausgangsbasis für ein testgetriebenes Vorgehen in der Analyse sind die Ablaufbeschreibungen wie z. B. die Aktivitätsdiagramme der UML.

Konkretes Vorgehen in der Entwicklung

Kent Beck schlägt zehn Schritte in der testgetriebenen Entwicklung vor [6]. Dieses Vorgehen basiert auf einem xUnit-Testframework wie JUnit, auf das wir in Abschnitt 11.2 ab Seite 160 detailliert eingehen werden.

1. Überlege, was du tun willst.
2. Überlege, wie du es testen kannst.
3. Schreibe einen kleinen Test und überlege dir dabei die API des zu testenden Objekts.

4. Schreibe nur so viel Code, dass der Test fehlschlägt.
5. Führe den Test aus und überprüfe, dass er fehlschlägt. So wird sichergestellt, dass der Test auch ausgeführt wird.
6. Schreibe nur so viel Code, dass der Test und alle anderen, bereits vorhandenen Tests bestanden werden.
7. Führe alle Tests aus und überprüfe, dass sie erfolgreich beendet wurden. Wenn ein Test fehlschlägt, steckt im gerade geschriebenen Code noch ein Fehler.
8. Wenn es Code-Duplikate oder unverständlichen Code gibt, dann strukturiere ihn um (Refactoring, s. Abschnitt 10.2).
9. Führe die Tests erneut aus. Sie sollten stets fehlerfrei durchlaufen. Wenn nicht, hat das Umstrukturieren zu einem Fehler geführt. Behebe den Fehler und führe die Tests erneut durch.
10. Wiederhole die Schritte 1 bis 9, bis kein weiterer Test mehr gefunden werden kann, welcher zu neuem Code führt.

Die Vorteile der testgetriebenen Entwicklung sind vielfältig. Durch die programmierten Tests entsteht vorab eine detaillierte, ausführbare Spezifikation der Funktionalität der zu entwickelnden Methoden bzw. Klassen. Auch ist klar, wann eine Methode bzw. Klasse fertig ist. Fehler werden früh gefunden, und dadurch vermeiden wir lang andauernde Debugging-Sessions.

Die Abhängigkeiten zu anderen Objekten werden früh erkannt und können so leichter minimiert werden. Auch Re-Designs werden so sicher bzw. überhaupt erst möglich. Automatisierte Tests sind die Grundvoraussetzung für Refactoring.

Die Motivation der Entwickler, Tests zu erstellen, sollte sich auch steigern, da sie direkten Nutzen davon haben. Besonders deutlich wird dies bei Wartungs- und Erweiterungsaufgaben. Wenn wir den zu modifizierenden Code nicht selbst geschrieben haben, können wir ihn anhand der Testfälle leichter verstehen und nachvollziehen.

Testen von Objektketten

Wenn unsere zu testende Klasse von anderen unabhängig ist, funktioniert dieses Konzept sofort. Leider wird dies nur selten der Fall sein, da sich unsere Objekte in einem Netzwerk mit verteilten Verantwortlichkeiten befinden. Lokale Tests der Funktionalität einer Klasse werden so unmöglich.

Wir brauchen also entweder unser konkretes Umfeld für die Tests, oder wir müssen es simulieren. Eine Simulation erfolgt über Stellvertreterobjekte, die die reale Umgebung vereinfacht abbilden. Praktischerweise entkoppeln wir die Nutzklassen von den Stellvertreterobjekten über Interfaces. In Abschnitt 11.3.5 ab Seite 180 schauen wir uns das konkret an.

10.2 Refactoring

10.2.1 Was ist Refactoring?

Mit Refactoring bezeichnet Martin Fowler das Modifizieren eines aktuellen Softwaredesigns, ohne dessen Funktionalität zu verändern [32]. Refactoring ist die Vorbereitung für eine anstehende funktionale Erweiterung oder Veränderung, die auf dem bestehenden Design nicht sinnvoll möglich gewesen wäre. Mathematisch betrachtet ist Refactoring die funktional identische Transformation von Code.

Um überhaupt guten Gewissens die Möglichkeit zum Refactoring zu haben, brauchen wir die Sicherheit, dass sich die Software nach einem Refactoring bzw. Refactoring-Schritt noch genauso verhält wie vorher. Wir haben es hier also mit Regressionstests zu tun. Dies kann sinnvoll nur über automatische Unit-Tests erfolgen.

Refactoring betont stark die Weiterentwicklung bestehenden Codes. Hier stoßen wir in der Praxis schnell auf das Problem, dass wir nach Änderungen oder Erweiterungen als Nebenwirkung neue Fehler eingebaut haben. Je komplizierter unser Vorhaben, desto unsicherer werden wir. Diese Unsicherheit kann bis zur Lähmung führen, bei der dann gewisse Teile einfach nicht mehr angefasst werden dürfen. Um also im weiteren Lebenslauf einer Software nicht an diesen Punkt zu kommen, brauchen wir eine Vielzahl an einfachen Tests, die jederzeit schnell gestartet werden können. Jeder Schritt im Refactoring kann dann abgesichert werden.

Durch die Trennung von Refactoring und funktionaler Änderung haben wir den Vorteil, dass wir in kürzeren zeitlichen Abschnitten immer wieder lauffähigen und damit testbaren Code haben. Wenn uns Fehler unterlaufen sind, können wir sie dann meist schnell finden, da das Problem seit dem letzten Testlauf entstanden sein sollte.

Die funktionalen Änderungen setzen so stets auf einem angemessenen Design auf und können daher schneller durchgeführt werden. Wir holen damit die Zeit wieder rein, die wir für das Refactoring benötigt haben. Durch die geringere Anzahl an Fehlern, die es zu korrigieren und erneut zu testen gilt, gewinnen wir am Ende sogar Zeit. Unsere Änderungen erfolgen insgesamt damit sogar schneller.

Der Wert unserer Entwicklertests wird also mit Projektverlauf und in der Wartung eines Projekts immer mehr steigen. Wir gewinnen im Projektverlauf mehr Sicherheit und damit Flexibilität. In der Wartungsphase schöpfen wir dann mit der großen Kelle die Vorteile ab. Denken Sie dabei bitte an die Kostenthese des XP (Abb. 10.9 auf Seite 137). Unser Einsatz zum Gewinn dieses Vorteils ist aber gering, da durch ein testgetriebenes Vorgehen kaum Mehraufwände zu bemerken sind. Dazu später mehr (Abschnitt 10.4 ab Seite 147).

Wir finden also schnell ein Spannungsfeld zwischen Neuentwicklung und Refactoring. Auf viele einfache Tests kann während der Neuentwicklung verzichtet werden. Die Wartung und Pflege benötigt aber viele und eben auch einfache Tests für die einzelnen Transformationsschritte im Refactoring. Der Wert testgetriebenen Vorgehens hängt also auch von der Art des Projekts ab und sollte individuell gewichtet werden. Wir betrachten dabei die Projektziele, die geplante Langlebigkeit und die geschätzte Anpassungshäufigkeit.

Ganz so dramatisch ist es nun aber auch wieder nicht. Wenn wir durch komplexere Unit-Tests bereits die Infrastruktur für automatisierte Tests gelegt haben, können wir fehlende Tests schnell ergänzen. Die fehlenden Tests werden einfach nachträglich ergänzt. Dies hat den Vorteil, dass wir so sehr zielorientiert arbeiten können. Die Aufwände dafür sollten in der Planung berücksichtigt werden, sind aber glücklicherweise nicht sehr hoch, wenn wir bereits von Anfang an testgetrieben vorgegangen sind.

Wir können also in der Neuentwicklung unsere Unit-Tests für die verschiedenen Klassenarten optimieren bzw. minimieren. Wir konzentrieren uns dabei auf die häufigste Fehlerquelle, die Programmierung komplexer Abläufe. Im weiteren Projektverlauf, aber spätestens in der Wartung werden wir mehrfach Refactorings durchführen müssen. Die fehlenden, einfachen Tests können dann auf der bestehenden Infrastruktur schnell ergänzt werden.

10.2.2 Wie funktioniert Refactoring?

Refactoring ist also das Umstrukturieren der internen Struktur unserer Software. Sie soll dadurch besser verständlich und leichter änderbar gemacht werden, ohne dass wir dabei das externe Verhalten ändern.

Wann soll umstrukturiert werden? Fowler beschreibt die Gründe zusammenfassend mit dem Bild des »übel riechenden« Codes [32]. Beispiele dafür sind:

1. Redundanzen, also doppelter Code
2. zu lange Methoden oder zu umfangreiche Klassen
3. zu kurze Methoden oder zu kleine Klassen
4. lange Parameterlisten
5. `switch-case`-Anweisungen in objektorientierter Software
6. usw.

Die Beispiele zwei und drei erscheinen auf den ersten Blick seltsam: Sie widersprechen sich! Das ist ganz normal, denn die konkreten Gründe für ein Refactoring hängen stets vom konkreten Zusammenhang und Umfeld ab. Es gibt eben kein ultimatives Design, sondern nur mehr oder weniger gut angemessenes Design für einen konkreten Kontext.

So führt Fowler in seinen 72 Refactoring-Beispielen häufig aus einem Design A in ein Design B, um dann kurz danach den umgekehrten Weg aufzuzeigen. Für beide Wege schafft er konkrete Beispiele, dass es jeweils sinnvoll ist.

Typische Zeitpunkte für ein Refactoring sind das Hinzufügen neuer Funktionalität und die Fehlerbehebung. Häufig fallen uns beim Erweitern die unverständlich wirkenden Codestellen auf oder wir stellen fest, dass die neue Funktionalität nur schwierig auf dem bestehenden Design zu implementieren ist. Bei der Fehlersuche können wir auch häufig über Code stolpern, der so nicht verständlich ist und daher zu Fehlern bei darauf aufsetzenden Änderungen geführt hat. Auch solche Stellen sollten sofort verbessert werden.

Bei Refactoring haben wir auf einige Regeln zu achten:

- ❑ Als Voraussetzung für das Refactoring brauchen wir eine solide Basis existierender Tests, um Seiteneffekte unseres Refactorings zu vermeiden.
- ❑ Beim Refactoring wird die Funktionalität identisch beibehalten. Es wird also erst umstrukturiert und danach die neue Funktionalität hinzugefügt.
- ❑ Das Refactoring erfolgt in kleinen Schritten, die jeder für sich wieder zu lauffähigem Code führen und die damit testbar sind.

Abschließend schauen wir uns zwei einfache Refactorings kurz an. Das erste Beispiel ist das **Herausziehen einer Methode**. Unser Ausgangscode sieht folgendermaßen aus:

```
void druckeKontoauszug() {
  druckeKopfzeile();
  //Details drucken
  System.out.println( "Name: " + m_kontoinhaber );
  System.out.println( "Betrag: " + m_saldo );
}
```

Ein Kommentar bei einem Dreizeiler erscheint unnötig. Auch passt die Granularität der drei Zeilen nicht gut zueinander. Es sollte daher eine neue Methode aus der bestehenden herausgezogen werden. Das Resultat sieht dann so aus:

```
void druckeKontoauszug() {
  druckeKopfzeile();
  druckeDetails();
}
```

```
void druckeDetails()
  System.out.println( "Name: " + m_kontoinhaber );
  System.out.println( "Betrag: " + m_saldo );
}
```

Das Herausziehen einer Methode hilft gegen zu lange oder schwer verständliche Methoden. Wir erhöhen so die Lesbarkeit und reduzieren die Fehleranfälligkeit des Codes. Typische Indikatoren für dieses Refactoring sind neben der Länge einer Methode Codefragmente, die kommentiert werden müssen, oder aber die *semantische Distanz* zwischen dem Namen der Methode und der Implementierung seiner zentralen Funktionalität. Wir erkennen eine große semantische Distanz an vielen vorbereitenden Statements zu Beginn unserer Methode, bis wir ihren eigentlichen Zweck programmieren können.

Die Durchführung dieses Refactorings ist recht einfach und besteht aus zwei Teilen:

1. Das zu extrahierende Programmfragment wird eine eigene Methode mit geeignetem Namen.
2. Ggf. genutzte temporäre Variablen werden über Ein- und Ausgabeparameter mitgegeben.

Das zweite Beispiel zeigt den umgekehrten Weg auf, das **Zusammenfassen von Methoden**. Hier sieht unser Ausgangscode wie folgt aus:

```
int getBewertung() {
  return (stornoanzahlUeberLimit()) ? 2 : 1;
}

boolean stornoanzahlUeberLimit()
  return m_storniertenReservierungen.size() > STORNO_LIMIT;
}
```

Diese Aufteilung ist doch etwas über das Ziel hinausgeschossen. Hier haben wir zu viel Delegation, was die Lesbarkeit nicht erhöht. Fassen wir also die beiden Methoden zusammen:

```
int getBewertung() {
  return
    (m_storniertenReservierungen.size() > STORNO_LIMIT) ? 2 : 1;
}
```

Die Indikatoren für dieses Refactoring sind Methodenketten aus vielen kurzen Methoden, die weitere Methoden aufrufen. Dabei kann es auch vorkommen, dass die Methodeninhalte nicht mehr zu ihren Namen passen. Auch das sollte verbessert werden.

Was wir an den beiden einfachen Beispielen auch sehen, ist die Notwendigkeit, beide Wege eines Refactorings zu kennen. Es hängt vom Kontext ab, wann welcher Weg der sinnvolle ist. Es gibt eben nur ein angemessenes Design in einem konkreten Zusammenhang.

10.3 Testkoordination

Eigentlich sind Entwicklertests einfach zu koordinieren: Jeder testet den Code, den er gerade schreibt. Probleme ergeben sich aber schnell, wenn in einem Team in mehreren Gruppen parallel entwickelt wird. An den Schnittstellen zwischen den Teams möchten wir gerne Tests der anderen Gruppen wiederverwenden. Auch stellt sich oft die Frage nach gemeinsam nutzbaren Testdaten.

Ein Test-Infrastruktur-Verantwortlicher kann uns hier etwas helfen, indem die Anforderungen und Arbeiten kanalisiert und so einfacher koordiniert werden können. Die technischen Probleme bleiben aber weiter ungelöst und müssen meist selbst mit Individuallösungen in den Griff bekommen werden.

Im Open-Source-Umfeld um JUnit tut sich zwar einiges, aber die Probleme beim Einsatz des Frameworks sind oft sehr individuell. Ein Tool wie JTestCase zur zentralen Verwaltung der Testdaten ist sicherlich einsetzbar, bedarf aber noch der Weiterentwicklung.

10.4 Aufwandsbetrachtungen

Jegliche Planung lebt davon, die notwendigen Aufwandsschätzungen in den Griff zu bekommen. Da Schätzungen besser werden, je kleiner die zu schätzenden Themenblöcke sind, brechen wir diese erst einmal etwas herunter.

Was für Aufwände haben wir zu erwarten? Dabei fällt uns zunächst stets das Coding selbst ein. Das reine Coding macht aber gar nicht so viel aus. Es ist nur das, was uns am meisten Spaß macht. Auch überschätzen wir den Coding-Anteil gerne zu Lasten der anderen Arbeitspunkte. Welche Punkte haben wir also in der Softwareentwicklung zu schätzen?

- Analyse
    - Abstimmung mit Anforderungsgeber
    - Testfälle definieren
- Entwicklungsumgebung
    - Umgebung definieren
    - Umgebung aufbauen
    - Umgebung pflegen

10 Lösungen für organisatorische Probleme

- Design
  - Testfälle programmieren
  - Kodieren
  - Testen
- Integration
  - Integrationsumgebung aufbauen
  - Integrationsumgebung pflegen
  - Integrieren
- Integrationstestumgebung
  - Integrationstestumgebung konzipieren
  - Umgebung aufbauen
  - Umgebung pflegen
- Integrationstest
  - Testfälle programmieren
  - Testen
  - Fehler korrigieren
- Übergabe
  - Übergabekonzept entwickeln
  - Infrastruktur für Übergabe und Korrekturen/Patches aufbauen
  - Datenmigrationskonzept entwickeln
  - Migrationsinfrastruktur entwickeln
  - Datenmigration
  - Übergeben von Produkten oder Teilprodukten
- Korrekturen von extern gefundenen Fehlern
  - Fehler analysieren
  - Testfall definieren
  - Testfall programmieren
  - Fehler korrigieren
  - Re-Test

Diese Liste ist noch nicht einmal für jedes Projekt vollständig. O.k., einige Punkte fallen für das ein oder andere Projekt vielleicht auch weg. Trotzdem bleibt eine Menge übrig, und das reine Coding ist nur ein Teil davon.

Schauen wir uns den *Design*-Block genauer an, könnten wir auf den Gedanken kommen, das testgetriebene Vorgehen unter Zeitdruck aufzugeben. Lassen Sie uns Aufwandsargumente für das testgetriebene Vorgehen sammeln.

10.4 Aufwandsbetrachtungen

❏ Empirische Ergebnisse

❏ In einem konkreten Projekt arbeiteten zwei Teams anfangs testgetrieben. Unter dem wachsenden Projektdruck gab eines der Teams dieses Vorgehen auf und kehrte zu gewohnteren Vorgehensweisen zurück. Nach erfolgreicher Beendigung und Einsatz des Projekts konnte in einem QS-Review festgestellt werden, dass das Team, welches durchgehend testgetrieben vorgegangen ist, eine nur etwa halb so hohe Fehlerdichte in ihren Produktteilen erreicht hat wie das andere Team.

❏ In einem Selbstversuch hat ein Kollege von mir bei der Entwicklung eines kleineren Projekts genau Buch über seine Aufwände geführt. Die Hälfte der Klassen hat er einfach so direkt herunterprogrammiert, die andere Hälfte testgetrieben entwickelt. Die spätere Auswertung ergab, dass er im Durchschnitt unabhängig vom Vorgehen etwa eine Stunde pro Klasse benötigt hat. Beim testgetriebenen Vorgehen hat er in dieser Zeit jedoch neben dem Produktcode noch die automatisierten Testfälle sowie etwas Dokumentation erstellt. Bei gleichem Aufwand hat er also deutlich mehr erreicht. Sein *subjektives Empfinden* widersprach den Daten aber völlig. Er glaubte, testgetrieben deutlich langsamer zu sein.

❏ Aufwandsmodelle

❏ Aufwandsmodelle versuchen vorab, Aufwände über Rechenmodelle besser abschätzbar zu machen. Wir gehen im nachfolgenden Abschnitt näher darauf ein. Wir betrachten dazu einerseits die Anzahl der Fehler, die noch im Produkt sind, wenn es aus der Entwicklung zum Systemtest durch die QS geht, sowie die Rate erneut fehlerhafter Korrekturen gefundener Fehler.

❏ Mit einer geringeren Anzahl verbliebener Fehler reduzieren wir die Aufwände, die entstehen, wenn Fehler gefunden werden. Viel Zeit bleibt in der Reproduktion und Dokumentation von Fehlern hängen. Unsere Aufwände zum Testen reduzieren wir damit nicht notwendigerweise, da auch mit einem testgetriebenen Vorgehen die Entwicklung keine Fehlerfreiheit erreichen kann.

❏ Die Aufwände für fehlerhafte Korrekturen sind sowohl in der QS wie auch in der Entwicklung enorm, fallen aber bei den Aufwandsbetrachtungen gerne unter den Tisch. Ein testgetriebenes Vorgehen sollte auch dabei deutlich mehr Sicherheit geben und so diese Aufwände merklich reduzieren.

Bei ungefähr gleichem initialen Aufwand für klassisches und testgetriebenes Vorgehen erreichen wir über ein gesamtes Projekt hinweg testgetrieben sowohl qualitativ als auch wirtschaftlich betrachtet deutlich mehr.

10.4.1 Schätzungen

Vor jeder Iteration sind die Arbeitspakete gemeinsam von Projektleiter und betroffenen Entwicklern zu schätzen. Wir haben so eine gute Chance, mit unseren Schätzungen immer besser zu werden, da wir es alle ein bis zwei Monate üben. Dazu sollten wir die alten Schätzungen zur letzten Iteration mit den tatsächlichen Aufwänden vergleichen, um daraus zu lernen.

Unsere Erfahrungen zeigen, dass wir so schnell auf enorme Schätzgenauigkeiten von unter 10%, im Einzelfall sogar im Mittel über alle Teammitglieder auf 3% kommen. Das zentrale Problem beim Schätzen der Arbeitspakete für die anstehende Iteration ist also weniger das Schätzen selbst, sondern alle dazu notwendigen Arbeitspakete zu finden. Bei aller Schätzgenauigkeit darf ein entsprechender Puffer nicht fehlen.

Eine Technik, die im XP gerne verwendet wird und uns oft vor unliebsamen Überraschungen bewahren kann, heißt »Wetter von gestern«. Die zentrale Annahme dabei ist, dass wir im nächsten Zeitabschnitt genau so viel schaffen werden, wie wir im letzten vergleichbaren Zeitabschnitt geschafft haben. Das Wetter ändert sich eben nicht so häufig.

Ein Problem mit den Aufwandsschätzungen bleibt so allerdings offen. Wie schätzen wir ein ganzes Projekt? Dies ist jedoch nicht Thema dieses Buchs, und ich möchte Sie hier auf entsprechende Literatur [16, 88] verweisen.

10.4.2 Fehlerkorrekturen und Re-Tests

Ein Problem, das viele Aufwandsschätzungen schnell ad absurdum führt, ist das Unterschlagen der Aufwände für Korrekturen, die bei externen Tests gefunden werden. Wenn ich bei Kunden eine Planung sehe, bei der direkt nach der Übergabe einer Testversion an die QS mit allen verfügbaren Mitarbeitern an der Entwicklung der nächsten Iteration gearbeitet werden soll, bin ich mir sicher, dass dieses Projekt spätestens nach der nächsten Iteration aus dem Ruder läuft. Ich habe es jedenfalls noch nie anders erlebt.

Es ist auch schwer, diese Aufwände in den Griff zu bekommen. Ignorieren ist allerdings kein probates Mittel. Im Gegenteil sind die Aufwände für diese Korrekturen meist sogar besonders hoch, da wir uns zuerst mit der Fehlermeldung als solches auseinander setzen müssen. Was will uns der Autor nur sagen? Ist das wirklich ein Fehler oder will uns der Auftraggeber einen neuen Wunsch unterjubeln? Wie kann ich den Fehler reproduzieren, meine Entwicklungsumgebung ist ja bereits einen Schritt weiter? Welche Priorität hat der Fehler überhaupt?

Wir hätten es schon leichter, wenn wir die ungefähre Anzahl der zu erwartenden Fehler abschätzen könnten. Aber wie machen wir das? Eine Möglichkeit ist ein Aufwandsschätzmodell als Rechenmodell. Ein solches Modell, das ich *Fehlermodell* nennen will, lernen wir im nächsten Abschnitt kennen. Dabei handelt es sich um ein statistisches Verfahren zur Aufwandsbestimmung auf Grundlage empirischer oder besser projektinterner Ergebnisse.

10.4.3 Fehlermodelle als Rechenmodelle zur Aufwandsschätzung

Ausgehend von bestimmten Thesen verbunden mit empirischen Werten können wir ein Rechenmodell entwerfen, mit dem wir gewisse Aussagen zu den zu erwartenden Fehlermengen und den damit verbundenen Aufwänden machen können [52]. Ein solches Rechenmodell zur Aufwandsschätzung basiert auf einem Fehlermodell, welches ich hier grob skizzieren möchte.

Thesen und empirische Werte

In einem Programm stecken immer Fehler. Die meisten davon finden wir im Entwicklungsprozess. Über die Anzahl der Fehler und die Anteile, wann wir welche davon finden, liegen statistische Zahlen vor. So werden je nach verwendeter Sprache und Komplexität zwischen 40 und 180 Fehler pro 1000 Lines of Code (KLOC) gemacht. Daraus ergibt sich eine riesige Zahl, selbst wenn wir im Mittel von 50 Fehler/KLOC ausgehen. Die meisten Fehler finden wir dabei bereits in der Entwurfs- und Architekturphase. In der Konstruktionsphase wird noch etwa 1/3 gefunden, so dass ca. 25% für den Integrations- und Systemtest übrig bleiben (Tab. 10.1).

Entwicklungsphase	Anteil gefundener Fehler
Entwurf/Architektur	ca. 43%
Konstruktion	ca. 31%
Systemtest und Einführung	ca. 23%
Restfehler	ca. 3%

Tabelle 10.1: Empirisch konnte eine Verteilung gefunden werden, wann wie viele Fehler entdeckt werden. Nach der Entwicklung sind danach noch ca. 26% aller Fehler im Produkt und werden größtenteils in den Tests gefunden.

Wie kommen wir aber zu unserer erwarteten Produktgröße? Wir versuchen Analogieschlüsse zu abgeschlossenen Projekten zu ziehen oder können bereits aus den Analyseergebnissen Berechnungen anstellen. Dies ist auf Basis essenziell beschriebener Anwendungsfälle[3] möglich [88] oder über Function Points bzw Widget Points bzw. andere Object-Point-Verfahren [16].

Je besser unser Entwicklungsprozess ist, desto weniger Fehler gehen uns durch die Lappen und kommen im Systemtest und in der Einführung als Bumerang zurück. Aber auch umgekehrt: Je schlechter, desto mehr Fehler müssen und werden in den späteren Phasen bzw. im Betrieb gefunden werden. Dann schlagen die Korrekturaufwände richtig zu. Die These von Kent Beck, dass die Korrekturkosten ungefähr gleich bleiben, geht ja vom Einsatz diverser XP-Techniken aus. Ein testgetriebenes Vorgehen in enger Abstimmung mit den Anforderungsbeitragenden wird auch gar nicht so viele Fehler bis in den Systemtest und die Einführung durchschlagen lassen. Der Entwicklungsprozess besitzt also selbstverstärkende Prozesse.

Doch was machen wir mit der immer noch sehr hohen Anzahl der Fehler, die im Integrations- und Systemtest gefunden werden? Meist werden wir nicht alle Fehler finden müssen. Je nach Risikomanagement können hier Abstriche erfolgen. Wir bezeichnen diesen Anteil ganz allgemein als *Testabdeckung*, wobei wir damit eine funktionale Abdeckung aus Anforderungssicht meinen. Diese Abdeckung sollte nicht unter 20% liegen, da wir ansonsten vermutlich zentrale Aufgaben des Produkts ungetestet lassen. Nach der 80/20-Regel nach W. Pareto kann der Anwender mit 20% der Funktionalität 80% der Anforderungen bewältigen [4]. Diese wichtigen 20% sollten wir zumindest ausreichend testen. Aber 100% brauchen wir in den meisten Projekten auch nicht. Praktikable Erfahrungswerte liegen meist zwischen 60 und 80%. Die Anzahl der im Integrations- und Systemtest zu findenden Fehler kann dann mit diesem Wert multipliziert werden. Weiter können wir ihn aber nicht reduzieren.

Meist werden wir mehr als einen Test benötigen, um einen Fehler zu finden. In der Regel sind fünf bis sechs Tests notwendig. Wir brauchen also wesentlich mehr Testfälle als zu erwartende Fehler. Dies treibt unsere Integrations- und Systemtestaufwände beträchtlich in die Höhe. Anders herum ist es aber ein schlechtes Indiz, wenn wir mit jedem Testfall einen Fehler finden. Dann sind uns Entwicklern nämlich zu viele durch die Lappen gegangen, und es liegt noch viel Arbeit vor uns.

Als letztes Phänomen haben wir es mit den fehlerhaften Korrekturen zu tun. Wie bereits erwähnt, entstehen Fehler an den besonders komplizierten Stellen und dort häufig gebündelt. Ein Teil unserer Korrekturen wird daher selbst wiederum fehlerhaft sein. Dieser Anteil erhöht unsere Korrekturaufwände erneut. Im Mittel können wir von 20% fehlerhaften Korrek-

---
[3]s. Seite 49

turen ausgehen. Bei jungen, unerfahrenen Teams oder schwer wartbarer Software liegt diese Quote oft bei 50%.

Doch zurück zu unserem eigentlichen Problem: Wie groß werden unsere Re-Test und Korrekturaufwände werden? Dazu bauen wir uns jetzt ein Rechenmodell.

Rechenmodell

Aus den Thesen und empirischen Werten [51] können wir die Anzahl der zu erwartenden Fehlerkorrekturen bestimmen:

$$Anzahl_{Fehler} = Code \cdot Fehlerdichte \cdot Phasenanteil \cdot Testabdeckung$$

mit

$Code$	Codegröße in KLOC
$Fehlerdichte$	Gesamtanzahl zu erwartender Fehler/KLOC
$Phasenanteil$	Anteil der zu findenden Fehler für Integrations- und Systemtest
$Testabdeckung$	funktionale Abdeckung der Integrations- und Systemtests

Schauen wir uns doch ein Beispiel an. Unser Produkt wird auf ca. 130 KLOC geschätzt. Wir gehen aus unseren Erfahrungen meist von 50 Fehlern pro 1 000 LOC aus.

Bei einem gut funktionierenden, jedoch nicht testgetriebenen Vorgehen im Entwicklungsprozess haben wir mit maximal 23% extern zu findender Fehler zu rechnen. Unsere Testabdeckung soll dabei aber nur 60% sein, so dass sich dieser Wert reduziert. Unser Modell ergibt:

$$130 \cdot 50 \cdot 0,23 \cdot 0,6 = 897$$

900 Fehler sind eine stolze Anzahl. Sicher werden nicht alle behoben werden. Aber jetzt bekommen wir ein besseres Gefühl für die zu erwartenden Aufwände. Wie hoch ist im Mittel der Aufwand, um einen Fehler zu korrigieren? Sobald wir diese Zahl geschätzt haben, kennen wir unseren frei zu haltenden Korrekturaufwand.

Hier besteht ein interessanter Ansatz, testgetriebene Vorgehensweisen aus Managementsicht zu bewerten. Auch wenn wir davon ausgehen, dass wir testgetrieben im gesamten Entwicklungsprozess die gleiche ursprüngliche Fehlerdichte von ca. 50 Fehlern pro 1 000 LOC haben, so sollte der Anteil der extern zu findenden Fehler geringer sein. Der obige Schätzwert von 23% ist bereits für die klassische Entwicklung ein hervorragender, niedriger Wert für den Fehleranteil, der von der externen QS zu finden ist.

Für die Bewertung Ihres konkreten Entwicklungsprozesses sind vier Faktoren interessant:

- Die Fehlerdichte,
- der Anteil der Fehler, die davon durch die QS zu finden sind,
- die Dauer für Fehlerkorrekturen und
- der Anteil fehlerhafter Korrekturen

sollten umso geringer sein, je besser Ihre Entwicklung analytisch, methodisch und technisch arbeitet.

Ich bin mir sicher, dass wir mit einem testgetriebenen Vorgehen ein deutlich besseres Verhältnis zwischen Aufwand und Wirkung erzielen können als bei klassischen Verfahren.

Die oben erwähnten, fehlerhaften Korrekturen werden gerne bei Aufwandsbetrachtungen vergessen. Hier haben wir es mit einer geometrischen Reihe[4] zu tun, denn von den Korrekturen unserer fehlerhaft korrigierten Fehler ist ja erneut ein Anteil fehlerhaft. Wir können also einen Faktor bestimmen, mit dem wir unsere Aufwände multiplizieren müssen, um die fehlerhaften Korrekturen abzuschätzen:

$$Korrekturfaktor = \frac{1}{1 - Anteil_{Fehlerkorrektur}}$$

Haben wir also einen Anteil von 20% fehlerhafter Korrekturen, erhöht sich unser Korrekturaufwand um 25%, da $\frac{1}{1-0,2} = 1,25$. Liegt der Anteil bei 50%, verdoppeln sich unsere Aufwände ($\frac{1}{1-0,5} = 2$). Spätestens jetzt haben wir ein gewichtiges Argument, Fehlerkorrekturen bereits in der Entwicklung besonders intensiv zu prüfen!

Rechenmodelle für die Entwicklung?

Die bisherigen Betrachtungen beziehen sich allgemein auf den gesamten Entwicklungsprozess sowie auf die Konsequenzen für die QS. Können wir auch Aussagen für uns Entwickler ableiten?

Fragen, die in diesem Zusammenhang immer wieder gestellt werden, sind z. B.:

- Was muss ich als Entwickler eigentlich alles testen?
- Wie gut sind die Tests der Entwickler?
- Wie gehen wir in der Entwicklung vor, wenn wir ein bestehendes Projekt durch automatisierte Entwicklertests verbessern wollen?

---

[4] $|q| < 1 : \lim_{p \to \infty} \sum_{k=0}^{p} q^k = \frac{1}{1-q}$

Mögliche Antworten ergeben sich aus Betrachtungen zu den Klassenarten und ihrer Fehlerdichte. Die zentralen Klassenarten haben wir bereits in Abschnitt 9.4 ab Seite 119 kennen gelernt.

Dort haben wir für Entitäten, Controller und Boundarys eine unterschiedliche Fehleranfälligkeit postuliert. Diese sollte sich auch auf die Aufwände für die Erstellung der Entwicklertests auswirken. Controler und Boundarys erfordern dort wesentlich intensivere und fachlich tiefere Tests als unsere Entitäten. Bei Letzteren finden wir häufig eine große Anzahl eher primitiver Tests, die z. B. für das Refactoring wichtig sind (Abschnitt 10.2).

Als Konsequenz kann dies bedeuten, dass die reine Anzahl der Testfälle kein gutes Maß für die Abschätzung der Testfallerstellung ist. Die Verteilung der Klassenarten sollte dabei mit betrachtet werden. Je mehr Controller und Boundarys notwendig sind, desto aufwendiger werden die Tests.

Bitte beachten Sie bei diesen Betrachtungen, dass wir insgesamt innerhalb der Entwicklung bei einem testgetriebenen Vorgehen kaum Mehraufwände gegenüber nicht-testgetriebenem Vorgehen haben (Abschnitt 10.1.2). Es geht hier nur um die Verteilung der Aufwände.

Wenn wir also die Qualität unserer Entwicklertests beurteilen möchten, sollten wir über die Controller- und Boundarytests einsteigen. Dies sind die besonders fehleranfälligen Klassen. Controller unterliegen dazu häufig auch einer hohen Änderungsrate, weil wir dort ja die Geschäftsregeln abbilden. Umso wichtiger sind dort solide und aktuelle Tests.

Wenn wir nachträglich automatisierte Unit-Tests in einem Projekt einführen möchten, bietet es sich also an, bei den Controllern und Boundarys zu beginnen und mit Ausnahme weniger zentraler Fachklassen unsere Entitäten vorerst ohne Unit-Tests zu belassen. Des Weiteren sollten bei jeder neuen bzw. geänderten Klasse Unit-Tests vorab erstellt werden, so dass sich recht schnell bei den neuen und änderungsintensiven Klassen eine erhöhte Sicherheit durch gute Unit-Tests einstellen sollte.

10.5 Testverwaltung

Unter der Testverwaltung sehe ich die Aufgaben, die Effizienz unserer Tests zu ermitteln und ggf. daraus Maßnahmen abzuleiten. Welche Tests sind in welchem Zustand? Welche laufen nicht durch und werden daher ausgelassen? Was wird überhaupt getestet? Und mit welchen Testdaten?

Aussagen über die Effizienz unserer Tests sind schwierig. Machbar sind Reviews und Analysen der Anweisungsüberdeckung. Mein Rat ist, das auch zu tun. In der Reviewphase einer Iteration werden eben auch die Tests einem gegenseitigen und vor allen Dingen externen Review unterzogen. Wenn nach dem Systembau ein vollständiger xUnit-Test läuft, sollte ein

Code-Coverage-Tool mitlaufen und feststellen, welcher Code bei den Tests tatsächlich durchlaufen wird.

Damit wissen wir zwar immer noch nicht, ob wir auch die relevanten Codeteile testen, aber wir haben die Basis, das zu beurteilen. Vergleichen wir einfach die Anweisungsüberdeckungsaussagen mit Informationen aus unserem Versionskontrollsystem. Werden die Codestellen im Test durchlaufen, die zuletzt geändert wurden? Werden die Teile mit den höchsten Versionsnummern, also mit vielen Änderungen auch vollständig durchlaufen? Erfahrungsgemäß sind das die komplexen und komplizierten Teile, die fehleranfällig sind.

Zur Testverwaltung gehören aber auch die Themen einheitliche Testdaten und Informationen zu den bereits automatisierten Tests für die Entwickler, die ggf. darauf aufsetzen können. Hier können uns die Reviews helfen, wenn die beteiligten Entwickler für diese Themen ausreichend sensibilisiert sind. Neben den Codereviews zählen dann auch interne QS-Reviews zu den Aufgaben. Vielleicht lässt sich die positive Auswirkung, die Reviews auf den Code haben, auch auf die Entwicklertests übertragen. Da automatisierte Tests auch nichts anderes als Programme sind, sollte dies möglich sein.

Teil III

Umsetzung in die Praxis

▷ **Automatisierung von Entwicklertests** 159
Automatisierung von Tests ist Softwareentwicklung. Ziel ist es dabei, die Testausführung effizient zu gestalten. Die Testqualität wird dadurch nicht gesteigert, sie hängt einzig von der Güte der Testfälle und der Testdaten ab. Dafür treten bei der Automatisierung technische Probleme auf, für die Lösungsansätze gegeben werden.

▷ **Was haben wir aus der Betrachtung der Verfahren gelernt?** 199
Es gibt einsetzbare, einfache und effiziente Testverfahren. Daneben können wir auch durch den Einsatz agiler Entwicklungsmethoden und die Beachtung der objektorientierten Designprinzipien einen Schub in der Qualität unserer Software erreichen.

▷ **Teststrategie: Der Weg ist wichtiger als das Ziel** 205
Viel wichtiger als eine optimale Teststrategie ist der Weg zu deren Umsetzung. Ein gelebtes, mit Kompromissen behaftetes, pragmatisches Qualitätsbewusstsein ist mehr wert als ein optimales Qualitätskonzept, das nicht umgesetzt wird.

▷ **Fehlerkultur** 213
Mir scheint es einen deutlichen Bezug zu geben zwischen der abgelieferten Qualität einer Software und der Kultur, mit der innerhalb der erstellenden Organisation mit Fehlern umgegangen wird. Nutzen wir Fehler aktiv oder sind sie mit einem Makel behaftet und alle versuchen nur, nicht mit Fehlern in Verbindung gebracht zu werden?

11 Automatisierung von Entwicklertests

Aufgrund der technischen Gegebenheiten werden die Entwicklertests weitestgehend programmiert werden müssen. Sie sind also bereits automatisiert. Bisher haben wir uns in Teil II damit befasst, wie wir Tests gestalten. In der Automatisierung von Tests setzen wir diese Tests in eigene Programme bzw. Programmteile um. Wie wir die damit verbundenen praktischen Probleme in den Griff bekommen, wollen wir in diesem Abschnitt behandeln.

Zuerst werden wir die Unterschiede zwischen der Erstellung eines Tests und seiner Automatisierung behandeln. Danach schauen wir uns das JUnit-Konzept genauer an, die Besonderheiten für C++-Programmierer bei der Nutzung von CppUnit und NUnit im .NET- bzw C#-Umfeld. Abschließend werfen wir noch einen Blick auf die Automatisierung von GUI-Tests und die Durchführung von Lasttests.

11.1 Testfall-Findung vs. Testfall-Automatisierung

11.1.1 Testautomatisierung und testgetriebenes Vorgehen

Testen und Testautomatisierung sind unterschiedliche Handlungen, die aufeinander aufbauen. Das Ziel eines Tests ist es, Fehler zu finden. Wenn wir in der Entwicklung testgetrieben vorgehen, gewinnen wir durch die Erstellung des Tests auch tiefere analytische Einblicke.

Die Intention einer Testautomatisierung liegt darin, Tests effizient und langfristig ökonomisch durchführen zu können. Automatisierte Tests liefern uns beim testgetriebenen Vorgehen noch einen weiteren Vorteil. Der programmierte Test ist ein Nutzer unserer noch zu programmierenden Klasse bzw. Klassenfunktionalität. Wir betrachten die Klassenschnittstelle also zuerst von außen durch die Brille eines Entwicklers, der diese Klasse nutzen möchte. Eine gut nutzbare Klassenschnittstelle sollte so schneller und vielleicht sogar besser entstehen. Dies ist der Black-Box-Charakter, den unsere Unit-Tests haben.

Dazu kommt ein Teil mit White-Box-Charakter, bei dem wir z. B. die Überdeckungen im Code unserer zu testenden Klasse betrachten. Änderungen im Code werden also meist mit Erweiterungen der betreffenden automatisierten Tests Hand in Hand gehen. Auf die entsprechenden Aufwandsbetrachtungen sind wir bereits am Ende von Teil II näher eingegangen.

11.1.2 Anforderungen an die Testautomatisierung

Die Qualität des Testfalls wird durch seine Automatisierung nicht erhöht. Für unsere Entwicklertests brauchen wir daher ausreichende Qualifikationen, um diesen unterschiedlichen Anforderungen gerecht zu werden, die sich durch unsere Rollen als Tester und Programmierer ergeben. Um die Testqualifikationen haben wir uns in Teil II bereits gekümmert. In den folgenden Abschnitten geht es um die Testfall-Programmierumgebungen.

Wenn wir Tests automatisieren, sollten wir uns immer wieder klar machen, dass wir dazu programmieren. Wir machen also bei der Automatisierung erneut Fehler! Unser Ziel bei der Programmierung von Tests ist daher, dass diese möglichst unabhängig voneinander laufen können, damit ein Fehler nicht gleich viele Tests stoppt. Wenn ein Test scheitert, so sollte ein eindeutiger Fehler die Ursache sein. Dies beschleunigt unser Debugging. Dazu prüfen wir zuerst, dass der Fehler nicht in unserem programmierten Test liegt.

Um die geforderte Unabhängigkeit der einzelnen Tests voneinander zu erreichen, stellen wir vor jedem Test die notwendige Testumgebung her und bauen sie hinterher ab. Unsere Tests laufen dann durch. Wenn einer scheitert, reißt er nicht weite Teile unserer Testsuiten mit sich. Sonst können sich noch mehr Fehler verstecken, die wir aber erst finden, wenn der erste Fehler behoben wurde und der Test weiterläuft [27, 31].

11.2 Das Konzept der xUnit-Familie

Aus dem Umfeld des eXtreme Programming kommt eine Tool-Familie, welche die Möglichkeit bietet, Klassen direkt parallel zur Erstellung automatisiert zu testen. Mittlerweile ist das Konzept auf über 20 Plattformen in fast jeder Sprache verfügbar. Im Zusammenhang mit dem eXtreme Programming ist es in seiner Java-Variante JUnit bekannt geworden. JUnit ist ein Open-Source-Projekt und von Kent Beck, Erich Gamma und anderen entwickelt worden [35]. Schauen wir uns das Konzept dieses Tools kurz an.

Welche Anforderungen soll xUnit erfüllen? Das Schreiben des Codes und des Tests für das Stück Code soll in verschiedenen Klassen getrennt erfolgen, aber trotzdem einen einfachen, schnellen Wechsel ermöglichen, um sich gegenseitig zu beeinflussen. Die Tests werden in derselben Sprache geschrieben wie der Code. Die Tests sollen außerdem automatisch ablaufen und von jedem zu starten sein. Dazu müssen die Tests selbst eine Verifikation des Testergebnisses vornehmen und dies protokollieren. Abschließend sollen sich die Tests verschiedener Autoren einfach kombinieren lassen.

Diese Anforderungen werden von einem im Kern einfachen System erfüllt. xUnit stellt dafür vier zentrale Klassen bereit (Abb. 11.1). Über das Kompositum-Pattern wird eine Baumstruktur aus Testsuiten und Testfällen aufgespannt.

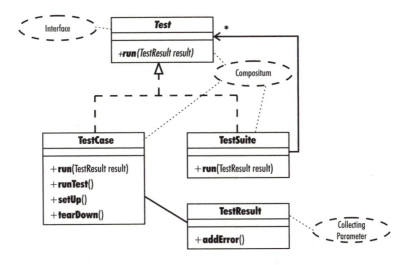

Abbildung 11.1: Im Kern besteht das xUnit-Tool aus vier Klassen unter Verwendung von drei Entwurfsmustern.

Ein konkreter Testfall wird als Klasse von `TestCase` abgeleitet und schon steht ihm das Framework zur Verfügung. Über das Kompositum-Pattern wird eine Baumstruktur der TestStuites und TestCases aufgezogen, ein einfaches, aber elegantes Design. Daher kann das Tool auch gut portiert werden. Neben einer Konsolausgabe stellt es auch eine grafische Oberfläche zur Verfügung.

Ein Problem stellt sich beim Einsatz von xUnit schnell, sobald es um größere Projekte geht: Es gibt keine Trennung von Testablauf und Testdaten. Dass XP-Konzept sieht dies auch nicht vor. Dennoch wird es in der Praxis oft gefordert. Dafür gibt es Zusatztools wie JTestCase, mit denen die Daten als XML-Dateien gehalten werden [83]. Dies ermöglicht z. B. den Einsatz einer XML-Datenbank zur Verwaltung der Testdaten.

So einfach geht das aber nicht. Konkret wird viel Handarbeit notwendig werden, um ein gut laufendes System in einem konkreten Umfeld zu erhalten. Schnell wird der Bedarf für einen eigenen *Testtoolverantwortlichen* aufkommen. Die ganze Testinfrastruktur wird von ihm gewartet und bereitgestellt. Außerdem ist diese Person der ideale Einweiser in das testgetriebene Vorgehen. Deren Aufwände sind im Projekt zu planen und in der Kalkulation zu berücksichtigen!

Es gibt aber auch noch ein methodisches Problem: Automatisierte Tests sind ihrerseits Software und damit fehlerbehaftet. Wenn die Testdurchführung oder die Ergebnisverifikation selbst fehlerhaft programmiert ist, entgehen uns entweder Fehler in unserem Testobjekt oder es werden fälschlicherweise Fehler gemeldet, wo keine sind.

11.3 Entwicklertests mit xUnit

JUnit und seine Derivate, die unter dem Begriff xUnit zusammengefasst werden, sind Werkzeuge für das testgetriebenen Design. Wir Entwickler können damit relativ einfach unsere Unit-Tests durchführen. Die Ziele, die mit JUnit verfolgt werden, sind vielfältig:

- ❏ Das Schreiben von Unit-Tests soll so einfach wie möglich erfolgen können.
- ❏ Die Unit-Tests sollen automatisch ablaufen und von jedem zu starten sein.
- ❏ Die Tests sollen sich selbst überprüfen.
- ❏ Tests von verschiedenen Entwicklern sollen sich leicht kombinieren lassen.
- ❏ Anwendungs- und Testcode sollen sauber voneinander in unterschiedlichen Dateien getrennt sein.

Dafür ist das JUnit-Framework relativ simpel. Es besteht im Kern aus drei Klassen, die das Kompositum-Pattern realisieren, also eine Baumstruktur aufspannen [36] (Abb. 11.1). Der modellhafte Aufbau der Klassen ist Abb. 11.2 zu entnehmen.

Unter einem `TestCase` verstehen wir einen Testfall; eine `TestSuite` ist eine Sammlung von Tests. Das Framework stellt eine einheitliche Behandlung davon abgeleiteter, konkreter Tests sicher.

Das testgetriebene Design mit xUnit verläuft dann nach dem folgenden Muster:

1. Bevor die entsprechende neue Teilfunktionalität implementiert wird, muss der entsprechende Testfall programmiert werden.
2. Jetzt wird so lange implementiert, bis der Test fehlerfrei durchläuft.
3. Die ersten beiden Schritte wiederholen sich so lange, bis alle Funktionalität realisiert worden ist.

Es laufen immer alle bereits erstellten Tests vollständig nacheinander durch. So können wir z. B. Seiteneffekte unserer Änderungen frühzeitig be-

11.3 Entwicklertests mit xUnit

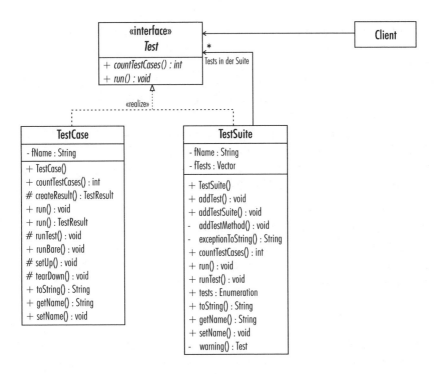

Abbildung 11.2: Die Struktur der drei zentralen Klassen des JUnit-Frameworks.

merken. Daher werden die Tests nach jeder Änderung oder funktionalen Erweiterung neu und vollständig gestartet [7].

11.3.1 Design for Testability

Da xUnit die Klasse wie jeder andere Nutzer einer Klasse sieht, können wir so nur auf die `public`-Methoden der zu testenden Klasse zugreifen. Manchmal ist uns das aber zu wenig. Wie kommen wir weiter? Auf keinen Fall wollen wir das Kapselungsprinzip aufbrechen und die Attribute bzw. internen Methoden `public` setzen. Wir würden Seiteneffekten so Tür und Tor öffnen und einen der zentralen Vorteile der Objektorientierung verspielen. Es bieten sich eher zwei andere Lösungswege an:

- Die Testklasse von der zu testenden Klasse ableiten. So können wir die `protected`-Methoden nutzen.
- Die zu testende Klasse um eigene Testmethoden erweitern. Diese Methoden können dann von außen aufgerufen werden.

Beide Ideen lassen sich auch gut kombinieren, haben aber einen zentralen Nachteil: Sie führen dazu, dass Testcode und Produktionscode vermischt werden.

Wie wir uns auch entscheiden, die Lösung geht in die Richtung, dass wir unser Design so anpassen, dass wir es besser von außen testen können. Wir entwerfen ein *Design for Testability*.

Ein gut testbares Design lässt sich beim testgetriebenen Vorgehen leicht ohne Mehraufwand mit entwickeln. Wir gehen dabei parallel zur Entwicklung vor und erstellen unsere Klassenmethoden mit den dazugehörigen Unit-Tests nach der folgenden Reihenfolge:

1. Konstruktoren
2. Accessor-Methoden: `get`-Methoden
3. Boolsche Methoden: `is`-Methoden
4. Modifizierende Methoden: `set`-Methoden, Berechnungen usw.
5. ggf. Iterator-Methoden: `next`-Methoden usw.
6. sonstige Methoden
7. ggf. Destruktoren

Wie könnten konkret Lösungen aussehen? Als Anregung dient die folgende Liste, wobei möglichst zuerst genannte Ideen den später genannten vorzuziehen sind.

❑ Wir testen `protected`-Methoden in einer abgeleiteten Klasse innerhalb der Test-Unit über einen dortigen `public`-Wrapper. In der Testklasse erstellen wir eine interne Hilfsklasse, die direkt von der zu testenden Klasse abgeleitet wird. In unserer Hilfsklasse können wir jetzt `public`-Methoden schreiben, welche die zu testenden Methoden intern korrekt parametrisiert aufrufen und uns die Ergebnisse nach außen durchreichen.

```
public class XYTest extends TestCase {
  ...
  class Hilfsklasse extends ZuTestendeKlasse {
    public String machWas(String inParam) {
      return super.machWas(inParam);   //Aufruf der
    }                                  //protected-Methode
  }
}
```

❑ Wenn wir die Möglichkeit paketweiter Sichtbarkeiten mit *Packages* oder *Namensräumen* haben, können wir, solange keine Architekturgründe dagegen sprechen, diese für unsere Testzwecke benutzen. Wir schneiden dazu die Pakete relativ klein und legen Produkt- und Testcode in dasselbe Paket, jedoch in verschiedene Verzeichnisse. Jetzt können wir innerhalb eines solchen Pakets die Sichtbarkeit von

protected auf package setzen und diese Methoden wie public-Methoden testen.
- Wenn eine private-Methode relativ unabhängig von ihrer Klasse ist, können wir sie auch in eine eigene Toolklasse verschieben. Dort müsste sie public sein und unser Problem wäre gelöst.
- Die zu testende Klasse wird um public-Methoden ergänzt, die nicht ihrer eigentlichen Funktionalität dienen, sondern nur den Test unterstützen. Häufig sind dies spezielle get-, set- oder reset-Methoden, die nur von der Testklasse benutzt werden. Meist kann die Sichtbarkeit (Scope) zumindest auf package begrenzt werden. Diese public-Hilfsmethoden werden dann allerdings für andere nutzbar im Produktcode mit ausgeliefert.
- Wenn eine private-Methode eher primitiven Charakter hat, kann auf ihren Test verzichtet werden. Die Tests erfolgen dann nur indirekt über die Methoden, die auf diese primitive Methode zugreifen.
- Wir erstellen public-Testmethoden innerhalb unserer zu testenden Klasse. Diese Testmethode wird dann von unserer Testklasse aufgerufen. Die public-Testmethoden werden dann jedoch für andere nutzbar im Produktcode mit ausgeliefert. Meist kann die Sichtbarkeit (Scope) zumindest auf package begrenzt werden.

11.3.2 JUnit

JUnit läuft innerhalb eines TestRunners ab, der entweder über eine GUI bedient werden oder aber nur als Textmode-Ausgabe laufen kann. Entsprechend wird entweder

- java junit.swingui.TestRunner *[Testklassenname]* oder
- java junit.text.TestRunner *[Testklassenname]* aufgerufen.

Die GUI (Abb. 11.3) bietet Möglichkeiten zur Ablaufsteuerung und zur Fehleranzeige.

- Ablaufsteuerung
    - Klassenauswahl
    - Reload-Flag
    - Start der Tests mit *Run*
- Fehleranzeige
    - Farbbalken
    - Failures und Errors
    - Detailmeldungen

11 Automatisierung von Entwicklertests

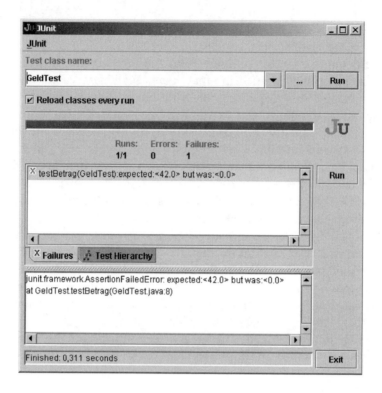

Abbildung 11.3: Die JUnit-GUI zeigt einen Fehler an.

Schauen wir uns Abb. 11.3 genauer an, stolpern wir über das Detail aus Abb. 11.4. Was unterscheidet denn einen *Failure* von einem *Error*? Fehler ist doch Fehler, oder?

Abbildung 11.4: JUnit unterscheidet zwischen Fehlern, auf die im TestCase-Programm geprüft wird (Failure), und unerwarteten Fehlern (Error).

JUnit unterscheidet zwischen Fehlern, die an programmierten Prüfungen im Testfall auftreten, und völlig unerwarteten Fehlern, auf die gar nicht geprüft wird. Erstere werden als *Failures* bezeichnet, die anderen als *Errors*. Das JUnit-Framework fängt beide im Rahmen seines Exception-

Handlings ab. Wie sieht eine Prüfung auf einen Failure aus? Das JUnit-Framework stellt eine umfangreiche Assert-Klasse zur Verfügung, die dafür genutzt werden kann. Dort werden entsprechende Exceptions geworfen:

```java
protected void assert ( boolean condition ) {
  if (!condition) {
    throw new AssertionFailedError();
  }
}
```

Codebeispiel 11.1: Beispiel einer JUnit-Assert-Methode

Daher müssen alle JUnit-Tests voneinander unabhängig sein. Ein Fehler würde sonst die meisten Tests mit herunterreißen.

Testklassen erstellen

Eine konkrete Testklasse in JUnit entsteht über Vererbung als Unterklasse von `TestCase`. Dabei sollte als Namenskonvention beachtet werden, dass sich der Klassenname aus dem Namen der zu testenden Einheit und dem Schlüsselwort `Test` zusammensetzt, also z. B. `ReservierungTest`, wenn wir die Klasse `Reservierung` testen wollen.

Für jeden Testfall wird innerhalb unserer Testklasse eine eigene `public`-Methode geschrieben. Auch hier ist eine Namenskonvention zu beachten, die das Framework nutzt, um die Testfälle für die automatische Ausführung zu identifizieren: Jedem Methodennamen ist das Schlüsselwort `test` voranzustellen, also z. B. `testReservierungAnlegen()`, um das Anlegen einer Reservierung zu testen. Die Programmierung einer Testklasse verläuft grob nach den folgenden Schritten:

1. Eine neue Testklasse als Unterklasse der Klasse `TestCase` ableiten.
2. Die notwendigen Instanzvariablen der zu testenden Klasse für die Testmethoden deklarieren.
3. Die Framework-Methode `setUp()` überschreiben, um vor jedem Testfall die Instanzvariablen zu initialisieren.
4. In der von `TestCase` abgeleiteten Testklasse wird für den Testfall eine `public void`-Testmethode angelegt.
5. Wir programmieren die Manipulation des zu testenden Objekts in den Testfall-Methoden.
6. Wir programmieren den Vergleich des Ergebnisses mit den Erwartungen über eine der bereitgestellten `assert()`-Methoden.

Die letzten drei Schritte werden so oft wie gewünscht wiederholt. Jetzt kann die Instanziierung des Tests mit `new` erfolgen.

Zur Entkopplung der einzelnen Testmethoden voneinander dienen die Test-Fixtures, die ich durch Überschreiben der Framework-Methoden `setUp()` und `tearDown()` nutzen kann. Unter einem *Fixture* verstehen wir eine Menge von Objekten, die als Basis für unsere Testfälle dient. Die `setUp()`-Methode wird vor jedem Testmethodenaufruf vom Framework aufgerufen, die Methode `tearDown()` nach jedem Testmethodenaufruf.

In der `setUp()`-Methode können wir einen für jeden einzelnen Testfall identischen Ausgangszustand schaffen. Dort initialisieren wir die Instanzvariablen und können weitere Gemeinsamkeiten einrichten wie z. B. das Öffnen einer Datenbankverbindung. Ansonsten hätten wir diesen Code als Wiederholungen in den einzelnen Testmethoden.

Die Methode `tearDown()` ist das Gegenstück dazu. Hier können wir nach jeder Testmethode einen definierten Endzustand herstellen. Dort können wir z. B. Dateien schließen oder die in `setUp()` angelegten Objekte freigeben bzw. löschen. In Sprachen mit einem Garbage-Collector wie z. B. Java brauchen wir uns natürlich keine Gedanken um das Löschen von Objekten zu machen.

Die Nutzung der Methoden `setUp()` und `tearDown()` führt schnell dazu, zusätzliche Testmethoden in der Klassenschnittstelle zu schaffen.

Zum einfachen Prüfen stellt uns das JUnit-Framework einen Satz von Assert-Methoden bereit. Java kennt erst ab JDK 1.4 Assertions, wie sie in anderen Sprachen wie z. B. C/C++ schon immer gerne eingesetzt werden. Die Methoden der Assert-Klasse sind in Abb. 11.5 angegeben.

Eine Testmethode sieht also z. B. so aus:

```
public void testNeuerBeleg() throws Exception {
  assertNull( this.aRechnung.getBeleg() );
  Beleg aBeleg = new Beleg();
  this.aRechnung.setBeleg( aBeleg );
  assertSame( this.aRechnung.getBeleg(), aBeleg );
}
```

Codebeispiel 11.2: Beispiel einer JUnit-Testmethode

Exceptions testen

Wir stoßen auf ein seltsames Problem, wenn wir versuchen, eigene Exceptions zu testen. Da jede Exception vom JUnit-Framework aufgefangen wird, erhalten wir immer einen Error, obwohl das Werfen einer Exception als Testergebnis das gewollte, korrekte Resultat ist.

Angenommen die Klasse K hat eine Methode, die korrekterweise eine Exception wirft:

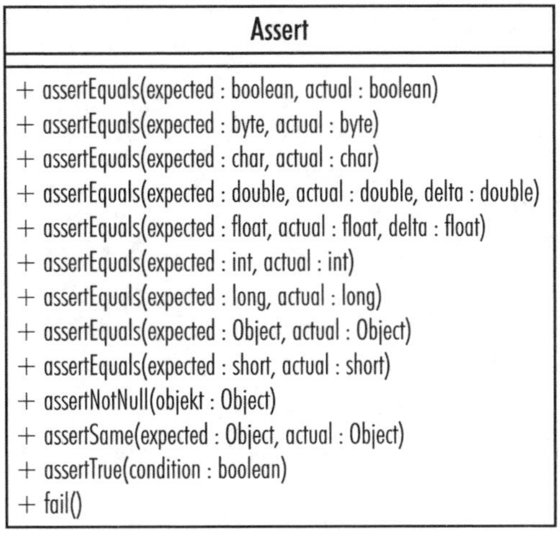

11.3 Entwicklertests mit xUnit

Assert
+ assertEquals(expected : boolean, actual : boolean)
+ assertEquals(expected : byte, actual : byte)
+ assertEquals(expected : char, actual : char)
+ assertEquals(expected : double, actual : double, delta : double)
+ assertEquals(expected : float, actual : float, delta : float)
+ assertEquals(expected : int, actual : int)
+ assertEquals(expected : long, actual : long)
+ assertEquals(expected : Object, actual : Object)
+ assertEquals(expected : short, actual : short)
+ assertNotNull(objekt : Object)
+ assertSame(expected : Object, actual : Object)
+ assertTrue(condition : boolean)
+ fail()

Abbildung 11.5: Aufstellung der JUnit-Assertions, die zur Prüfung in unseren Testmethoden benutzt werden sollen. Sie werfen im Failure-Fall die entsprechende Exception, auf die das JUnit-Framework reagiert.

```
class K {
  public methodeMitException() {
    throw new RuntimeException();
  }
}
```

Unser Test bricht aber stets nach dem Aufruf der zu testenden Methode ab und erreicht nie das prüfende Assert-Statement:

```
public void testMethodeMitException() {
  K aKlasse = new K();
  aKlasse.methodeMitException();   // bricht immer ab!
  assert(...);                     // wird nie erreicht!
}
```

Um das Problem zu lösen, müssen wir selbst die Exception fangen, bevor sie an das Framework weitergereicht wird. Wie ein solcher Test aussehen könnte, zeigt das Listing 11.3.

Das erste `fail()` dürfen wir nicht erreichen, da vorher eine Exception geworfen worden sein sollte. Im ersten `catch`-Block prüfen wir auf die korrekte Exception und machen im Erfolgsfall einfach weiter. Falls die falsche Exception geworfen wurde, fangen wir diese im zweiten `catch`-Block auf und erzeugen mit dem Aufruf von `fail()` einen Failure.

Als Anregung für eigene Tests sind in Abschnitt 11.4 ab Seite 181 drei Beispiele erläutert.

```
public void testZuVielGebuchtException() {
  Konto k = new Konto("4711");
  try {
    k.buche( "Kosten_f\"ur_irgendwas", 100000);
    fail( "keine Exception geworfen" );
  } catch ( ZuVielGebuchtException zvge) {
    assertEquals( "Maximum erreicht", zvge.getMessage() );
  } catch (Exception e) {
    fail( "Exception vom Typ >ZuVielGebuchtException< erwartet" );
  }
}
```

Codebeispiel 11.3: Um Exceptions testen zu können, müssen wir sie selbst fangen.

Testsuiten und deren Integration in den Build-Prozess

Testsuiten dienen der Organisation und Strukturierung unserer JUnit-Tests. Sie clustern Gruppen zusammengehöriger Tests und können selbst hierarchisch gegliedert werden.

Eine Testsuite wird über ihren Konstruktor erzeugt. Danach können mit der Methode `addTest()` die dazugehörigen Tests in die Suite eingehängt werden.

```
public static TestSuite suite() {
  TestSuite suite = new TestSuite();
  suite.addTest(new MoneyTest( "testMoneyEquals" ));
  suite.addTest(new MoneyTest( "testSimpleAdd" ));
  return suite;
}
```

Codebeispiel 11.4: Erzeugen einer Testsuite und Einhängen von Testmethoden aus einer Testklasse.

Ein kurzes, aber vollständiges Beispiel ist in Anhang B aufgelistet.

Unsere Testsuiten können wir in den Build-Prozess integrieren, so dass sie automatisch gestartet werden, nachdem Compiler und Linker ihre Arbeit fehlerfrei geleistet haben. Dazu darf natürlich nicht die interaktive GUI von JUnit gestartet werden, sondern die Konsolentextausgabe. Für jede erfolgreich gelaufene Testmethode wird dann ein Punkt (.) ausgegeben, ein Error oder Failure mit einem F gekennzeichnet. Am Ende des Tests wird das Gesamtergebnis ausgegeben (Abb. 11.6).

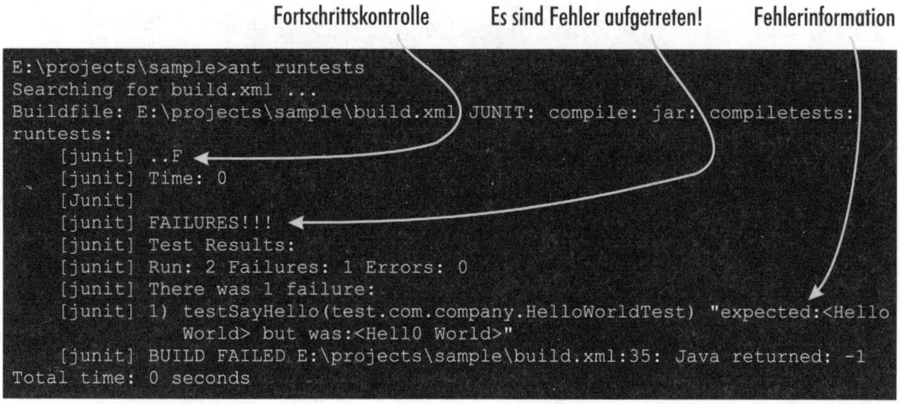

11.3 Entwicklertests mit xUnit

```
                   Fortschrittskontrolle      Es sind Fehler aufgetreten!      Fehlerinformation
E:\projects\sample>ant runtests
Searching for build.xml ...
Buildfile: E:\projects\sample\build.xml  JUNIT: compile: jar: compiletests:
runtests:
    [junit] ..F
    [junit] Time: 0
    [Junit]
    [junit] FAILURES!!!
    [junit] Test Results:
    [junit] Run: 2 Failures: 1 Errors: 0
    [junit] There was 1 failure:
    [junit] 1) testSayHello(test.com.company.HelloWorldTest) "expected:<Hello
            World> but was:<Hell0 World>"
    [junit] BUILD FAILED E:\projects\sample\build.xml:35: Java returned: -1
Total time: 0 seconds
```

Abbildung 11.6: Die Ausgabe der Konsolenoberfläche von JUnit. Im Beispiel erfolgte die Integration der Tests in ein ANT-Buildfile.

Eine automatische Kontrolle kann leicht über eine in Dateien umgeleitete Ausgabe erfolgen. Dort brauchen wir z. B. nur nach den Schlüsselwörtern FAILURES!!! und ERRORS!!! zu scannen. Wir bekommen so schnell einen groben Überblick über alle gelaufenen Tests und können dann ggf. tiefer in die Analyse einsteigen.

Integration von JUnit in Entwicklungsumgebungen

JUnit ist mittlerweile so weit verbreitet und akzeptiert, dass es in einige Entwicklungsumgebungen fest integriert ist. Als Beispiele möchte ich hier nur kurz Eclipse 3.0 [40] und JBuilder 9 [13] zeigen, die beide JUnit in ihrer Installation bereits mitbringen (Abb. 11.7).

In Eclipse finden wir JUnit unter Run Configurations. Das Ergebnis eines Tests wird direkt angezeigt. Der JBuilder hat JUnit noch stärker integriert und startet die Tests aus seinen Run-Befehlen heraus. Mit solchen Tools können wir hervorragend testgetrieben entwickeln.

Manchmal erleben wir jedoch seltsame Inkompatibilitäten zum Standardverhalten. Der JBuilder z. B. hat für die Testfälle eine geänderte Namenskonvention: Das Schlüsselwort *Test* wird nicht am Ende des Dateinamens angehängt, sondern vorangestellt. Damit sind wir dann auch auf den JBuilder-internen Testrunner angewiesen. Glücklicherweise können wir über die Laufzeitkonfiguration entsprechende Anpassungen vornehmen. Dazu müssen wir beim Anlegen eines neuen Testfalls den vorgeschlagenen Namen entsprechend der Standard-Namenskonvention überschrei-

11 Automatisierung von Entwicklertests

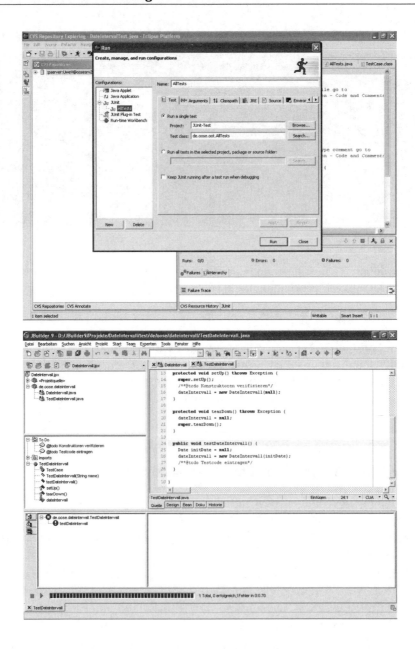

Abbildung 11.7: JUnit ist in diverse Entwicklungsumgebungen direkt integriert. Als Beispiele sehen wir oben Eclipse 3.0 und unten JBuilder 9.

ben. Jetzt finden auch die JUnit-Testrunner und z. B. Ant wieder unsere Tests.

Neben diesen beiden gibt es noch weitere Tools, die ähnliches leisten, und es werden laufend mehr.

11.3.3 CppUnit

Werfen wir jetzt einen Blick in die xUnit-Realisierung für Visual C++[1]. So bekommen wir ein Gefühl für die Variationsbreite der unterschiedlichen Realisierungen für die verschiedenen Sprachen und Plattformen. Für Visual C++ heißt die Variante *CppUnit*.

Die Unterschiede zu JUnit sind nur gering (Abb. 11.8) [30]:

- Wir können Macros für die Assertions und die Testsuite-Erstellung einsetzen.
- Interfaces werden als *vollständig abstrakte* Klassen oder structs realisiert.
- Die Test-Fixtures sind in einer eigenen Klasse abgelegt.

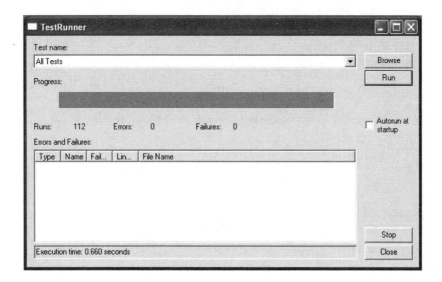

Abbildung 11.8: Die Bedienoberfläche von CppUnit ähnelt stark der von JUnit.

Um CppUnit einbinden und nutzen zu können, müssen wir ein paar technische Feinheiten beachten. CppUnit wird mit diversen Bibliotheken ausgeliefert, von denen wir die jeweils geeignete auswählen:

---

[1]CppUnit läuft nur mit MS Visual C++ ab Version 6.0.

- Statische oder dynamische Library bzw. DLL
- Debug- oder Non-debug-Versionen
- CppUnit-Bibliothek
- Bei Bedarf die TestRunner-Bibliotheken für die MFC oder QT

Bei den Bibliotheken müssen wir darauf achten, dass sie alle für den **multithreaded**-Einsatz vorgesehen sind. Alle anderen verwendeten Bibliotheken müssen daher ebenfalls multithreaded sein!

Das `include`-Verzeichnis von CppUnit muss selbstverständlich im `include`-Pfad liegen. Gerne vergessen wird, dass die Runtime-Type-Information (RTTI) eingeschaltet sein muss, sonst läuft CppUnit nicht.

Für die TestRunner-GUI gibt es ein nettes Schmankerl: Wir können in Visual Studio ein Makro einbinden (TestRunnerDSPlugIn.dll), mit dem wir aus einer TestRunner-Fehlermeldung durch Doppelklick direkt in die entsprechende Codezeile springen können.

Die einfachste Möglichkeit, einen Test zu schreiben, besteht aus drei Schritten:

1. Wir leiten eine eigene Testklasse von `TestCase` ab.
2. Wir überschreiben die Methode `runTest()`.
3. Wir führen Prüfungen durch, indem wir die `CPPUNIT_ASSERT`-Macros verwenden.

Das minimale Beispiel 11.5 soll dies illustrieren.

```
class KomplexeZahlTest : public CppUnit::TestCase {
  public:
    KomplexeZahlTest(std::string name) :
                             CppUnit::TestCase(name) {
    };

    void runTest() {
      CPPUNIT_ASSERT( Complex(10,1) == Complex(10,1) );
      CPPUNIT_ASSERT( !(Complex(1,1) == Complex(1,2) ));
    }
}
```

Codebeispiel 11.5: Ein minimales Beispiel für einen CppUnit-Test.

Wie wir bereits bei der Betrachtung von JUnit gesehen haben, ist dies so nicht pragmatisch. Zum Glück liefert uns auch CppUnit die Möglichkeit, Fixtures einzusetzen und die Methoden `setUp()` und `tearDown()` zu deren Initialisierung und einem Reset einzusetzen. Im Unterschied zu JUnit müssen wir dazu die Basisklasse `TestFixture` anstatt `TestCase` nutzen:

11.3 Entwicklertests mit xUnit

```
class KomplexeZahlTest : public CppUnit::TestFixture {
  private:
    Complex *m_10_1, *m_1_1, *m_11_2;
  public:
    void setUp() {
      m_10_1 = new Complex( 10,1 );
      m_1_1  = new Complex( 1,1 );
      m_11_2 = new Complex( 11,2 );
    }

    void tearDown() {
      delete m_10_1;
      delete m_1_1;
      delete m_11_2;
    }

    void testGleichheit() {
      CPPUNIT_ASSERT( *m_10_1 == *m_10_1 );
      CPPUNIT_ASSERT( !(*m_10_1 == *m_11_2) );
    }

    void testAddition() {
      CPPUNIT_ASSERT( *m_10_1 + *m_1_1 == *m_11_2 );
    }
};
```

Codebeispiel 11.6: Ein einfaches Beispiel für einen CppUnit-Test mit Test-Fixtures.

Unsere Tests können wir auch in Testsuiten zusammenfassen. Dort können alle Objekte aufgenommen werden, die das `Test`-Interface realisieren. Dazu werden die Tests in das `TestCaller`-Template eingehängt:

```
CppUnit::TestSuite suite;
CppUnit::TestResult result;

suite.addTest(new CppUnit::TestCaller<KomplexeZahlTest>
        ("testGleichheit",&KomplexeZahlTest::testGleichheit));
suite.addTest(new CppUnit::TestCaller<KomplexeZahlTest>
        ("testAddition",&KomplexeZahlTest::testAddition));
suite.addTest(RealeZahlTest::suite());
suite.run(&result);
```

Codebeispiel 11.7: Prinzipieller Aufbau einer CppUnit-Testsuite.

11 Automatisierung von Entwicklertests

Dies ist extrem unhandlich, aber CppUnit liefert zur Vereinfachung der aufwendigen Eingabe der Tests in den `TestCaller` entsprechende Macros mit, die *Helper-Macros* (Abb. 11.9).

```
#include <cppunit/extensions/HelperMacros.h>   ← Macros einbinden
class KomplexeZahlTest : public CppUnit::TestFixture {
  CPPUNIT_TEST_SUITE(KomplexeZahlTest);   ← Deklaration der Testsuite
  CPPUNIT_TEST(testGleichheit);
  CPPUNIT_TEST(testAddition);             ← Aufnahme der Tests in die Suite
  CPPUNIT_TEST_SUITE_END;                 ← Ende der Testsuite-Deklaration
                                            An dieser Stelle wird intern die Methode
  private:                                  static CppUnit::TestSuite *suite();
    Complex *m_10_1, *m_1_1, *m_11_2;       implementiert.
    ...                                   ← Weiter im Test-Fixture wie bisher...
}
```

Abbildung 11.9: Das Einhängen eines Tests in eine Testsuite wird durch die Helper-Makros stark vereinfacht.

Im Anhang C ist zur Illustration ein vollständiges Beispiel für einen CppUnit-Test aufgeführt.

11.3.4 NUnit – JUnit unter .NET

Aller guten Dinge sind drei – werfen wir doch noch kurz einen Blick auf NUnit, die Variante von JUnit unter .NET. Da unter .NET verschiedene Sprachen über die Zwischenstufe einer *Intermediate Language* kombiniert werden können, ist auch NUnit nicht sprachspezifisch. Die folgenden Beispiele sind in C# geschrieben.

Die Oberfläche von NUnit ist um einen Fehlerbaum erweitert worden, der über den Farbcode nicht gestartete, erfolgreiche und gescheiterte Tests anzeigt (Abb. 11.10 und 11.11).

NUnit ist nicht in die Entwicklungsumgebung integriert, sondern läuft parallel, was aber ohne Probleme erfolgt.

Wesentliche Unterschiede zu Java und C++

In C# erfolgen keine Ableitungen von den NUnit-Frameworkklassen wie unter Java oder C++. Es wird stattdessen eine Markierung, das sog. *Tag* gesetzt. Dies entspricht Ideen aus der Aspekt-orientierten Programmierung, da so bestimmte Aspekte einer Klasse oder Methode hinzugefügt werden können.

Ein Tag wird in eckige Klammern gesetzt wie z. B. [SetUp] und über das zu erweiternde Element geschrieben (Abb. 11.12).

Ein einfaches Beispiel eines NUnit-Tests ist im Anhang D zu sehen.

11.3 Entwicklertests mit xUnit

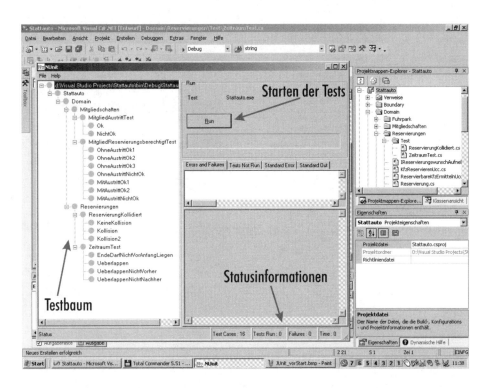

Abbildung 11.10: Die Bedienoberfläche zeigt NUnit vor dem ersten Testdurchlauf. Gegenüber JUnit ist es um einen Fehlerbaum erweitert worden, der über den Farbcode das Testergebnis anzeigt (Abb. 11.11).

Einsatz einer Testdatenbank

Für unsere Tests benötigen wir meist schnell Zugriff auf unsere Datenbanken. Selbstverständlich laufen unsere Tests nur gegen Kopien unserer Produktivdatenbank und nicht im Produktivumfeld. Wir brauchen also Testdatenbanken. Eine Testdatenbank ist vollständig von den Produktivdatenbanken entkoppelt. Aber das Datenbankschema sollte identisch sein, da sonst die Aussagekraft unserer Tests reduziert wird.

Es gibt drei wesentliche Strategien für die Daten in unserer Testdatenbank.

Leere Testdatenbank: Die Testdatenbank ist zu Beginn jedes Tests und Testfalls vollständig ohne Nutzdaten. Ausnahmen können für feste Bestände wie Bankleitzahlen oder Postleitzahlen gemacht werden, aber nicht für Fachklassen wie für Personen oder Adressen.

11 Automatisierung von Entwicklertests

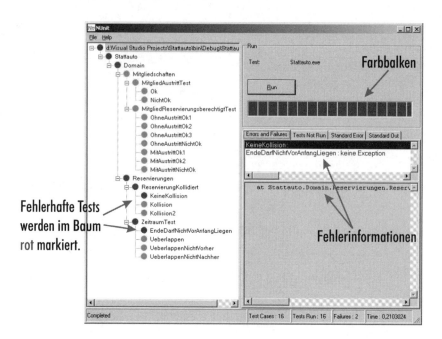

Abbildung 11.11: NUnit zeigt das Testergebnis sowohl als Farbbalken wie auch im Fehlerbaum an. Weitere Informationen zu den gescheiterten Tests werden in zwei Infofenstern ausgegeben.

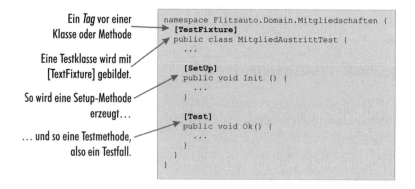

Abbildung 11.12: In NUnit erfolgen mit C# keine Ableitungen von Framework-Klassen, sondern *Tags*.

Zu Beginn jedes Testfalls werden die notwendigen Testdaten mit der [SetUp]-Methode in die Datenbank geschrieben. Dies kann ausufernde [SetUp]-Methoden und schlechte Performance zur Folge haben.

Feste Testdatenbank: Wir schaffen uns eine kleine Testdatenbank mit festen Werten. So erreichen wir maximale Testperformance. Die Datenbank muss auf jeden Fall versioniert werden, da es öfter zu Änderungen kommen wird und sonst Tests älterer Systeme nicht bzw. nur aufwendig möglich sind. Mengen-Lasttests werden so kaum möglich sein.

Produktionskopie: Das Datenbankschema ist auf jeden Fall identisch. Tests sind nach Updates der Testdatenbank oft nur schwer reproduzierbar, da sich die Datenkonstellation geändert haben wird. Auch diese Datenbank muss versioniert werden, um ältere Systeme prüfen zu können. Mengen-Lasttests sind so gut machbar.

Jede Strategie hat also ihre Vor- und Nachteile, weshalb es sinnvoll sein kann, mehrere Alternativen auf Lager zu haben, um die jeweils geeignete Form auswählen zu können. Dies kostet Zeit in der Vorbereitung, aber auf jeder Teststufe vom Unit-Test über Integrationstest bis zum Systemtest stehen uns dann optimale Testdatenbank-Infrastrukturen zur Verfügung. Durch die dann gute Testperformance sollten diese Aufwände wieder wettgemacht werden.

Schauen wir uns kurz einen NUnit-Test auf einer leeren Datenbank näher an [81]. Um die Performance einigermaßen im Zaum zu halten, werden aus dem [SetUp] heraus direkt *Stored Procedures* in der Datenbank aufgerufen. Dies kaufen wir uns damit ein, dass wir so mit jedem Testfall die Datenbank verändern, z. B. vergrößern wir die *IDENTITY*-Spalte. Zusätzlich erzeugen wir in unseren [SetUp]- und [TearDown]-Methoden sehr viel redundanten Code.

Die *Stored Procedures* werden über den .NET-Data-Access-Layer aufgerufen.

```
[SetUp]
public void setUp() {
  SqlHelper.executeMsnQuery(ConnectionString,
     "test_setUp", new object[]());
}

[TearDown]
public void tearDown() {
  SqlHelper.executeMsnQuery(ConnectionString,
     "test_tearDown", new object[]());
}
```

Mit `ConnectionString` ist ein zentral abgelegter String für die Datenbank-Zugriffsdaten gemeint. `test_setUp` bzw. `test_tearDown` sind die entsprechenden *Stored Procedures*.

Um die Performance so hoch wie möglich zu halten, sollten die Skripte für die `test_setUp`- und `test_tearDown`-Stored-Procedures so kurz wie möglich sein. Wenn ein Teil des Tests bestimmte Testdaten benötigt, sollte dieser Teil, wenn es irgendwie geht, in ein eigenes [TestFixture] verschoben werden. Für dieses neue [TextFixture] werden dann eigene Stored-Procedure-Skripte für deren [SetUp] und [TearDown] erstellt.

11.3.5 Stellvertreterobjekte – Stub, Dummy und Mock

Beim Klassentest, aber spätestens beim Klassen-Integrationstest brauchen wir Stellvertreterobjekte, die uns das notwendige Umfeld simulieren. Wir möchten unsere Testfälle so lokal wie möglich durchführen können. Die Stellvertreterobjekte ersetzen die eigentlich dazu notwendigen Fremdobjekte und können z. B. ein noch nicht zugreifbares Netzwerk kapseln oder noch nicht funktionsfähige Teile simulieren. Fehler sind so besser eingrenzbar und automatisierte Tests können bereits frühzeitig im Entwicklungsprozess eingesetzt werden.

Zusätzlich bieten Stellvertreterobjekte Möglichkeiten, die der Originalcode nicht hat bzw. haben soll.

- Wir können Hintertüren einbauen wie zusätzliche `get`-Methoden, die in den realen Objekten nicht vorhanden sein sollen.
- Wir können Grenzfälle einfacher simulieren als im Originalkontext.
- Wir vermeiden testspezifischen Code in unserer auszuliefernden Software.

Diese Vorteile sollten ausreichen, uns weiter mit diesem Thema zu befassen.

Gemäß den Aufgaben eines Stellvertreterobjekts unterscheiden wir drei Arten [54].

Stub: Platzhalter für geplante, aber noch nicht umgesetzte Funktionalität, die das Kompilieren ermöglicht. Meist haben wir hier nur die simplen Programmierrümpfe vorliegen.
Dummy: Ersatz-Produktiv-Implementierung für Testzwecke. Die eigentliche Implementierung des Produktivcodes wird dabei möglichst einfach und meist stark eingeschränkt simuliert.
Mock: Ersatz einer Produktiv-Implementierung für Testzwecke, die zusätzlich zum Dummy auch noch testspezifischen Code enthält. So kann ein Mock-Objekt z. B. die Einhaltung von Aufrufreihenfolgen für modale Klassen prüfen und protokollieren[2] [54, 57].

---

[2]Der seltsame, englische Name *Mock* (deutsch: Nachahmung) enstammt der Geschichte *Alice im Wunderland* von Lewis Carroll und bezieht sich auf das Zitat: »›Once‹, said Mock Turtle at last, with a deep sigh, ›I was a real turtle‹.«

Damit wir technisch einfach mit Stellvertreterobjekten arbeiten können, sollten wir diese durch ein Interface kapseln (Abb. 11.13).

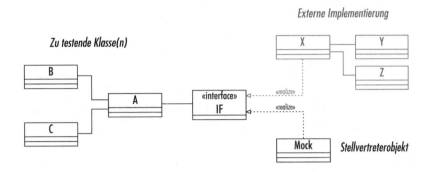

Abbildung 11.13: Um ein Stellvertreterobjekt (im Beispiel ein Mock-Objekt) einfach durch die reale, externe Realisierung hin und her austauschen zu können, sollten wir die Trennung durch ein Interface vornehmen, das sowohl von den Klassen des Umfelds wie auch vom Stellvertreterobjekt realisiert wird.

Ein konkretes Beispiel dazu wird in Abschnitt 11.4.3 ab Seite 184 besprochen bzw. ist in Anhang A.3 zu finden.

11.4 Drei JUnit-Testbeispiele

Wir wollen uns drei Beispiele für mögliche JUnit-Tests genauer anschauen. Zuerst geht es nur um die vollständige Syntax der Testklasse mit ihren Methoden. Danach schauen wir uns den Test einer Prüfmethode genauer an und verwenden dabei Grenz- und Extremwerte. Abschließend geht es um den Test einer modalen Klasse bzw. des darunter liegenden Zustandsautomaten. Dafür benötigen wir auch Stellvertreterobjekte. In Anhang A sind die Listings vollständig widergegeben.

11.4.1 Komplettes Syntaxbeispiel

Fassen wir die wesentlichen Teile der JUnit-Testklassensyntax konkret zusammen. Zuerst schreiben wir eine neue Klasse, die wir von `TestCase` ableiten. Damit das Framework diese als Testklasse erkennt, hängen wir an den Namen das Schlüsselwort »Test«. Danach können wir unsere Testklassenattribute deklarieren, also z. B. unsere notwendigen Testobjekte. Im folgenden Beispiel ist dies ein Attribut vom Typ Reservierung. Als letzte vorbereitende Maßnahme brauchen wir einen Default-Konstruktor, der einfach nur den Konstruktor der Basisklasse `TestCase` aufruft.

```
public class ReservierungTest extends TestCase {
  private Reservierung reservierung;
  public ReservierungTestCase(String name) {
    super(name);
  }
```

Als Nächstes überschreiben wir die Methoden `setUp()` und `tearDown()`. Neben unseren eigenen Initialisierungen bzw. dem Freigeben angelegter Objekte werden dort auch die entsprechenden Basisklassenmethoden aufgerufen. Natürlich muss das Basisklassen-`setUp()` dabei vor den eigenen Initialisierungen aufgerufen werden und das Basisklassen-`tearDown()` nach allen eigenen Freigaben.

```
protected void setUp() throws Exception {
  super.setUp();
  MitgliedFabrik mglFabrik = MitgliedFabrik.getInstance();
  Calendar geburtsdatum  = Calendar.getInstance();
  geburtsdatum.add( Calendar.YEAR, -25 );
  this.reservierung = new Reservierung( mglFabrik.createVIP
                  ( "Klaus Mustermann", geburtsdatum ) );
}

protected void tearDown() throws Exception {
  this.reservierung = null;
  super.tearDown();
}
```

Jetzt kommen unsere einzelnen Testmethoden wie z. B. ein erster Test mit ungültigen Reservierungszeiträumen:

```
public void testUngueltigerResZeitraum() throws Exception {
  Calendar von = Calendar.getInstance();
  Calendar bis = Calendar.getInstance();
  bis.add( Calendar.MINUTE, 120 );
  int reservierungsDauer;

  try {
    reservierungsDauer = this.reservierung.getDauer();
    fail( "ungueltiger Reservierungszeitraum abgefragt" );
  } catch( InvalidDataException e ) {}
  try {
    this.reservierung.setVon( bis );
    this.reservierung.setBis( von );
    fail( "ungueltiger Reservierungszeitraum gesetzt" );
  } catch( InvalidDataException e ) {}
}
```

Nun können Test und Nutzcode immer weiter testgetrieben aufgebaut werden. Das komplette Beispiel steht in Anhang A.1.

11.4.2 Grenz- und Extremwerte für einen Prüfmethoden-Test

Um den Nutzen von Grenz- und Extremwerten in automatisierten Tests zu veranschaulichen, soll die Prüfmethode checkDreieck() der Klasse Dreieck getestet werden. In unserer Dreiecksklasse wird ein Dreieck als drei Seitenlängen in Form von double-Werten abgelegt. In der Methode checkDreieck() wird die Dreiecksungleichung geprüft, denn nicht aus jeder Kombination von drei Seitenlängen lässt sich ein Dreieck konstruieren (Abb. 11.14).

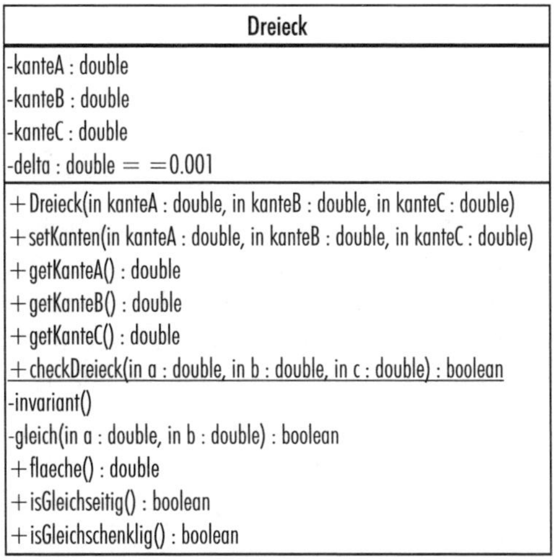

Dreieck
-kanteA : double
-kanteB : double
-kanteC : double
-delta : double = =0.001
+Dreieck(in kanteA : double, in kanteB : double, in kanteC : double)
+setKanten(in kanteA : double, in kanteB : double, in kanteC : double)
+getKanteA() : double
+getKanteB() : double
+getKanteC() : double
+checkDreieck(in a : double, in b : double, in c : double) : boolean
-invariant()
-gleich(in a : double, in b : double) : boolean
+flaeche() : double
+isGleichseitig() : boolean
+isGleichschenklig() : boolean

Abbildung 11.14: Die zu testende Dreiecksklasse mit der Prüfmethode checkDreieck() als statische Methode.

Die Prüfmethode checkDreieck() kann sehr kurz implementiert werden, da für ein Dreieck stets die Summe zweier Seitenlängen größer sein muss als die Länge der dritten Seite. Dieser Ansatz geht auf die Lösung eines meiner Kursteilnehmer zurück. Sie ist die mir bekannte kürzeste Form dieser Prüfung.

```
public static boolean checkDreieck( double a, double b,
                                    double c){
    // Zwei Seiten muessen zusammen stets laenger sein als
    // die dritte!
    return ((a + b > c) && (a + c > b) && (b + c > a));
}
```

Aber funktioniert sie wirklich? Ein ausgiebiger Test kann darüber Auskunft geben.

```
public void testCheckDreieck(){
  assertTrue(Dreieck.checkDreieck(3,4,5));
  assertTrue(Dreieck.checkDreieck(3,5,5));
  assertTrue(Dreieck.checkDreieck(5,5,5));
  assertTrue(Dreieck.checkDreieck(2,4,5));
  assertTrue(Dreieck.checkDreieck(3.50,3.51,7.00));
  assertTrue(Dreieck.checkDreieck(3.50,7.00,3.51));
  assertTrue(Dreieck.checkDreieck(7.00,3.50,3.51));

  assertFalse(Dreieck.checkDreieck(1,4,5));
  assertFalse(Dreieck.checkDreieck(1,0,1));
  assertFalse(Dreieck.checkDreieck(5,3,2));
  assertFalse(Dreieck.checkDreieck(3.50,3.50,7.00));
  assertFalse(Dreieck.checkDreieck(3.50,7.00,3.50));
  assertFalse(Dreieck.checkDreieck(7.00,3.50,3.50));
}
```

Das sieht ja so weit ganz gut aus. Die jeweils letzten drei assertTrue() bzw. assertFalse()-Prüfungen sind die entscheidenden. Die Summe der ersten beiden Seitenlängen ist ganz in der Nähe der Länge der dritten Seite. Die Werte werden dann einfach permutiert. Im ersten Block bilden die drei Werte gerade eben noch ein Dreick, im zweiten Block gerade eben nicht mehr.

Was könnte in diesem Zusammenhang noch getestet werden? Die Genauigkeit der Vergleiche könnte weiter abgeklopft werden, indem die Werte sich weiter annähern. Auch könnten die Genauigkeitsaspekte für kleine und sehr größe Längen näher betrachtet werden. Das komplette Beispiel steht in Anhang A.2.

11.4.3 Test eines Zustandsautomaten mit einem Mock-Objekt

Jetzt wollen wir eine modale Klasse für Verträge testen. Ein Vertrag ist hier nur rudimentär modelliert. Unser Vertrag hat eine Nummer, kennt seinen Kunden und Vermittler und kann die Provisionen berechnen lassen. Neben dem internen Zustandsautomaten benötigen wir zum Test also weitere Objekte, zu denen die Vertragsklasse Assoziationen hat (Abb. 11.15).

Für die Implementierung des Zustandsautomaten wird das Zustandsmuster (State) verwendet [36]. Eine abstrakte Basisklasse Zustand deklariert alle zustandsrelevanten Methoden, die in den konkreten Zustandsklassen gemäß den Regeln des Zustandsautomaten implementiert werden (Abb. 11.16). In der Vertragsklasse haben wir ein Attribut myZustand vom

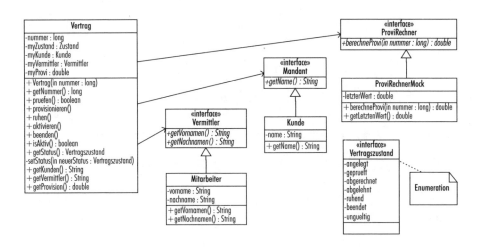

Abbildung 11.15: Die Klasse Vertrag mit ihren Assoziationen zu Mandant, Vermittler und ProviRechner. Die Vertragszustände sind vorerst als Aufzählungstyp modelliert.

Typ unserer abstrakten Basisklasse (Abb. 11.15). Die zustandsrelevanten Methoden unserer Vertragsklasse rufen jetzt nur noch die Methoden ihres Zustandsattributs auf.

So weit ist das noch ganz einfach. Die Schwierigkeit beim Zustandsmuster sind auch nicht die Zustandsklassen, sondern das korrekte Erzeugen und modifizieren des konkreten, internen Zustandsobjekts. Wir könnten dafür ein weiteres Muster anwenden, das Fabrikmuster (Factory). Für unser Vertragsbeispiel reicht dazu eine einfache Methode aus: setStatus(). Der Trick ist dabei, dass jede zustandsrelevante Methode den aktuellen Zustand als Return-Wert zurückgibt und dieser neue Zustand durch die Methode setStatus() sofort gesetzt wird.

Wie sieht unser Vertragszustandsmodell aus? Natürlich vereinfacht, aber bereits kompliziert genug, so dass es sich auf jeden Fall lohnt, das Testmuster für modale Klassen anzuwenden (Abschnitt 9.3.1 ab Seite 112). Wir müssen also einen vollständigen zustandsraumbasierten Test durchführen (Abschnitt 8.1 ab Seite 77). Dafür brauchen wir als Ausgangspunkt das Zustandsmodell unserer Vertragsklasse aus Abb. 11.17.

Die beiden Zustände aktiv und passiv haben je drei Unterzustände:

- aktiv
  - angelegt
  - geprüft
  - abgerechnet

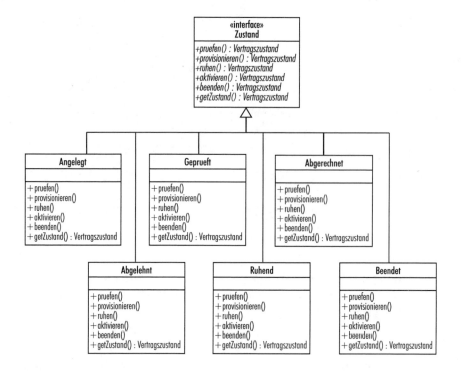

Abbildung 11.16: Die Zustandsklassen für die Vertragsklasse nach dem Zustandsmuster (State-Pattern, [36]).

- passiv
  - abgelehnt
  - ruhend
  - beendet

Die Übergänge erfolgen durch Methodenaufrufe. Ein Vertrag kann, nachdem er in den aktiven Zuständen geprüft und abgerechnet wurde, in einen ruhenden Zustand überführt werden. Nach dem erneuten Aktivieren muss der zuletzt aktive Unterzustand eingenommen werden. Man spricht dabei von einer *Historisierung* von Zuständen. Im Zustandsmodell wird dies durch ein H in einem Kreis ausgedrückt.

Als Nächstes stellen wir eine Zustandsübergangstabelle auf (Tab. 11.1).

Jeder einzelne Übergang ist von uns zu testen. Dazu kommen noch die Übergangsketten, die wir aus dem Zustandsübergangsbaum entnehmen (Abb. 11.18).

Jetzt wissen wir, was zu testen ist, und könnten unsere Testklasse programmieren. Doch halt: Unsere Vertragsklasse ist nicht alleine lauffähig!

11.4 Drei JUnit-Testbeispiele

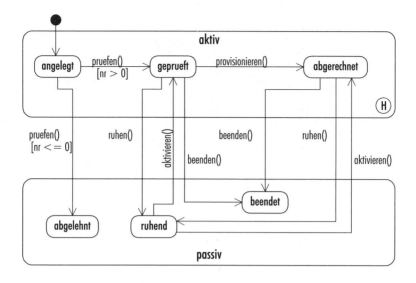

Abbildung 11.17: Das Zustandsmodell unserer Klasse Vertrag. Die beiden Hauptzustände `aktiv` und `passiv` haben jeweils drei Unterzustände. Der aktive Zustand ist historisiert, d. h., beim Verlassen wird sich der zuletzt aktive Unterzustand gemerkt, um diesen direkt nach dem Aktivieren wieder einzunehmen.

	angelegt	geprüft	abgerechnet	abgelehnt	ruhend	beendet
Vertrag()	1: c'tor	×	×	×	×	×
pruefen()	2: gepr. 3: abgel.	×	×	×	×	×
abrechnen()	×	4: abger.	×	×	×	×
ruhen()	×	5: ruhend	7: ruhend	×	×	×
aktivieren()	×	×	×	×	9: gepr. 10: abger.	×
beenden()	×	6: beendet	8: beendet	×	×	×

Tabelle 11.1: Zustandsübergangstabelle der Vertragsklasse

11 Automatisierung von Entwicklertests

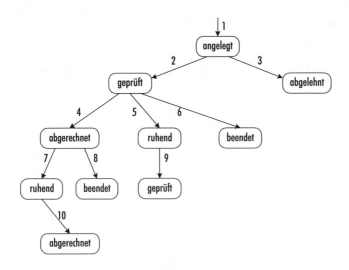

Abbildung 11.18: Aus dem Zustandsmodell und der Zustandsübergangstabelle leiten wir den Zustandsbaum ab.

Wir brauchen die Realisierungen unserer Interfaces Mandant, Vermittler und ProviRechner. Glücklicherweise haben wir unsere Klasse Vertrag über Interfaces von den konkreten anderen Klassen entkoppelt. Wir können deshalb die Klasse Vertrag auch ohne die echten Realisierungen der anderen Klassen testen, wenn wir die notwendigen Interfaces mit eigenen Dummys realisieren.

Es geht sogar noch besser. Den Dummy für den Provisionsrechner erweitern wir um eine Methode zur Kontrolle unserer Tests. Ein solches Stellvertreterobjekt, das uns speziell beim Testen unterstützt, haben wir bereits unter dem Namen *Mock* kennen gelernt.

Die Dummys und Mocks legen wir in unserer Testklasse an.

```
package vertrag;

import junit.framework.*;

public class TestVertrag extends TestCase {
  private static final double delta = 0.001;

  private Vertrag vertrag = null;
  private KundenDummy kunde = null;
  private MitarbeiterDummy vermittler = null;
  private ProviRechnerMock proviRechner = null;

  protected void setUp() throws Exception {
```

```
    super.setUp();
    kunde = new KundenDummy("Paul_Meyer");
    vermittler = new MitarbeiterDummy("Heinz", "Schulze");
    proviRechner = new ProviRechnerMock();
}

protected void tearDown() throws Exception {
    super.tearDown();
    kunde = null;
    vermittler = null;
    proviRechner = null;
}
```

Bei der Initialisierung der Vertragsklasse werden die Referenzen auf die assoziierten Objekte dem Konstruktor mitgegeben.

```
public void testAngelegtPositiv() {
    vertrag = new Vertrag(1, kunde, vermittler, proviRechner);
    ...
```

Jetzt können wir die einzelnen Positiv- und Negativtests für die Zustandsübergänge testen. Dazu bringen wir zu Beginn unser Vertragsobjekt in den notwendigen Ausgangszustand, führen unsere Testaktivitäten aus und prüfen abschließend das Resultat. Schauen wir uns das konkret einmal für den Gut-Fall des Abrechnens an.

```
public void testAbrechnenPositiv() {
    vertrag = new Vertrag(1, kunde, vermittler, proviRechner);

    assertEquals(vertrag.VZ_ANGELEGT, vertrag.getZustand());
    vertrag.pruefen();
    assertEquals(vertrag.VZ_GEPRUEFT, vertrag.getZustand());
    assertEquals(0.0, vertrag.getProvision(), delta);
    vertrag.abrechnen();
    assertEquals(vertrag.VZ_ABGERECHNET, vertrag.getZustand());
    assertEquals(proviRechner.getLetztenWert(),
      vertrag.getProvision(), delta);
    assertTrue(vertrag.isAktiv());

    vertrag = null;
}
```

Wir sehen uns hier auch exemplarisch den Aufruf der Mock-Methode getLetztenWert() an, den wir für die Prüfung unseres Tests benötigen.

Bei der Programmierung unserer Tests haben wir bereits implizit eine Reihe der Abläufe aus dem Zustandsbaum mit getestet. Die beiden noch fehlenden Äste des Zustandsbaums testen wir abschließend in einem eigenen Testfall.

```java
public void testAktivieren() {
// die fehlenden Ablaufketten aus dem Zustand RUHEND heraus!
   vertrag = new Vertrag(1, kunde, vermittler, proviRechner);
   assertEquals(vertrag.VZ_ANGELEGT, vertrag.getZustand());
   vertrag.pruefen();
   assertEquals(vertrag.VZ_GEPRUEFT, vertrag.getZustand());
   assertTrue(vertrag.isAktiv());
   vertrag.ruhen();
   assertEquals(vertrag.VZ_RUHEND, vertrag.getZustand());
   assertTrue(!vertrag.isAktiv());
   vertrag.aktivieren();
   assertEquals(vertrag.VZ_GEPRUEFT, vertrag.getZustand());
   assertEquals(0.0, vertrag.getProvision(), delta);
   assertTrue(vertrag.isAktiv());

   vertrag = null;

   vertrag = new Vertrag(3, kunde, vermittler, proviRechner);
   assertEquals(vertrag.VZ_ANGELEGT, vertrag.getZustand());
   vertrag.pruefen();
   assertEquals(vertrag.VZ_GEPRUEFT, vertrag.getZustand());
   vertrag.abrechnen();
   assertEquals(vertrag.VZ_ABGERECHNET, vertrag.getZustand());
   assertEquals(proviRechner.getLetztenWert(),
      vertrag.getProvision(), delta);
   assertTrue(vertrag.isAktiv());
   vertrag.ruhen();
   assertEquals(vertrag.VZ_RUHEND, vertrag.getZustand());
   assertEquals(proviRechner.getLetztenWert(),
      vertrag.getProvision(), delta);
   assertTrue(!vertrag.isAktiv());
   vertrag.aktivieren();
   assertEquals(vertrag.VZ_ABGERECHNET, vertrag.getZustand());
   assertEquals(proviRechner.getLetztenWert(),
      vertrag.getProvision(), delta);
   assertTrue(vertrag.isAktiv());

   vertrag = null;
}
```

Das komplette Beispiel mit Dummys und Mock-Klasse steht in Anhang A.3.

11.5 Testautomatisierung über die GUI

Mit Hilfe bestimmter Tools wie beispielsweise Mercury Interactive WinRunner [60] und Rational Robot [72] können wir auch über die GUI Tests automatisieren. Diese Tests sind zumeist Black-Box-Tests, also spezifikationsorientiert. Dennoch kann es äußerst sinnvoll sein, dass Entwickler auch derartige Testautomatisierungen einsetzen.

Zum einen können wir so die GUI testen, die wir programmiert haben. GUI-Zugriffe lassen sich ohne weitere Zusatztools nicht direkt über xUnit-Test prüfen, die GUI-Test-Automatisierungstools können das leisten. Dies ist der Weg, den GUI-Entwickler verfolgen können, um auch zu automatisierten Tests zu kommen.

Ein zweiter Verwendungszweck ergibt sich in der Reproduktion aufwendig zu erstellender Fehler. Wenn wir feststellen, dass unser Programm zwar gut durch alle Tests kommt, in der Praxis aber nach mehrstündiger Arbeit häufig abstürzt, müssen wir vermutlich einem *Memory Leak* auf die Spur kommen. Ein Weg dafür ist es, den typischen Benutzerablauf über die GUI zu automatisieren und dann in einer Schleife zu wiederholen, bis der Fehler auftritt. Jetzt können wir spezielle Debugging-Tools zur Speicherüberwachung mitlaufen lassen, deren Protokolle uns hilfreiche Dienste leisten. Diese Tests händisch zu leisten wäre eine Verschwendung von Arbeitskraft und meist auch noch deutlich langsamer, als es die GUI-Automatisierung zu leisten im Stande ist.

Es gibt auch noch einen dritten Grund, warum sich Entwickler mit der GUI-Automatisierung beschäftigen: Das Erstellen von GUI-Simulator-Skripten ist Softwareentwicklung! Simple Skripte oder gar die Ergebnisse der Capture-Replay-Recorder dieser Tools sind zwar schnell erzeugt und damit für Demonstrationszwecke einsetzbar, lassen sich aber im Rahmen einer Softwareentwicklung nicht pflegen und erweitern. Wenn wir dies wollen, brauchen wir hoch strukturierte Skripte, die ihre Vorteile im langfristigen Einsatz ausspielen. Automatisierte GUI-Tests sind also selbst ein Softwareentwicklungsprojekt!

Dies hat Konsequenzen: Wenn die QS zwar automatisierte GUI-Black-Box-Tests haben möchte, aber die permanenten Pflegeaufwände dafür nicht zu leisten im Stande ist, sollten wir lieber die Finger von der GUI-Test-Automatisierung lassen. Diese Black-Box-Test-Automatisierungen veralten meist schnell und können dann nicht mehr genutzt werden. Damit sich der Entwicklungsaufwand in solche Tests aber lohnt, sollten die Tests mindestens fünf bis zehn Mal unverändert laufen [31]. Die Automatisierungsaufwände sollten wir also gut schätzen und genau im Auge behalten.

Wenn wir nun solche Skripte schreiben, so werden wir als Erstes meist mit einem neuen Basic-Dialekt konfrontiert. Der lässt sich zwar schnell lernen, es hat aber drei Nachteile:

- ❏ Die Dialekte der einzelnen Toolhersteller sind nicht kompatibel.
- ❏ Viele Java- oder C++-Programmierer haben keine Basic-Kenntnisse.
- ❏ Es handelt sich oft um prozedurale, nicht objektorientierte Sprachen.

O.k., *back to the roots...* Es gibt Prinzipien für gute Skripte [27, 31]:

- ❏ Sie sollten so kommentiert sein, dass sowohl der Tester als auch der Skriptprogrammierer eine gute Führung haben.
- ❏ Verantwortlichkeitstrennung: Es wird nur eine funktionale Aufgabe pro Skript geleistet. Dadurch bleiben die Skripte elementar und gut wiederverwendbar.
- ❏ Sie sollten für leichte Lesbarkeit und Wartbarkeit geeignet strukturiert sein.

Abgesehen von den einfachen, linearen Skripten gibt es für die langfristige Arbeit vier Skript-Grundtechniken, die geeignet kombiniert werden können, aber die Anforderungen an die Skriptprogrammierung hochschrauben:

- ❏ Strukturierte Skripte
- ❏ Verteilte Skripte
- ❏ Datengetriebene Skripte
- ❏ Schlüsselwortgetriebene Skripte

Die Vorteile von GUI-Testskripten, die wir uns durch den nicht unerheblichen Aufwand einkaufen wollen, können über die reine, einfache Wiederholbarkeit der Tests hinausgehen. Die Protokollqualität ist gleichmäßig und hoffentlich hoch. Die Tests können um Statistiken zur Laufzeit einzelner Abfragen ausgebaut werden, so dass wir einfach Statistiken[3] zum Laufzeitverhalten erhalten können. Dies sollte stets mit betrachtet werden, da ein Fehler sich nicht immer funktional äußert, sondern manchmal nur in verlängerter Laufzeit.

11.5.1 Lineare Skripte

Ein lineares Skript entspricht dem Ergebnis einer Capture-Replay-Sitzung, in der ein Recorder alle Eingaben aufzeichnet. Je nach Tool ist dieses Skript unterschiedlich weit bis auf einzelne Tastenanschläge und Mausklicks heruntergebrochen und orientiert sich an absoluten Bildschirmkoordinaten. Der gesamte Testfall liegt in einem Skript linear hintereinander.

---

[3]In Multi-User-Umgebungen können wir nur mit statistischen Laufzeitwerten arbeiten.

Dies bedarf kaum Vorbereitungszeit und kann ohne Programmiererfahrung durchgeführt werden. Das Eingabeverhalten wird exakt protokolliert. Je nach Tool gibt es unterschiedliche Möglichkeiten, auf Fehler zu prüfen.

Nachträgliche Vergleiche sind sehr arbeitsintensiv, eine Wiederverwendung ist praktisch kaum möglich. Gegenüber Änderungen an dem zu testenden Programm sind lineare Skripte sehr fehleranfällig: Neue Fehlermeldungen können genauso wenig erkannt werden wie Ablaufänderungen. Dies zu warten wäre sehr aufwendig, weshalb die Skripte dann meist neu erzeugt werden.

Lineare Skripte lassen sich ganz hervorragend zum Aufbau von Demos einsetzen oder aber für Tests mit einer kurzen Lebensdauer, die nicht weitergepflegt werden müssen.

11.5.2 Strukturierte Skripte

Erweitern wir unser Skript um spezielle Anweisungen zur Steuerung der Ausführung, erhalten wir ein strukturiertes Skript. Dazu werden die drei Grundstrukturen

- Sequenz
- Selektion
- Iteration

unter Nutzung der gegebenen Sprachelemente programmiert. Das Skript trifft also selbst Entscheidungen z. B. über `if`-Statements.

So können wir deutlich robustere Testskripte erstellen, die flexibler auf unvorhergesehene Ablaufänderungen reagieren. Durch die Verwendung von Schleifen entsteht auch ein sehr viel kürzeres und damit besser wartbares Skript. Dafür benötigen wir Programmierkenntnisse für die Umsetzung. Ein Nachteil ist das feste Einprogrammieren unserer Testdaten in das Skript.

11.5.3 Verteilte Skripte

In verteilten Skripten separieren wir die Funktionalität auf verschiedene Dateien. Basisfunktionalität kann so wiederverwendet werden. So können wir z. B. eine Aufteilung in applikationsspezifische und applikationsunabhängige Teile vornehmen.

Jetzt lassen sich ähnliche Tests einfacher und schneller implementieren, und der Wartungsaufwand sinkt spürbar. Redundanzen werden entfernt bzw. gar nicht erst programmiert. Wir können so intelligentere Skripte schreiben, die z. B. Aktionen wiederholen, nachdem Timeouts aufgetreten sind.

Wir schaffen auf diese Weise allerdings eine komplexe Dateienstruktur. Mehrfach nutzbare Skripte können sich bislang nur um kleine Teilaspekte kümmern, da die Skripte selbst immer noch recht testfallspezifisch sind.

11.5.4 Datengetriebene Skripte

Trennen wir die Testdaten von den Abläufen in den Skripten, erhalten wir ein datengetriebenes Skript. Alle Testeingaben und ihre erwarteten Resultate werden in eigenen Dateien abgelegt. Die Trennung erfolgt also zwischen Testablaufinformation und den dafür zu verwendenden Testdaten.

Da ein Test häufig denselben Ablauf für verschiedene Testdatensätze beinhaltet, können wir uns so einfacher auf die Auswahl geeigneter Testdaten konzentrieren. Die Testdatenpflege kann auch unabhängig von der Programmierung erfolgen und so z. B. einem QS- oder Fachexperten aufgetragen werden, der selbst vielleicht nicht programmieren kann. Die Testdaten können in Datenbanken abgelegt werden.

Der initiale Programmieraufwand ist erheblich und wird in Form qualifizierter Programmierunterstützung für die Wartung benötigt. Die Testprogrammierung muss spätestens jetzt wie ein Softwareprojekt organisiert und verfolgt werden.

11.5.5 Schlüsselwortgetriebene Skripte

In Schlüsselwort-getriebenen Skripten erfolgt die Steuerung der datengetriebenen Tests über Schlüsselwörter. Solche Skripte enstehen aus dem Wunsch, die in datengetriebenen Testskripten automatisierten Testfälle unabhängig von den Programmierdetails spezifizieren und steuern zu können.

Die Anzahl der Testskripte wächst so nicht mehr mit der Anzahl der Testfälle, sondern mit der Funktionalität der zu testenden Software. Die Wartungsaufwände werden auf diese Weise minimiert.

Der initiale Programmieraufwand ist allerdings maximal, und die gesamte Testskriptprogrammierung ist ein echtes Softwareprojekt.

11.5.6 GUI-Tests mit JUnit

JUnit ist eigentlich für die Tests unserer Klassen in der Geschäftslogik spezialisiert. Auf Masken können wir nicht zugreifen. Wenn wir Swing-GUIs testen wollen, können wir eine Erweiterung einsetzen, die *Jellytools* und *Jemmy*. Die Jellytools sind eine Bibliothek speziell für GUI-Tests innerhalb der NetBeans IDE. Die Jellytools nutzen dabei Jemmy, eine weitere Java-Bibliothek, die Methoden bereitstellt, mit denen Benutzereingaben auf Swing-Komponenten simuliert werden können.

Das ganze Umfeld ist noch recht neu und daher (noch) nicht richtig komfortabel. So werden zwar die Standardoperationen z. B. aus dem Internet Explorer abgedeckt, jedoch müssen wir Entwickler die meisten komplexeren Operatoren für unsere Benutzereingaben auf Basis von Jemmy selbst schreiben. O.k., Mitte der 90er Jahre hatten die komerziellen GUI-Test-Tools wie z. B. Visual Test auch nicht mehr Komfort zu bieten. Wir können gespannt sein, wie sich dieser Zweig in Zukunft entwickelt.

Um einen GUI-Test zu schreiben, müssen wir die Jellytools und damit auch Jemmy einbinden und unsere GUI-Testklasse von JellyTestCase ableiten [80].

```
public class GuiTest extends JellyTestCase {
  public GuiTest(String testName) {
    super(testName);
  }
}
```

Innerhalb eines Tests können die verschiedenen JUnit-Assert*- bzw. Fail-Methoden benutzt werden. Ein kurzes Beispiel eines solchen Tests ist in Anhang E zu finden.

Die Jellytools-Klassen können folgendermaßen unterteilt werden [41]:

Operatoren (operators): Operatoren ermöglichen uns die Simulation von Benutzerinteraktionen sowie das Finden bzw. Warten auf Komponenten oder Fenster. Alle Jelly-Operatoren sind Unterklassen von Jemmy-Operatoren.
Aktionen (actions): Über Aktionen werde Menü- und Popup-Calls ersetzt.
Knoten (nodes): Mit Knotenobjekten vereinfachen wir unsere Operationen auf Baumstrukturen, wie sie in Explorer-Fenstern gebräuchlich sind.
Eigenschaften (properties): Damit können wir Werte in Textfeldern, die Auswahl von Checkboxes oder Combo- und Listboxes manipulieren.
Wizards: Diese Operatoren decken die Funktionalität der NetBean-Wizards ab.

Zusätzlich bieten Jellytools noch einige Low- und High-Level-Operatoren an. Damit sollten alle gebräuchlichen GUI-Nutzungen testbar sein. Wir können also unsere JUnit-Tests mit Hilfe der Jellytools und Jemmy auch auf die GUI ausdehnen.

11.6 Stresstest-Automatisierung

Ein Bereich, wo wir an einer Testautomatisierung nicht vorbeikommen, ist der Bereich der Stresstests. Darunter verstehen wir Lasttests, die entweder den maximalen Durchsatz betreffen oder aber mit einer maximalen Anzahl von Benutzern parallel arbeiten. Beides werden wir nicht tatsächlich durchführen können, sondern simulieren müssen, da uns dazu die Möglichkeiten kaum zur Verfügung stehen.

Für Web-Anwendungen kann ein solcher Test einfach fremdvergeben werden an einen Anbieter, der solche Tests durchführt. Die Webseiten werden dem Testanbieter in einem Testbereich zum Zugriff freigegeben, damit dieser Zugriffstests mit einer wachsenden Anzahl von Benutzern simulieren kann. Die Testergebnisse erhalten wir binnen kurzer Zeit.

Unsere eigene Datenbankanwendung müssen wir aber selbst testen. Auch dazu können wir Testtools z. B. der bereits genannten renommierten Hersteller benutzen, die uns dabei unterstützen, im Netzwerk eine definierte Anzahl von Benutzern zu simulieren, indem einfach nur die entsprechenden Netzwerkmeldungen erzeugt werden, ohne dass echte Clients dahinter stünden.

Der Wert dieser Tests kann kaum überbewertet werden. Einerseits erhalten wir so realistische Angaben zum Zeitverhalten unserer Anwendung, andererseits kann sich das Verhalten einer Anwendung stark unterscheiden, wenn nur wenige oder aber sehr viele Anwender online sind. In unseren eigenen Tests simulieren wir meist nur ein bis drei Anwender. Dies reicht bei der Schnelligkeit heutiger Systeme bei weitem nicht aus, um echte Nebenläufigkeit zu erzeugen. Wir können so also Fehler im nebenläufigen Verhalten kaum herausfinden. Deshalb sind die automatisierten Lasttests von so großer Bedeutung, will ich nicht bei der Inbetriebnahme unliebsame Überraschungen erleben.

11.7 Test von Mehrschicht-Anwendungen

In verteilten, mehrschichtigen Systemen fällt es uns manchmal schwer, Entwicklertests von Anfang an durchzuführen, um testgetrieben vorgehen zu können. Dies beruht jedoch oft auf Inkonsequenz oder Faulheit, denn das meiste, was wir dafür an Infrastruktur benötigen, brauchen wir sowieso auch für die Programmierung der Software. Wenn wir keinen Application Server benutzen, können wir in einer Umgebung aus Dummys und Mocks ausgezeichnet testgetrieben vorgehen (Abb. 11.19).

Ein Application Server verkompliziert unsere Tests. Die einzelnen EJBs können und sollten wir jede für sich testen. Das Deployment in den Application Server ist sehr aufwendig, so dass wir meist nicht testgetrieben vorgehen können. Andererseits können wir auch nicht die EJB-Umgebung simulieren, da wir dann fast den ganzen Application Server selbst schreiben müssten. Hier kommt dem einzelnen Klassentest sowie dem Integrationstest eine erhöhte Bedeutung zu, da der Kettentest nur bedingt möglich ist.

Ein Open-Source-Tool, das uns beim Unit-Test von EJB in Application Servern unterstützen kann, ist Cactus [24], auf das hier aber nicht

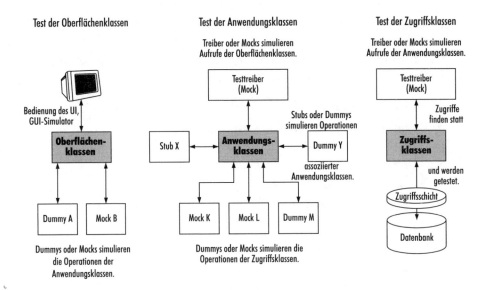

Abbildung 11.19: Automatisierte Tests in mehrschichtigen, verteilten Systemen (nach [82]).

weiter eingegangen werden kann. Cactus ist ein Framework zum Testen von serverseitigem Code auf Application Servern. Es erweitert das JUnit-Framework um client- und serverseitige Klassen.

11.8 Fehlerinjektion: Wie gut sind unsere Tests?

Auch wenn wir eine ganze Reihe von Tests durchführen und davon einen Großteil automatisiert ablaufen lassen, werden uns immer wieder Fehler durch die Lappen gehen. Wir können eben mit Tests keine Fehlerfreiheit beweisen. Aber wir können Aussagen zur Qualität unserer Tests machen!

Das Verfahren zur Beurteilung der Qualität von Tests nennt sich *Fehlerinjektion*. Wir brauchen dafür den Zugriff auf den Code und das Konfigurationsumfeld sowie eine funktionierende Versionskontrolle für das Rollback. Dann ist es relativ einfach umzusetzen.

Bei der Fehlerinjektion werden bewusst Fehler in die zu testende Software und ihr Umfeld eingebaut. Danach werden alle Tests durchlaufen und wir werten aus, wie viele der eingebauten Fehler wir finden. Der Anteil der gefundenen Fehler ist ein Maß für die Güte unserer Tests. Danach werden alle eingebauten Fehler über das Versionskontrollsystem wieder entfernt.

Ihre Stärken spielt die Fehlerinjektion besonders bei automatisierten Tests aus. Für alle Fehler, die nicht gefunden wurden, sollten wir schnellstmöglich Tests entwickeln, so dass sie zukünftig auch unter die Testabdeckung fallen.

Was für Fehler sollten wir einbauen? Meine Vorschläge sind sowohl typische Entwicklerfehler wie auch mögliche Konfigurationsfehler.

- Typische Entwicklerfehler:
    - falsche `if`-Abfragen, wie z. B. $<$ anstatt $\leq$
    - fehlende `else`-Zweige
    - fehlende `switch-case`-Default-Zweige
    - vertauschte Konstanten
    - falsche Schleifenparameter, z. B. um 1 zu klein oder zu groß
    - ...
- Mögliche Konfigurationsfehler:
    - fehlende Konfigurationsdateien
    - fehlende Konfigurationseinträge
    - falsche Konfigurationseinträge, z. B. Verweise mit nicht existenten Pfaden oder Dateien
    - unvollständige Konfiguration
    - ...

Wir sollten eine statistisch verwertbare Anzahl an Fehlern einbauen, also deutlich mehr als zehn. Die Fehler sollten nur von einer Person oder einer kleinen Gruppe eingebaut werden. Es spricht aber nichts dagegen, die Fantasie aller Entwickler einzubeziehen.

11.9 Mehrwert automatisierter Tests

Wenn wir Testfälle automatisiert haben, können wir unserer Fantasie freien Lauf lassen, was wir noch alles damit anfangen können. Eine Möglichkeit haben wir bereits kurz kennen gelernt, die Stresstests (Abschnitt 11.6 auf Seite 195). Dort haben wir die Lasttests behandelt, also maximalen Durchsatz bzw. Durchsatzzeiten in Abhängigkeit von der Anzahl der parallel zugreifenden Benutzer.

Wir können uns auch noch das Verhalten in einem Dauertest anschauen. Wir lassen dazu unsere Tests in einer Schleife ablaufen. Mindestens über Nacht sollte so ein Test laufen. Je nach Anforderung kann er aber auch mehrere Tage oder Wochen dauern. So finden wir Fehler im Ressourcenmanagement, z. B. beim Arbeitsspeicher (RAM) oder in den Kommunikationskanälen wie TCP/IP-Sockets usw.

Aber auch bei der Fehlersuche können uns automatisierte Tests helfen. Unser Fantasie sind keine Grenzen gesetzt.

12 Was haben wir aus der Betrachtung der Verfahren gelernt?

Es gibt sie, die Verfahren, die wir in der Softwareentwicklung einsetzen können. Aber nicht nur das: Auch agile Techniken sowie die Kenntnis und Beachtung objektorientierter Designprinzipien bringen uns bereits einen deutlichen Schritt weiter. Aus diesen Zutaten mischen wir später unsere Teststrategie.

Aber mit dem Anspruch wachsen auch die Anforderungen an uns. Mit reinen *Kodierern* können wir das nicht bewältigen. Der Druck auf ein Entwicklungsteam und im Speziellen auf den Projektleiter ist enorm und wächst mit jeder Änderung oder jedem unvorhergesehenen Problem. Hier noch seiner Linie treu zu bleiben, fordert Mut und Durchsetzungsvermögen sowohl gegenüber dem Management als auch dem Projektteam. Häufiges Planen, modellgestützte Schätzungen und ein gutes Risikomanagement sind notwendige Werkzeuge im Projektmanagement. Denn trotz allem: Erfolgreiche Projekte sind machbar!

12.1 Kriterien für erfolgreiche Projekte

Es gibt gewisse Rahmenbedingungen, an denen wir schnell festmachen können, wie professionell ein Softwareprojekt aufgesetzt wurde.

- ❑ Es gibt einen aussagekräftigen Projektauftrag.
- ❑ Es gibt *einen* Projektleiter.
- ❑ Es gibt eine eindeutige Verantwortungsverteilung im Projektteam.
- ❑ Es finden regelmäßige Planungen bzw. Aktualisierungen statt.
- ❑ Ein aktives Risikomanagement wird regelmäßig durchgeführt.
- ❑ Es gibt einen Projektlenkungskreis bzw. ein adäquates, ähnliches Gremium zur Steuerung seitens des Auftraggebers.

Es ist erschreckend, wie oft nicht nur ein Teil, sondern fast alles davon auch in großen Projekten fehlt. Wenn wir uns mit Qualitätsverbesserung in der Softwareentwicklung befassen wollen, sollten wir hier anfangen. Der Projektleiter ist dafür verantwortlich, dass alles zusammenkommt. Wird kein

Projektleiter[1] eingesetzt, so bildet sich mehr oder weniger schnell ein informeller Teamchef heraus, der dann diese Aufgaben übernimmt.

Ein inkrementell-iteratives Vorgehen bedarf regelmäßiger Planung bzw. Planungskorrekturen, wobei zwischen Makro- und Mikroplanung unterschieden wird. Detailliert plane ich nur die anstehende Iteration, der grobe Gesamtplan muss aber trotzdem regelmäßig überprüft werden. Bei der Planung werden Entscheidungen getroffen. Die meisten davon kann der Projektleiter treffen. Einige können aber nur seitens des Auftraggebers entschieden werden. Besonders wenn es eng wird, Probleme größerer Art zu lösen sind oder wir im Krisenmanagement sind, ist ein entsprechendes, regelmäßiges und häufig tagendes Gremium des Auftraggebers wichtig.

Generell werden Projekte erfolgreicher abgeschlossen, je näher der direkte Kontakt zwischen Auftraggeber, Anforderungsbeitragenden und Anwendern mit dem Projektteam ist. Wir verlieren weniger Zeit in unnötigen Korrekturschleifen aufgrund von Unkenntnis oder Missverständnissen.

Außerdem besteht ein statistischer Zusammenhang zwischen der Projektgröße und Erfolgswahrscheinlichkeit eines Projekts [70], der schnell einleuchtet: Je kleiner das notwendige Projektteam ist, desto höher ist die Erfolgswahrscheinlichkeit. Versuchen Sie also, die Teams so klein wie möglich zu halten, um den Kommunikations- und Abstimmungsaufwand so gering wie möglich zu machen.

Was ist letzten Endes entscheidend für den Projekterfolg? Einzig die Zufriedenheit des Auftraggebers! Erinnern wir uns an unsere Qualitätsdefinition auf Seite 15. Die *Erwartungen* müssen getroffen werden. Schauen wir uns erfolgreiche Projekte an, sind diese meist bei weitem nicht fehlerfrei. Zum Teil sind sogar noch heftige Fehler im System. Andererseits ist Fehlerfreiheit keine Garantie für Erfolg.

Es gibt immer Alternativen, ein Problem zu lösen, wenn wir nur früh genug merken, dass etwas im Argen ist. Alle Projektmanagementtechniken haben eigentlich nur das Ziel, möglichst früh zu merken, dass etwas aus dem Ruder läuft [70]. Was können wir Entwickler tun? Kommen wir zuerst von unserem hohen Stuhl herunter und akzeptieren die Anwender und Anforderungsbeitragenden als vollwertige Gesprächspartner und sehen sie nicht als DAUs (Dümmster Anzunehmender User). Wenn es eng wird, entscheiden sie in erheblichem Maß über Sieg oder Niederlage. Schaffen wir es, diese Gruppe einzubeziehen, mit dem Projekt zu identifizieren und zu beteiligen, helfen sie uns, wo sie können. Schaffen wir es, die zentralen Probleme dieser Gruppe zu lösen, werden andere Schwächen verziehen. Um die Schwächen zu umschiffen, ist nicht immer eine Softwarelösung notwen-

---

[1]Hier ist es weniger das Problem, dass keiner eingesetzt wird, als vielmehr, dass zwei oder mehr Verantwortliche mit der Aufgabe betraut werden. Hier gilt aber das *Highlander-Prinzip:* Es kann nur einen geben!

dig, sondern meist nur guter Wille. So können z. B. Defizite in der Benutzerführung oder bei der Fehlerbehandlung durch intensivere Schulungen gelöst werden.

Treten wir hingegen arrogant auf, kommunizieren nicht empfängergerecht oder ignorieren die Bedürfnisse der Anwender, so dürfen wir uns nicht wundern, wenn sie später kleine Schwächen im Produkt zu einem großen Elefanten aufblasen. Der Auftraggeber beurteilt den Erfolg eines Projekts nur selten selbst. Meist ist er auf die Urteile seiner Mitarbeiter angewiesen.

Kommunikation ist also ein, wenn nicht das Erfolgskriterium. Dies gilt sowohl innerhalb des Entwicklungsteams als auch extern mit Auftraggebern, Anforderungsbeitragenden und Anwendern. Eine zusätzliche externe Gruppe bildet häufig die QS unserer eigenen Firma. Auch hier haben wir es in der Hand, gemeinsam konstruktiv vorzugehen oder uns zu bekämpfen. Machen Sie allen Beteiligten immer wieder klar, dass wir im selben Boot sitzen. Entweder sind alle gemeinsam erfolgreich oder alle scheitern gemeinsam. Jeder Beteiligte trägt Verantwortung für den Projekterfolg.

12.2 Anforderungen an das Entwicklungsteam

Wir erkennen spätestens jetzt, dass wir auch an uns höhere Anforderungen stellen als nur die, etwas gut kodieren zu können. Was heißt überhaupt *gut kodieren*? Was sind die Kriterien?

Dafür gibt es keinen allgemein gültigen Katalog. Es hängt von den Projektzielen ab, was zielführend ist. Wie lange wird die Projektdauer voraussichtlich sein? Gibt es im Anschluss eine lange, intensive Wartungsphase? Davon hängen viele Details ab. Was wir daraus allerdings verallgemeinern können, ist unsere Anforderung, flexibel und zielorientiert Software entwickeln zu können. Wir Entwickler sollten stets mehrere Lösungsmöglichkeiten kennen, um daraus die angemessenste, einfachste Lösung auswählen zu können. Oder anders gesagt: Wenn ich nur einen Hammer habe, besteht für mich die Welt aus Nägeln. Das heißt nicht, dass wir ein Riesenarsenal an Tools brauchen, sondern methodisch so vielseitig wie möglich ausgestattet sind.

Für die objektorientierte Entwicklung sind Designpattern [17, 36] die geeigneten Tools. Auch die Refactoring-Prinzipien [32] sollten bekannt sein.

Wir brauchen für ein effizientes testgetriebenes Vorgehen die Kenntnisse entsprechender Testmethoden. Als ausbaufähige Basis sehe ich hier die in Abschnitt 7 beschriebenen Methoden. Es gibt natürlich noch mehr, aber wenn wir alle diese gemeinsame Grundlage hätten, wäre uns schon viel gedient. Wer darauf aufbauend mehr lernen will, dem seien die Bücher [9, 34, 54, 59, 64, 73, 75, 82, 89] empfohlen.

Neben den Methoden brauchen wir aber noch mehr. Softwareentwicklung ist Teamarbeit. Mit Team meine ich nicht eine Fußballmannschaft, sondern einen Chor [21]. Der Unterschied in den Bildern ist wichtig. So kann ich als Torwart oder Feldspieler trotz einer Niederlage der Mannschaft eine gute Einzelkritik bekommen. Beim Chor reicht hingegen ein schlechter Sänger aus, um das Gesamtergebnis zu ruinieren. Anders als auf dem Fußballfeld können die Kollegen auch nicht helfen. Es gilt also in einem Projektteam wie in einem Chor jedes Mitglied exakt nach seinen Fähigkeiten zu integrieren, bewusst aufzubauen und auf manche auch zu verzichten.

Aufgrund dieser starken Teambetonung liegt ein Erfolgsfaktor auf der internen Kommunikation und Rollenverteilung. Hier geraten wir schnell in ein typisches Softwareproblem: Viele Entwickler sind eher introvertiert und möchten am liebsten alleine arbeiten. Hier heißt es behutsam vorzugehen und die anstehenden Aufgaben bewusst zu verteilen. Wichtig erscheint mir bei der Bestimmung der Personen, die externen Kontakt mit Auftraggeber, Anforderungsgeber oder Anwender haben, mit größter Sorgfalt die Geeignetsten dafür auszusuchen. Aber auch interne Schlüsselpositionen dürfen nicht nur nach fachlichen Kriterien besetzt werden. In modernen Softwareteams ist eben kaum noch Platz für eine »Programmierdiva«.

Aber bleiben wir realistisch: Wir werden uns nur selten ein ideales Team aussuchen können. Die Kunst besteht darin, mit den Kollegen das Maximum der eigenen Leistungsfähigkeit im Team gemeinsam zu erreichen. Projektarbeit ist daher stets auch Teambildung. Es erfordert damit von allen Beteiligten zumindest die Erkenntnis, dass das Team gemeinsam für den Projekterfolg verantwortlich ist.

12.3 Anforderungen an den Projektleiter

Waren wir bisher bereits anspruchsvoll, so sind wir dennoch in der Lage, das zu steigern. Doch beginnen wir damit, was ein Projektleiter **nicht** sein muss: der beste Entwickler. Ein Fehler, den ich häufig sehe, ist es, aus Mangel an anderen Karrieremöglichkeiten den besten Entwickler zum Projektleiter zu machen. Dies hat meist zwei Nachteile:

- ❏ Es fehlt der beste Entwickler im Team. Die Teamleistungsfähigkeit wird also verringert.
- ❏ Die meisten Entwickler sind gar nicht besonders gut als Projektleiter geeignet und streben diese Position auch nicht an. Es erscheint häufig nur als einzige Möglichkeit, sich auf der Karriereleiter zu verbessern.

Alle kommunikativen, führungsthematischen und organisatorischen Defizite, die wir beim Projektteam realistischerweise akzeptieren müssen, sollte der Projektleiter ausgleichen können. Die Stärken eines Entwicklungsteams, nämlich das Lösen technischer Probleme, sollte aber weitestgehend im Team liegen. O.k., es gibt Ausnahmen für sehr kleine Teams, weil dort die Leitungsaufgaben noch nicht so umfangreich sind. Aber ab einer Teamgröße von fünf bis zehn Personen ist die Projektleitung eine Vollzeitaufgabe. In kleineren Teams kann der Leiter auch technische Aufgaben mit übernehmen. Da seine Priorität aber stets auf den Führungsaufgaben liegt, sollten die technischen Themen, die er bearbeitet, nur mittlere oder niedrigere Priorität haben, um nicht in Konflikte zu geraten oder sich zeitlich aufzureiben.

Kommen wir nun zu den Eigenschaften, die wir mitbringen sollten, um das Wagnis einer Projektleitung übernehmen zu können:

1. Kommunikationsstärke
2. Durchsetzungsvermögen
3. Organisationstalent
4. Mut
5. Kenntnis von Projektmanagement und angemessener PM-Techniken
6. Flexibilität und Kreativität
7. Belastbarkeit
8. Technisches Verständnis

Na, immer noch Lust auf die Aufgabe, Projekte zu leiten? Es macht auch Spaß, und die Herausforderung reizt sehr. Beachten Sie aber bitte stets, dass Projektmanagement angewandte Mängelverwaltung ist.

13 Teststrategie: Der Weg ist wichtiger als das Ziel

Wenn wir unsere Softwareentwicklung strategisch auf bessere Entwicklertests und höhere Qualität fokussieren wollen, werden wir mit Problemen anderer Art konfrontiert: Wie setzen wir eine strategische Entscheidung angemessen und erfolgreich um? Schauen wir uns die Managementerfahrungen der letzten 20 Jahre an, bemerken wir, dass es keinen Zusammenhang zwischen der Qualität einer Strategie und dem wirtschaftlichen Erfolg gibt. Dies liegt daran, dass es nur in knapp 10% aller untersuchten Fälle gelungen ist, die formulierten Strategien auch erfolgreich zu implementieren. In den meisten Fällen ist das Problem also nicht eine schlechte Strategie, sondern eine schlechte Umsetzung [48].

Ähnlich verhält es sich mit der Umsetzung von Testkonzepten und QS-Strategien. Ein mittelmäßiges, eher pragmatisches QS-Konzept erfolgreich umgesetzt ist von deutlich größerem praktischen Nutzen als ein optimiertes Konzept, dessen Umsetzung nicht gelingt. Wir sollten also die einfache Umsetzbarkeit und Akzeptanz innerhalb der Entwicklung besonders im Auge haben. Insbesondere müssen wir den »Flavor of the week«-Fehler vermeiden und uns über lange Zeit mit hohem Einsatz einer qualitativen Verbesserung widmen.

13.1 Strategien umsetzen

Wenn wir die Qualität innerhalb der Softwareentwicklung verbessern wollen, so sollten wir in kleinen Schritte vorgehen und besonderes Augenmerk darauf richten, dass alle Beteiligten auch hinter diesen Ideen und Maßnahmen stehen. Hier ist Überzeugungsarbeit zu leisten.

Zu Beginn ist diese Überzeugungsarbeit meist gar nicht so schwer. Viele Entwickler reizen neue Techniken. Das Bekannte wird uns doch schnell langweilig. Die Ideen klingen einleuchtend und xUnit ist gerade sowieso hip. Die Probleme treten im täglichen Alltag auf. Das subjektive Empfinden beim testgetriebenen Entwickeln ist es, nur langsam voranzukommen. Zu oft habe ich gesehen, wie gute Konzepte nach anfänglichem Elan schnell wieder eingeschlafen sind.

Um strategische Entscheidungen umzusetzen, bedarf es immer wieder dem Einsatz und der Überzeugungsarbeit einzelner Antreiber. »Strategisch« bedeutet eben langfristig zu denken und diese Richtung immer wieder entgegen den Anforderungen aus dem Tagesgeschäft durchzusetzen. Das schaffen wir nicht alleine, dafür ist Unterstützung notwendig.

Als erstes Ziel sollten wir also »treue Weggefährten« finden, die das gemeinsame Ziel mit verfolgen. Je höher die Akzeptanz dieser Personen in den betroffenen Teams ist, desto besser. Mit diesen Gefolgsleuten sollten wir regelmäßigen, engen Kontakt pflegen, um die täglichen Probleme bei der Umsetzung einer Maßnahme schnell zu erkennen und Gegenmaßnahmen einleiten zu können.

Da strategische Ziele langfristige Ziele sind, ist der Prozess ihrer Umsetzung auch lang andauernd. Dafür müssen wir uns im Tagesgeschäft immer wieder Zeit freihalten. Der Trick dazu ist ein einfaches Zeitmanagement, das *Eisenhower-Prinzip* [8]. Wir teilen dazu alle anstehenden Aufgaben nach zwei Kriterien ein:

1. Dringlichkeit
2. Wichtigkeit

Wir erhalten so vier Quadranten, die jeweils eigene Maßnahmen zur Folge haben (Abb. 13.1). Die vier Quadranten helfen uns bei der Maßnahmenfindung. Das Tagesgeschäft muss erledigt werden. Zeit für die Verfolgung unserer strategischen Ziele finden wir in den beiden unteren Quadranten.

Erfolgreiche Menschen oder Organisationseinheiten schaffen es regelmäßig, sich Freiräume für die Verfolgung ihrer strategischen Ziele zu verschaffen. Dies kann nur zu Lasten der unteren beiden Quadranten aus Abb. 13.1 gehen. Dort können wir Zeit einsparen, indem wir Aufgaben geringerer Wichtigkeit delegieren oder umverteilen und die Aufgaben mit nur geringer Dringlichkeit und Wichtigkeit weitgehend weglassen.

Lernen wir zu delegieren und uns auf die wichtigen Dinge zu konzentrieren. Dies ist nicht einfach, denn das Tagesgeschäft scheint uns oft zu verschlingen. Aber zählt wirklich jede aktuelle Aufgabe zum Quadranten *Tagesgeschäft*, ist also wichtig und dringlich? Es kann nicht alles höchste Priorität haben, sondern ganz im Gegenteil nimmt der Anteil ab, je höher die Priorität ist (Abb. 13.2).

Wir müssen uns daher immer wieder der aktuellen Beantwortung der Frage stellen, was wirklich wichtig und dringlich ist. Wir treffen dazu Entscheidungen, die nicht immer einfach sind, sondern manchmal sogar schmerzhaft. Es kann eben nicht alles in Perfektion gemacht werden. Nur

13.1 Strategien umsetzen

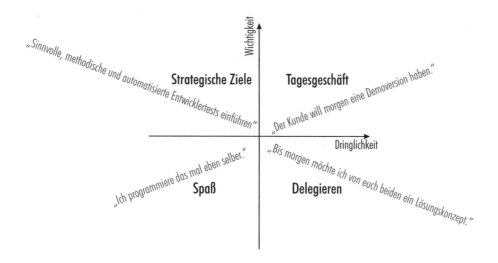

Abbildung 13.1: Zeitmanagement nach dem Eisenhower-Prinzip

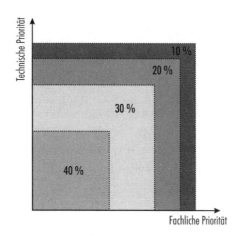

Abbildung 13.2: Die Anteile der verschiedenen Prioritätsstufen sind nicht gleichmäßig verteilt, sondern nehmen zu den hohen Prioritäten hin ab (Abb. 10.6 auf Seite 133).

so können wir es schaffen, langfristig besser zu werden und unsere strategischen und damit für uns und unser Projekt wichtigen Ziele zu erreichen.

Diese Fokussierung sollte immer wieder neu bzw. wiederholend erfolgen, denn unter dem Druck des Alltags werden wir immer wieder von der langfristig sinnvollen Bahn abgelenkt. Wie könnte das für unser Thema *Entwicklertests* aussehen?

Wir selbst und unsere Mitstreiter weisen in jedem Review auf den Wert und die Wichtigkeit hin. Positive Verstärkung heißt das motivatorische Zauberwort. Es fällt meist leichter, Stärken auszubauen, als Schwächen zu kompensieren. Daher sollte jeder auch noch so kleine Schritt in die richtige Richtung von außen verstärkt werden. Solange wir als Team noch nicht in den Genuss der Vorteile testgetriebenen Vorgehens gekommen sind, besteht die Gefahr, dass alle Bemühungen einschlafen, bevor wir den Mehrwert abschöpfen konnten. Wir können das Erreichen des Mehrwerts auch beschleunigen, indem wir bei der ersten Möglichkeit zu einem Refactoring (Abschnitt 10.2 ab Seite 143) dies sofort ausprobieren. Um das Refactoring sicher durchführen zu können, benötigen wir unsere Unit-Tests. Auf der Basis des neuen Designs sollte die Weiterentwicklung einfacher erfolgen können. Wir erkennen so den Wert unserer Unit-Tests und den wirtschaftlichen Nutzen.

Ziehen Sie bei jeder Gelegenheit Parallelen zu bestehenden Wartungsarbeiten für ältere, abgeschlossene Projekte. Was für Probleme haben wir dort, und wie können wir diese in Zukunft umgehen oder zumindest verringern? Schnell werden Ideen aus dem testgetriebenen Vorgehen wieder in den Vordergrund gestellt.

Da eigene Ziele stärker motivieren als von außen vorgegebene, können wir auch versuchen, unser Team in die Entwicklung einer Teststrategie von Anfang an mit einzubeziehen. Wir können dann immer wieder darauf hinweisen, dass wir alle dasselbe Ziel verfolgen.

Auf jeden Fall muss es für jedes Mitglied des Teams spürbar sein, wie wichtig uns das Ziel ist, das wir mit unserer Strategie anstreben. Es darf nicht aufgesetzt wirken, sondern sollte unserer innersten Überzeugung entspringen. Dann sind wir auch überzeugend!

13.2 Inhalte einer pragmatischen Entwicklertest-Strategie

Jetzt haben wir Ideen, wie wir eine Strategie verfolgen und umsetzen können. Wie sieht aber nun unsere Strategie aus? Eine mögliche Variante möchte ich kurz beschreiben. Sie bezieht sich ausschließlich auf Themen aus Teil II des Buchs. Sicher wäre mehr denkbar, aber ich möchte bei meinem Vorschlag sehr pragmatisch bleiben und so nah wie möglich am Entwickleralltag, damit sich dort schnell Verbesserungen einstellen, und so die ersten Erfolge früh erreicht werden können. Einzelne Punkte könnten sicher auch vorgezogen werden, genauso wie andere Themen bereits umgesetzt sein werden.

13.2 Inhalte einer pragmatischen Entwicklertest-Strategie

Eine aufeinander aufbauende Reihenfolge für Verbesserungen ist:

1. technische Verbesserungen
2. analytische Verbesserungen
3. testmethodische Verbesserungen
4. organisatorische Verbesserungen

Wir verbessern also zuerst unsere technischen Lösungen:

1. Wir entwickeln gemeinsam mit dem Team einen Coding Style Guide für defensives Programmieren.
2. Wir reduzieren den Compiler-Warning-Level und programmieren nur noch Warning-frei[1].
3. Wir führen gegenseitige, interne Codereviews ein, die mit einem kurzen Mail-Protokoll dokumentiert werden. So stellen wir sicher, dass unsere Regeln auch wirklich befolgt werden.
4. Wir systematisieren das Debugging. Gemeinsam mit unseren Debugging-Cracks stellen wir in einer Sitzung dem Team unser Vorgehen vor. Danach wird in regelmäßigen Sessions unter den Entwicklern über die neuesten Fehler und den Weg, sie zu finden, diskutiert. Fehler verlieren so ihren Schrecken, und alle Entwickler sind in der Lage, ihr technisches und fachliches Wissen zu verbreitern.
5. Wenn nicht bereits vorhanden, führen wir eine Designleitlinie ein, also z. B. Entity-Control-Boundary.
6. Wir stellen das Konzept der xUnit-Familie vor und führen das Tool in unsere Entwicklungsumgebung ein. Jeder darf damit herumspielen und es ausprobieren. Falls uns xUnit technisch nicht zur Verfügung steht, könnten wir ein eigenes einfaches Unit-Testkonzept entwerfen und realisieren, das für unsere konkrete Umgebung ausreicht.

Unsere analytischen Fähigkeiten können wir auf die folgende Art verbessern:

1. Wir stellen das FURPS-Modell vor, um Anforderungen klassifizieren zu können. So können wir strukturierter analytisch arbeiten.
2. Die funktionalen Anforderungen werden in Form von Ablaufdiagrammen beschrieben. Die UML bietet zur Beschreibung der funktionalen Anforderungen das Modellelement des Anwendungsfalls (engl.: use case). Die Ablaufbeschreibungen der Anwendungsfälle werden in der UML mit Aktivitätsdiagrammen beschrieben.

---

[1] Im Einzelfall müssen zwar Ausnahmen gemacht werden, doch sind diese meist genau zu bestimmen bzw. zu definieren.

3. Auf Basis der Ablaufdiagramme führen wir eine erste Version eines testgetriebenen Vorgehens ein. Dazu werden die Ablaufdiagramme um fachliche Ausnahmen und Fehlerbehandlungen ergänzt. So können wir uns systematisch mit den destruktiven Gedanken des Tests anfreunden. Wir bemerken bereits hier erste Erfolge, da eine deutliche Verbesserung unserer analytischen Ergebnisse sichtbar sein sollte.

Zur Verbesserung der angewendeten Testmethodik können wir Folgendes vorantreiben:

1. Wir führen jetzt eine vollständige Version des testgetriebenen Vorgehens ein, wobei wir nicht mehr nur Testfälle finden wollen, sondern diese über xUnit vorab programmieren. Diese programmierten Tests sind auch Bestandteil des Codes für die internen Reviews.
2. Vorstellung und Wert lateraler Tests.
3. Durch Seminare schulen wir die klassischen Testthemen:
   - Testdaten: Grenz- und Exremwerte
   - Fehlersensibilität
   - Testdaten als Designkriterium
   - Zweigüberdeckung sowie vereinfachte Schleifen- und Termüberdeckung
   - Zustandsraumbasiertes Testen
4. Danach schulen wir ggf. die objektorientierten Testthemen:
   - Testreihenfolge: Assoziationen und Vererbung
   - Vererbung: Prinzipien der Objektorientierung, Flattening, zufällige Korrektheit
   - Typische Fehler bei Vererbung
   - Vorstellung und Diskussion verschiedener Testmuster
5. Einen Bezug schaffen zwischen den Klassenarten aus der Designleitlinie und xUnit-Tests.
6. Vorstellung der Ideen und Prinzipien des Refactoring und resultierender Anforderungen an xUnit-Testfälle.
7. Interne Reviews durch externe Reviews ergänzen.

Abschließend verbessern wir unsere Organisation:

1. Aufbauen systematischerer Aufwandsschätzungen durch nachträgliche Soll-Ist-Analysen als statistische Grundlage.
2. Einsetzen eines Testumgebungsverantwortlichen, der sich primär den technischen und organisatorischen Aufgaben widmet.

So oder ähnlich könnte ein Maßnahmenkatalog zur langfristigen Qualitätsverbesserung der Softwareentwicklung aussehen. Im Einzelfall sollte der Themenkatalog auf die individuellen Stärken und Schwächen der Teammitglieder sowie das Vorwissen und die Erfahrung zugeschnitten werden, was aber vermutlich uns allen klar ist. Schulungen können intern selbst geleistet werden oder aber extern besucht werden [71]. Meist scheint mir eine gesunde Mischung die sinnvollste Antwort auf interne Weiterbildung.

14 Fehlerkultur

Erfolgreiche Verbesserungen der Entwicklertestqualität setzen ein aktives und offensives Handeln gegenüber Fehlern und Fehlerquellen von jedem Einzelnen voraus. Wir wollen aus Fehlern lernen und versuchen, dass ein Fehler kein zweites Mal passiert. Dazu müssen wir aber offen über Fehler sprechen.

Dabei stehen wir uns leider oft selbst im Weg. Wir suchen Schuldige, anstatt uns der Lösung des Problems anzunehmen. Aber eigentlich ist es sonnenklar: Wer regelmäßig den Überbringer schlechter Nachrichten »köpft«, darf sich nicht wundern, wenn er keine schlechten Nachrichten mehr mitgeteilt bekommt. Das heißt aber nicht, dass es keine Probleme mehr gibt, sondern nur, dass sie regelmäßig vertuscht werden oder dass versucht wird, sie jemand anderem anzuhängen. Problemlösungen stehen dann allerdings nicht mehr im Zentrum unserer Aktivitäten.

Eine solche Fehler-Unkultur können wir an einem Indiz schnell erkennen: Keiner übernimmt für etwas gerne die Verantwortung. Es wird versucht, Verantwortung aufzuteilen, so dass sich jeder im Zweifelsfall herausreden kann. Es entsteht schnell eine »Arsch-an-die-Wand«-Mentalität, die darauf ausgerichtet ist, dass einem selbst kein Fehler nachzuweisen ist. Auf dieser Basis ist es sicherlich schwer, erfolgreich Projekte durchzuziehen. Was mich daran so besonders ärgert, ist, dass so Verbesserungen kaum vorzunehmen sind.

Eine offensive, konstruktive Fehlerkultur hat das Problem jeder Firmenkultur: Wir schauen sie uns von unseren offiziellen und inoffiziellen Teamchefs ab. Wenn wir in unserem Team eine solche Fehlerkultur schaffen wollen, bleibt uns nichts anderes übrig, als sie konsequent vorzuleben. Wir erkennen sie an den Fragen und dem Verhalten, wenn Probleme oder Fehler auftreten. Typische Fragen sind:

- Was hat das für Konsequenzen oder Auswirkungen?
- Was können wir dagegen tun?
- Wie können wir dieses Problem in Zukunft vermeiden?
- Was kann jeder Einzelne verbessern?

Das Ganze findet in einer sachlichen, ergebnisorientierten Atmosphäre statt. Je größer das Problem ist, desto wichtiger ist es, Ruhe zu bewahren und zuerst genauestens zu analysieren. Schon oft wurde durch einen Schnellschuss aus einem mittleren Problem eine Katastrophe. Vermeiden wir operative Hektik oder plakativ gesagt: *Wenn es schnell laufen soll, gehe langsam!* So vermeiden wir Folgefehler und kommen meist schneller bzw. erfolgreicher zum Ziel.

14.1 Konstruktive Fehlerkultur: aus Fehlern lernen

Projekte sind per definitionem riskant. Sonst würden wir kein Projekt aufsetzen, sondern die Aufgabe im Tagesgeschäft erledigen. Für einzelne Bereiche fehlt uns zu Beginn und während der Durchführung Vorwissen bzw. Erfahrungen. Irgendetwas ist immer neu, sei es fachlich-inhaltlich, durch neue Technologien, die zum Einsatz kommen, neue Managementmethoden oder ein neues, unerfahrenes Team. Deshalb ist der Anteil abgebrochener Projekte recht hoch. Der Chaos Report der Standish Group geht seit Jahren fast unverändert von ca. 30% aller Softwareprojekte aus, die nicht beendet werden, und etwa 50%, die Budget und/oder Termin deutlich überziehen [85].

Wir werden bei komplexen Aufgaben immer Fehler machen. Das hat auch seine guten Seiten, denn wir können aus Fehlern lernen. Sie begründen einen Großteil unserer Erfahrungen und erweitern so unseren Erfahrungshorizont. Wir lernen dabei, mit Fehlern und ihren Folgen umzugehen. Dabei verlieren wir die unnötige Angst, Fehler zu machen bzw. auf Fehler nicht angemessen reagieren zu können.

Wenn wir einen Fehler gemacht haben, lernt stets das einzelne Individuum daraus. Je nach Fehlerkultur jedoch nicht immer das Gewollte. Für den Lernprozess ist die Analyse der Ursachen und Wirkungen von elementarer Bedeutung. Konzentrieren wir uns nur auf die äußere Wirkung, lernen wir das Vertuschen, aber nicht das Lösen von Problemen.

Wenn wir wollen, dass die Gruppe von Fehlern profitiert und das Team aus Fehlern lernt, müssen die jeweiligen Fehlerzusammenhänge allen umfassend bekannt sein. Wir analysieren und kommunizieren dazu die Fehlerursachen und die möglichen Reaktionen aktiv. Wir schaffen eine konstruktive Fehlerkultur (Tab. 14.1).

In konstruktiven Fehlerkulturen werden mehr Fehler gemacht, jedenfalls offiziell. Aus den Fehlern wird gelernt und die betroffenen Abläufe oder Produkte permanent verbessert. Wir reduzieren so unnötige Ängste und fördern Mut und Initiative. Wir erkennen das daran, dass aktiv Verantwortung übernommen wird.

Konstruktive Fehlerkultur	Destruktive Fehlerkultur
Wie können wir Schäden minimieren?	Wer hat Schuld?
Was sind die Ursachen?	Wie können wir den Fehler vertuschen?
Was können wir verbessern?	Wem können wir den Fehler anhängen?
Wir machen nicht genug Fehler!	Wir machen keine Fehler!

Tabelle 14.1: Wir erkennen konstruktive bzw. destruktive Fehlerkulturen an typischen Fragen und Aussagen.

Destruktive Fehlerkulturen machen zwar offiziell weniger Fehler, wiederholen diese aber mehrfach und haben eine Vielzahl inoffizieller Fehler als »Leichen im Keller«. Das Verhalten ist Angst-dominiert, weshalb Entscheidungen, wenn sie denn überhaupt getroffen werden, zig-fach abgesichert werden. Mut und Initiative werden so unterdrückt, und Verantwortung wird nur in aufgesplitterter Form übernommen. Es finden dann Spiele statt, in denen Schuld wie beim »Schwarzer Peter« hin- und hergeschoben wird und die Beteiligten lernen, dass sich Verantwortung nicht lohnt.

Wenn wir unsere Entwicklertests unter diesem Gesichtspunkt betrachten, können wir verschiedene Thesen ableiten. Um Projekte erfolgreich durchstehen zu können, brauchen wir sowohl die Initiative aller Beteiligten, als auch ein möglichst breites Wachstum an Erfahrung und Wissen über die Problembereiche im Projektteam. Beides wird direkt von der Fehlerkultur beeinflusst. Der Wert von Reviews wird in konstruktiven Fehlerkulturen deutlich höher sein. Externe Reviews sind anders kaum sinnvoll denkbar.

14.2 Fehlerkultur und Kreativität

Die Fehlerkultur kann auch Auswirkungen auf die Kreativität im Team haben. Initiative ist eine der Voraussetzungen, um kreative Lösungen zu entwickeln, leider wird sie oft in destruktiven Fehlerkulturen unterdrückt. Aber der Zusammenhang wirkt sich auch noch weiter aus.

Innovationsprozesse entstehen aus komplexen geistigen Gebilden heraus, deren konkrete Zusammenhänge für einen bestimmten Innovationsprozess vorher nicht abzuschätzen sind. Der Grad der möglichen Freiheitsgrade im Denken bestimmt unsere Innovationsfähigkeit. Destruktive Fehlerkulturen schränken unsere Freiheitsgrade ein und unterdrücken so Innovationen.

Das Problem mit Innovationsprozessen ist, dass sie sich nicht planen lassen. Ein innovationsförderndes Umfeld können wir sehr wohl schaffen, indem wir die Kommunikation untereinander fördern. Dies können wir auf vier Ebenen unterstützen:

Freiräume: Viele gute Ideen werden bereits im Ansatz von der bestehenden Kultur unterdrückt. Typisch sind Aussagen wie »Das war schon immer so« oder »Das hat früher schon nicht funktioniert«.
Handlungsentlastung: Reduktion der operativen Hektik. Was ist dringlich und wichtig? (Abb. 13.1 auf Seite 207)
Interessendeckung: Selbst gewählte Ziele motivieren mehr als vorgegebene.
Konstruktive Fehlerkultur: Fehler nicht als Versagen, sondern als notwendige Erkenntnis werten.

Innovation ist dabei nicht an kleine Firmen gebunden, sondern davon abhängig, ob es uns trotz großem äußeren Druck gelungen ist, eine sehr offene Kommunikation und eine konstruktive Fehlerkultur aufzubauen bzw. zu erhalten. Innovation ist dabei kein Selbstzweck, sondern Ergebnis wirtschaftlicher Ziele. Entsprechend sollten wir unsere Innovationsprozesse auch in einem konkreten Rahmen halten bzw. versuchen zu steuern.

Es gibt feste Innovationsbarrieren z. B. aus Inkompatibilität zu bestehenden Systemen oder Rahmenbedingungen wie Gesetzen oder dem Angebot an qualifizierten Kräften. Die Wissensentwicklung sollte sich auch nicht von den Zielen der Organisation entkoppeln. Nicht alles, was technisch machbar ist, ist auch wirtschaftlich sinnvoll.

Das generelle Problem, welches wir mit Innovationsergebnissen haben, ist deren Kurzlebigkeit. Wissensvorsprünge sind nur von kurzer Dauer und sollten daher immer wieder neu erarbeitet werden. Wenn wir dies nicht können, kann es für uns zu teuer sein, sich auf ein Umfeld mit hohem Innovationsdruck einzulassen. Häufig kann nur noch der Erstanbieter seine Entwicklungskosten wieder einfahren, da wir nachfolgend mit Massenanbietern konkurrieren müssen.

14.3 Beurteilung und Konsequenzen von Fehlern

Kommen wir nach diesem kurzen Ausflug wieder zurück zu unserem eigentlichen Thema, den Entwicklertests. Welche Konsequenzen sollten Fehler haben, und wie beurteilen wir sie?

Wenn ein Fehler das erste Mal auftritt, müssen wir ihn wohl oder übel als Wissensgewinn abhaken. Wir analysieren Ursachen und Umfeld und stellen durch Verbesserungen sicher, dass dieser Fehler nicht noch einmal auftritt. Wiederholen sich Fehler, könnte unsere erste Analyse unzureichend gewesen sein. O.k., dann haben wir einen Fehler gemacht und korrigieren diesen. Wir sind alle »nur« Menschen und »nobody is perfect«.

14.3 Beurteilung und Konsequenzen von Fehlern

Es kann aber auch daran liegen, dass wir Kollegen überfordern, die nicht in der Lage sind, diesen anspruchsvollen Weg vollständig mitzugehen. Nur selten brauchen wir dann den harten Weg der Trennung bzw. Kündigung zu gehen. Die konstruktivere Lösung ist meist, eine angemessenere Aufgabe zu finden, die den entsprechenden Mitarbeiter nicht mehr überfordert. Im Umfeld eines Projekts gibt es derartig viele verschiedene Aufgaben zu erledigen, dass sich eine, den Qualifikationen, Fähigkeiten und Wünschen des Mitarbeiters gerechte Lösung finden sollte. Auch hier ist eine offene, direkte Kommunikation der Schlüssel zum Erfolg, damit kein Makel am Mitarbeiter hängen bleibt. Wir können ein solches Problem auch als Fehlbesetzungsfehler der Projektleitung bewerten. Konstruktiver ist die Bewertung als Versuch. In konstruktiven Fehlerkulturen ist so etwas möglich, in destruktiven eher nicht. Ein solches Vorgehen ist keine weiche Linie, sondern ein klares, hartes, aber differenziertes Handeln, bei dem Fehler immer Konsequenzen haben und es auch Trennungen geben kann.

Teil IV

Möglichkeiten und Herausforderungen

▷ **Test von Realtime und Embedded Systems** 221
Echtzeit- und eingebettete Systeme werfen weitere Probleme beim Test auf. Wir schauen uns ein paar schnell einsetzbare Ideen an, diese in den Griff zu bekommen. Auch wenn wir nicht selbst in diesem Umfeld arbeiten, können wir weitere Anregungen für unsere Tests erhalten.

▷ **UML 1.5 vs. UML 2.0** 239
Die UML als weltweite Standardnotation ist in der Version 2.0 weitgehend überarbeitet worden. Insbesondere für Realtime und Embedded Systems gibt es jetzt mehr Möglichkeiten. Aus Testsicht sind noch zwei weitere Aspekte relevant: Fehlerquellen durch Inkompatibilitäten der Versionen 1.x und 2.0 sowie die Möglichkeit der Modellierung von Tests über das Testprofil.

▷ **Zusammenwachsen von Entwicklung und QS** 257
Um die zukünftigen Anforderungen an uns bewältigen zu können, sollten sich Entwicklung und QS, im engen Austausch verbunden, diesen gemeinsam stellen. Wir können gegenseitig eine Menge voneinander lernen.

15 Test von Realtime und Embedded Systems

Realtime und Embedded Systems, also Echtzeit- und eingebettete Systeme oder kurz: RTES, sind verbreiteter als »normale« Computer. So hatte ein »Durchschnittsamerikaner« 1995 täglich mit ca. 60 Mikroprozessoren Kontakt. In einem modernen Pkw befinden sich bis zu 100 Mikroprozessoren.

Spätestens seit den Arbeiten von Selic 1994 und seinem ROOM-Vorgehen hat die Objektorientierung auch in der RTES-Entwicklung Fuß gefasst [78]. Die Unzulänglichkeiten der UML 1.x für diese Art der Softwareentwicklung sind durch Arbeiten von Douglass nach und nach durch taugliche Varianten ersetzt worden [25, 26]. Mit der UML 2.0 sind diese mittlerweile auch offizieller Standard.

In der Softwareentwicklung und damit auch im Entwicklertest haben wir für RTES dieselben Probleme, wie wir sie bisher behandelt haben. Darüber hinaus gibt es aber noch mehr zu beachten, was das Ganze spannender macht, aber auch zusätzlicher Techniken und Methoden bedarf. Einige der Ideen zum Test von RTES, die ich für besonders effektiv und doch relativ einfach umsetzbar halte, möchte ich Ihnen noch vorstellen. Auch Nicht-RTES-Entwicklern können sie gute Anregungen für ihre Tests geben.

15.1 Was bedeutet eigentlich RTES?

Ein Embedded System ist ein, in ein übergeordnetes System eingebettetes, Hard- und Softwaresystem, welches mit seiner Umgebung interagiert. Das übergeordnete System wird auch als *Anlage* bezeichnet [14]. Signale werden dabei über Sensoren empfangen. Über Aktoren werden Signale nach außen gegeben, die meist verändernd oder steuernd auf die Umwelt einwirken (Abb. 15.1).

Die Software des Embedded Systems ist in einer beliebigen Art nichtflüchtigem Speicher (NVM – Non-Volatile-Memory) abgelegt. Dies ist meist ROM, kann aber auch eine Flashcard, eine Festplatte oder andere Technologie sein. Von daher gibt es Systeme, die den NVM nur lesen können oder

15 Test von Realtime und Embedded Systems

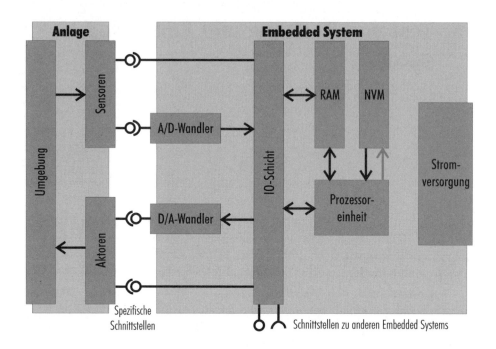

Abbildung 15.1: Schema eines Embedded Systems: Die Kommunikation des Embedded Systems nach außen findet über Schnittstellen statt. Intern besitzt es flüchtigen Arbeitsspeicher (RAM) und nicht-flüchtigen (NVM). In manchen Systemen kann auf den NVM auch schreibend zugegriffen werden, was durch den grauen Pfeil angedeutet ist [14].

aber auch schreiben. Als Arbeitsspeicher für den Prozessor wird entsprechend RAM bereitgestellt.

Bislang sieht ein Embedded System aus wie jeder normale PC. Den Unterschied macht die Kommunikation mit der Umwelt aus. In den IO-Layer sind bei Bedarf Analog/Digital-Wandler integriert sowie Schnittstellen zu anderen Embedded Systems.

Ganz allgemein lassen sich Embedded Systems nach verschiedenen Kriterien charakterisieren, die für das jeweilige Testumfeld und die Tests relevant sind. Dies sind z. B.:

- Sicherheitskritische Systeme
- Technisch-wissenschaftliche Algorithmen
- Autonome Systeme
- Einzigartige Systeme, z. B. Forschungssatelliten
- Analoger Input bzw. Output
- Hardware-Restriktionen, z. B. für die Größe oder das Gewicht

15.1 Was bedeutet eigentlich RTES?

❏ Zustandsbasiertes Verhalten
❏ Hartes Echtzeit-Verhalten
❏ Steuerungssysteme
❏ Extreme Umgebungsbedingungen

Damit wir es nicht zu einfach haben, treffen meist mehrere Kriterien zu. Anhand der ersten beiden Kriterien lassen sich Embedded Systems in vier Kategorien einteilen:

❏ Sicherheitskritisch: Systemfehler können in physische Personenschäden resultieren und
❏ Technisch-wissenschaftliche Algorithmen: Abläufe bestehen aus komplexen Berechnungen wie dem Lösen von Differentialgleichungen.

In Tabelle 15.1 sind Beispiele dafür zu sehen.

	nicht sicherheitskritisch	sicherheitskritisch
keine technisch-wissenschaftlichen Algorithmen	Set-Top-Box, Telekommunikationsswitch	Eisenbahn-Signalanlage, Herzschrittmacher
technisch-wissenschaftlichen Algorithmen	Wettervorhersagesystem, IR-Thermometer	NMR Scanner (Kernspin), Raketenabwehrsystem, Kfz-Tempomat

Tabelle 15.1: Einteilung von Embedded Systems nach Sicherheitskritikalität und verwendeter Art des Algorithmus. Die angegebenen Beispiele dienen nur zur Verdeutlichung [14].

Beim Echtzeitverhalten unterscheiden wir drei Kategorien:

Harte Zeitanforderungen: Das Nichteinhalten von Zeitvorgaben durch das System resultiert in nicht akzeptablen Fehlern. Beispiele sind Herzschrittmacher oder ABS.
Weiche Zeitanforderungen: Wir haben eine Bindung an durchschnittliche Zeitvorgaben und Durchsätze. Verspätete Ereignisse sind nicht gewünscht, verursachen aber auch keine Katastrophen. Beispiele sind Flugreservierungssysteme, Navigationssysteme oder Geldautomaten.
Stabile Zeitanforderungen: Hierbei handelt es sich um weiche Zeitanforderungen mit einer *Deadline*. Bis die Deadline erreicht ist, gelten weiche Zeitanforderungen, durch die Deadline selbst wird dann eine Grenze für das Einsetzen einer Aktion gesetzt. Beispiel ist ein Beatmungsgerät.

15.2 Was ist ein sicheres System?

In der RTES-Welt wird ein sicheres Gerät folgendermaßen definiert [26]:

❏ Es treten keine Fehler auf, solange das Gerät für seine beschriebenen Aufgaben genutzt wird.
❏ Ein einzelner Fehler kann das System nicht in einen gefährdenden Zustand bringen.

Letzteres wird als *Single-Point-Failure* bezeichnet. Der TÜV definiert sichere Geräte nach einer etwas erweiterten Betrachtung von Single-Point-Failures. Ein Gerät ist nur dann sicher, wenn es durch das Eintreten eines Fehlers nicht zu einer Gefährdung kommen kann und dieser Fehler nach einer gerätespezifischen Fehlertoleranzzeit vom System bemerkt und darauf angemessen reagiert wurde.

Wenn ein Single-Point-Failure mehrere Teile unseres Systems störend beeinflussen kann, sprechen wir von einem *Common-Mode-Failure*. Wenn also ein System für die Steuerung eines potenziell gefährdenden Ablaufs seine CPU benötigt, dürfen keine Sicherheitsmechanismen ebenfalls dieselbe CPU benutzen. Sonst hätten wir ein unsicheres System gebaut.

Wir kommen jetzt also schnell auf den Gedanken, dass wir für sichere Systeme verschiedene, getrennte Kanäle benötigen, die entweder sicherheitsrelevante Teile beinhalten oder nicht. Wir bauen uns kleine *Firewalls*. Als Kanal bezeichnen wir ganz allgemein einen statischen Pfad zur Steuerung oder für Daten, die Informationen aufnehmen und bestimmte Ausgaben erzeugen können. Tritt in einem Kanal ein Fehler auf, so ist der ganze Kanal davon betroffen.

Schutzmechanismen sind also in der Regel Redundanzen erzeugende Verfahren. Wir kennen dies aus dem Bereich der Datenhaltung. Dort gibt es verschiedene Verfahren, um Datenfehler zu bemerken.

Parität: Einfache 1-Bit-Parität reicht aus, um 1-Bit-Fehler zu finden.
Hamming-Code: Multiples Parity-Bit-Verfahren. Es identifiziert n-Bit-Fehler und kann $n - 1$-Bit-Fehler korrigieren.
Prüfsumme: Hinzufügen von Daten z. B. nach einer Modulo-Berechnung.
CRC – zyklische Redundanzprüfungen: Benötigt gute Datenintegritätsprüfungen, die dann zyklisch durchgeführt werden, um Fehler in Datenströmen zu finden. CRCs liefern eine hohe Verlässlichkeit bei nur geringer Größe und Berechnungs-Overhead, weshalb sie gerne in Kommunikationssystemen zum Einsatz kommen.
Homogene multiple Speicherung: Mehrfache, komplette Speicherung derselben Daten, die vor der Nutzung der Daten untereinander verglichen werden.

Komplementäre multiple Speicherung: Speicherung einer Bit-für-Bit-invertierten Kopie der Originaldaten. Diese Form findet gegen bestimmte Hardwarefehler z. B. im RAM Einsatz.

Dies gibt uns einen guten Eindruck von den Möglichkeiten, über Redundanz Sicherheit zu schaffen, und gilt analog für Hardware oder Steuerungssoftware.

15.3 Warum sind RTES so besonders schwierig?

Bei einem RTES kommen verschiedene Eigenschaften zusammen, die jede für sich bereits eine Herausforderungen darstellen kann. Zusammengefasst sind dies:

- Reaktives System
- Zeitverhalten, der Realtime-Aspekt
- Ressourcenmanagement
- Nebenläufigkeit
- Verteilung
- Einbettung, der Embedded-Aspekt

Auf einzelne Themen möchte ich kurz näher eingehen.

15.3.1 Reaktives System

Ein reaktives System agiert in einem nicht-deterministischen Umfeld, d. h., der Zeitpunkt und die Reihenfolge von Ereignissen sind nicht vorhersehbar. Meist sind reaktive Systeme auch Echtzeitsysteme, sie müssen also nach einer definierten Zeit antworten. Dabei gibt die Umgebung die Geschwindigkeit vor. Die Antwort selbst ist dabei vom Zustand des Systems abhängig.

In Gegensatz dazu stehen ein transformierendes System, in dem Eingangsdaten in Ausgangsdaten transformiert werden, und ein interaktives System, in dem die Geschwindigkeit vorgegeben wird, wie z. B. eine Textverarbeitung.

15.3.2 Nebenläufigkeit und Verteilung

Um auf unterschiedliche Ereignisse aus der Umwelt schnell reagieren zu können, teilen wir unser System in unabhängige und parallel ausführbare Prozesse auf. Die Anzahl der parallelen Prozesse ist ein Maß für die Komplexität eines RTES, wobei bereits zwei parallele Prozesse eine hohe Komplexität bedeuten.

Die Komplexität erhöht sich weiter, wenn die Prozesse unterschiedlich priorisiert werden sollen.

RTES können entweder auf einem Prozessor implementiert sein oder auf eine Vielzahl von Prozessoren verteilt werden. Typische Probleme auf verteilten Systemen sind:

- Verlust von Nachrichten bzw. Resultaten
- Nebenläufigkeit
    - falsche Reihenfolge von Nachrichten
    - Deadlocks – zwei oder mehr Prozesse blockieren sich gegenseitig, ohne dass sie sich von selbst aus der Blockade befreien können
    - Starvation – ein Prozess verhungert, weil er keine Rechenzeit zugewiesen bekommt
- Übertragungszeiten
- teilweise Systemausfälle

Die Verteilung ist auch ein Maß für die Komplexität, wobei bereits eine Verteilung auf zwei Prozessoren als komplex und damit kritisch betrachtet werden sollte. Dies hat Konsequenzen für den Test, da ein verteiltes System sinnvollerweise nur auf der Zielhardware endgültig getestet werden kann. Bestimmte Fehler treten eben nur in bestimmten Konstellationen auf.

Besonders drastisch ist der Unterschied von einem Ein- zu einem Zwei-Prozessor-System, da erst bei Letzterem echte Nebenläufigkeit auftritt und die damit verbundenen Fehler auftreten können.

15.4 Besondere Testverfahren

Alle klassischen Testdesigntechniken können zum Einsatz kommen. Verbreitet sind bei Embedded Systems die Verfahren:

- Für die Prozesslogik: Termüberdeckung, aber auch alle anderen Überdeckungstechniken
- Grenzwertanalyse
- Zustandsbäume und Transitionstabellen
- Äquivalenzklassenbildung
- Ursache-Wirkungs-Graphen
- CRUD-Datenlebenszyklus: Create-Read-Update-Delete[1]
- Nutzungsanalysen: Wir ermitteln das *Operational Usage*.

Auf einige ergänzende Methoden möchte ich gerne kurz eingehen, da sie aus der Menge der Testmethoden durch ihre Einfachheit und Aussagekraft besonders hervorstechen:

---

[1] Dies wird nicht näher erläutert, der Name sagt bereits alles Notwendige [14].

- Failure Mode and Effect Analysis (FMEA)
- Fault Tree Analysis (FTA)
- Classification Tree Method (CTM)

15.4.1 Failure Mode and Effect Analysis – FMEA

Die Failure Mode and Effect Analysis kann bereits früh im Entwicklungsprozess eingesetzt werden, um Sicherheitsaspekte direkt in das Design einfließen zu lassen. FMEA besteht aus drei Schritten:

1. Identifiziere mögliche Fehlerarten bzw. Fehlerzustände.
2. Analysiere die Effekte der möglichen Fehler auf das laufende System.
3. Entwickle Gegenmaßnahmen zur Minimierung der Effekte oder der möglichen Fehler.

Damit passt FMEA hervorragend in ein testgetriebenes Design. Die Fehlerarten werden nach Daten- und Ereignisfehlern unterschieden. Die **Datenfehlerarten** sind:

- Fehlende oder verloren gegangene Daten
- Inkorrekte Daten
- Falsches Timing der Daten, z. B.:
    - veraltet
    - zu früh
    - zu spät
- Zusätzliche Daten, z. B.:
    - Redundanzen
    - Daten-Overflow

Die **Ereignisfehlerarten** lauten:

- Stillstand oder anormales Programmende, z. B.:
    - Hänger
    - Deadlock
    - Absturz
- Ausgelassene Ereignisse, z. B. die Ausführung, obwohl das startende Ereignis nicht erfolgte.
- Inkorrekte Logik, z. B.:
    - falsche Vorbedingungen
    - Ereignis löst nicht die geplante Ausführung aus.

❏ Timing oder Reihenfolge, z. B.:

❏ Ereignisse zum falschen Moment

❏ falsche Ereignisfolge

Gehen wir doch im Geiste diese beiden Listen durch, wenn wir uns Gedanken über mögliche Fehler machen.

15.4.2 Fault Tree Analysis – FTA

Die Fault Tree Analysis können wir zur Identifikation von Fehlerursachen einsetzen. Wir führen dazu eine Designanalyse in Bezug auf Sicherheit und Verlässlichkeit durch.

Die FTA ist ein grafisches Verfahren, ist aber leider nicht in der UML standardisiert. Wir bauen dafür einen logischen Baum auf, an dessen Spitze ein möglicher Systemfehler steht. Die fünf zentralen Notationselemente sind in Abb. 15.2 dargestellt.

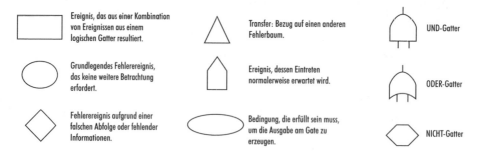

Abbildung 15.2: Die Grundelemente für eine Failure Tree Analysis (FTA), um die Boolschen Gleichungen auszudrücken, die aus einem Fehler eine Gefahr machen [26].

Ein klassisches Beispiel nach Douglass eines FTA für einen Herzschrittmacher ist in Abb. 15.3 zu sehen [26].

Die FTA ist eine Hilfsmethode zur Identifikation von grundlegenden Fehlern, von denen Gefahren ausgehen können. Im Beispiel aus Abb. 15.3 taucht der Begriff *Watchdog* auf. Er wird in Abschnitt 15.4.4 näher erläutert.

15.4.3 Classification Tree Method – CTM

Die Classification Tree Method (CTM) unterstützt das systematische Design von Black-Box-Tests. Sie hat eine gewisse Nähe zur Äquivalenzklassen-

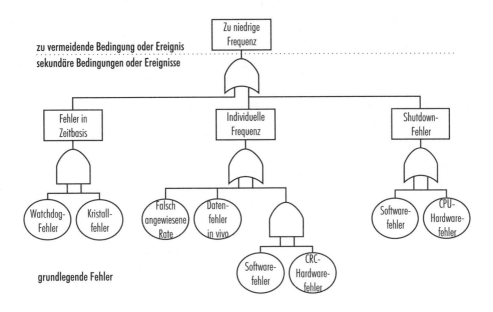

Abbildung 15.3: FTA-Beispiel für einen Herzschrittmacher [26].

Bildung und beleuchtet dieses Thema noch einmal von einer anderen Seite. CTM ist eine informale *Testdesignmethode* in vier Schritten:

1. Identifiziere die Aspekte des Testobjekts.
   - Mit *Aspekten* sind die Einflüsse auf die Datenverarbeitung im System gemeint.
2. Partitioniere den Eingabebereich analog zu den bereits identifizierten Aspekten.
   - Teile die Eingaben in Klassen auf, bezogen auf die unterschiedlichen Einflüsse.
   - Für jede Eingabe aus einer Klasse verhält sich das System in gleicher Weise.
3. Spezifiziere logische Testfälle.
   - Wähle eine Klasse für jeden Aspekt.
   - Kombiniere diese Klassen unter Berücksichtigung nicht möglicher Kombinationen.
4. Setze das Testskript zusammen.
   - Konstruiere physische Testfälle.
   - Definiere die Aktionen innerhalb des Tests.

❏ Definiere Prüfpunkte.
❏ Bestimme die Ausgangssituationen der Tests.
❏ Stelle das vollständige Testskript auf.

Die Schritte 1 und 2 werden meist rekursiv angewendet, bis die Eingabebereiche vollständig aufgeteilt sind. In den Schritten 2 und 3 finden wir die bereits bekannten Äquivalenzklassen aus Abschnitt 7.3.4 ab Seite 65 wieder.

Auch dafür schauen wir uns ein Beispiel an, einen intelligenten Tempomaten für ein Auto [14]. In Abb. 15.4 werden die Aspekte des Testobjekts dargestellt und das Ergebnis einer rekursiven Partitionierung der Eingabebereiche.

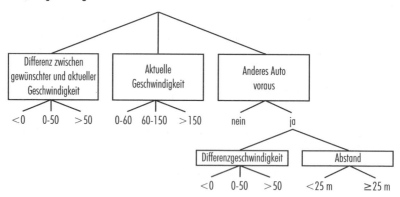

Abbildung 15.4: CTM-Beispiel für einen intelligenten Tempomaten: Die Aspekte des Systems (oben) und die rekursive Partitionierung der Eingabebereiche (unten). Siehe auch Abb. 15.5 [14].

Die Spezifizierung der logischen Testfälle erfolgt in Abb. 15.5. Jede Zeile in der unteren Matrix entspricht einem kombinierten Testfall und jede Eingabeklasse wird dabei in mindestens einem Testfall berücksichtigt.

Ein interessantes Tool zur Erstellung von *Classification Trees* ist der Classification Tree Editor von Razorcat [74].

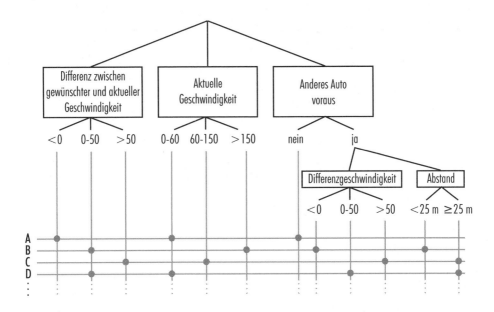

Abbildung 15.5: CTM-Beispiel für einen intelligenten Tempomaten: Die Spezifizierung der logischen Testfälle über eine Matrix. Die ersten vier kombinierten Testfälle A bis D decken bereits jeden Eingabebereich ab. Zusätzlich bleiben weitere sinnvolle Testfälle übrig, die sich aus anderen Kombinationen ergeben und hier nicht mehr angegeben sind (Abb. 15.4) [14].

15.4.4 Testbare und robuste Architektur: Watchdog- und Safety-Executive-Pattern

Ja, es gibt auch bei den »Echtzeitlern« spezielle Muster. Hier lernen wir zwei kennen, das *Watchdog-Pattern* und dessen Erweiterung zum *Safety-Executive-Pattern* [26]. Sie sind im RTES-Umfeld recht weit verbreitet, können aber auch in anderem Kontext eine willkommene Anregung sein, testbare und robuste Softwarearchitekturen zu entwickeln.

Der Wachhund (engl. watchdog) ist ein Subsystem, das Nachrichten von anderen Subsystemen erhält. Diese Nachrichten kommen entweder periodisch oder es gibt eine bestimmte Reihenfolge, die in die Nachrichten kodiert ist. Treten nun bei den erwarteten Nachrichten Fehler auf, sei es, sie kommen gar nicht bzw. zu spät oder in der falschen Reihenfolge, so startet der Watchdog selbstständig Korrekturmaßnahmen. Wie die aussehen, kann sehr unterschiedlich sein und geht vom Senden einer Alarmnachricht über das Reset eines Subsystems bis zum Herunterfahren des Systems.

Watchdogs können aber noch mehr leisten. So können wir dort periodisch eingebaute Tests laufen lassen, die besonders kritische Bereiche im

Auge haben. Watchdogs lassen sich einfach implementieren (Abb. 15.6), aber sind etwas schwach auf der Brust, wenn es darum geht, komplexe Fehler zu handhaben oder eine Fehler-Recovery durchzuführen.

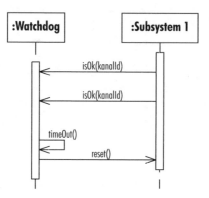

Abbildung 15.6: Das Watchdog-Pattern ist recht simpel und daher vielseitig einsetzbar [26]. Das Beispiel zeigt eine einfache Sequenz zwischen Watchdog und dem zu überwachenden Kanal.

O.k., ein Watchdog macht unsere Software sicherer, aber wie hilft uns das beim Test? Ein Watchdog kann uns auf verschiedene Weise das Leben erleichtern. Wir haben mit ihm ein autarkes Subsystem, welches von überall her Nachrichten empfängt. Es kann deren Verlauf protokollieren, aber auch alle Fehler simulieren, auf die der Watchdog achten soll. So können wir einfach das Reaktionsverhalten unseres Systems auf interne Fehler prüfen.

Unser Wachhund lässt sich aber noch weiter ausbauen. Wir erhalten dann das *Safety-Executive-Pattern* [26]. Wir haben dann einen richtig cleveren Wachhund, der das ganze Sicherheitsmonitoring übernimmt (Abb. 15.7). Die Sicherheitsprüfungen werden zentralisiert, was die anderen Subsysteme vereinfacht, da dort nicht spezielle Prüfungen zur Laufzeit erfolgen müssen.

Das Watchdog- und das Safety-Executive-Pattern sind hier nur als Beispiele aufgeführt, weil sie sich bei Bedarf gut in jede Software einbauen lassen. Weitere Pattern sind in [26] zu finden.

15.4.5 Gemischte Signale und Timing-Diagramme

Es gibt grundsätzlich vier verschiedene Signalarten [14]:

Analoge Signale: In Zeit und Wert kontinuierlich. Dies ist die physikalische Repräsentation eines Signals.

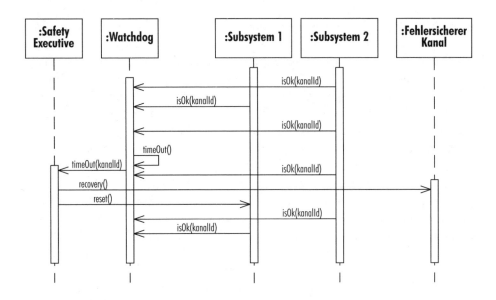

Abbildung 15.7: Das Safety-Executive-Pattern erweitert das Watchdog-Pattern um ein komplettes Sicherheitsmonitoring [26]. Das Monitoring kann auch für Testzwecke genutzt und ausgebaut werden. Das Beispiel zeigt eine einfache Beispielsequenz.

Zeit-quantisierte Signale: Die Werte sind nur für bestimmte Zeitpunkte bekannt, z. B. zeitlich gequantelte Signalmessungen.

Wert-quantisierte Signale: Die Werte liegen als diskrete Werte kontinuierlich über die Zeit verteilt vor. Ein Beispiel ist ein analoges Signal, nachdem es durch einen A/D-Wandler gegangen ist.

Digitale Signale: Die Werte nehmen nur Elemente aus einer begrenzten Wertemenge an, z. B. ein binäres Signal (*true* und *false*) an einem Halbleiter.

Gemischte Signale sind die Kombination von digitalen und analogen Signalen. Mathematisch ausgedrückt heißt das, wir haben die Kombination von finiten Automaten wie digitalen Controllern, Computern oder Subsystemen mit Controllern oder Systemen, die nach Differenzialgleichungen oder Differenzgleichungen modelliert sind. Deshalb ist bei gemischten Signalen besonders die Synchronisation der Signale zwischen den beiden Domänen wichtig. In Embedded Systems haben wir es häufig mit gemischten Signalen zu tun (Abb. 15.1 auf Seite 222).

Um diese Anforderungen an die Signalverarbeitung in den Griff zu bekommen, wird die Zeit in der analogen bzw. digitalen Welt unterschiedlich gehandhabt. So könnte in der analogen Welt die Zeit kontinuierlich laufen, während cs im digitalen Kontext eine in konstante Uhren-Ticks gequantelte Zeit, also immer nur exakte Zeitpunkte, gibt. Wenn jetzt ein Ereignis im digitalen Teil Auswirkungen auf den analogen Teil hat, oder umgekehrt z. B. ein analoges Signal über einen Schwellenwert tritt und ein Ereignis in der digitalen Welt ausgelöst werden soll, so müssen wir beide Zeitsysteme synchronisieren. Wir könnten dazu eine im System führende Zeit definieren oder jeweils auf die nachfolgende Zeit warten. Aber egal wie wir die Synchronisation technisch lösen, hat sie Auswirkungen auf unsere Tests.

Bei der Entwicklung von Embedded Systems wird meist bereits beim Designen mit ausführbaren Modellen gearbeitet. Ausführbare Modelle, die in einem Simulationsumfeld laufen, können wir bereits mit unseren Entwicklertests prüfen. Wenn wir dann die Software erstellen, läuft diese in der Regel zuerst auch nicht im Zielsystem, sondern es wird nur die vollständige Steuerungssoftware in einem geeigneten Testumfeld ausgeführt und getestet. Erst danach erreichen wir in einem dritten Schritt mit unserer Software unsere Zielumgebung und testen dort erneut. Unsere Tests können also auf allen drei Stufen inhaltlich unverändert laufen. Diese drei Stufen werden bezeichnet als:

1. Model-in-the-Loop (MiL): Die Designmodelle unserer Komponenten laufen als CASE[2]-Modell in einer Testumgebung.
2. Software-in-the-Loop (SiL): Unser Code läuft als C/C++ oder Java oder in welcher Sprache wir entwickeln in einer Simulationsumgebung.
3. Hardware-in-the-Loop (HiL): Unsere Software läuft in der Zielumgebung.

Auf allen drei Ebenen können dieselben Tests mit denselben Testsignalen und gewünschten Resultaten durchgeführt werden. Wir können unsere Tests also gut wiederverwenden.

Wir brauchen also für unser Signalverhalten angemessene Beschreibungstechniken. Aus dem Pool an Möglichkeiten und Normen möchte ich kurz das *Timing-Diagramm* beschreiben. Es gehört als Diagrammform zur UML 2 und stellt dort eine andere Sicht auf die Inhalte eines Sequenzdiagramms dar.

Timing-Diagramme ermöglichen uns die abstrakte grafische Repräsentation für verschiedene, diskrete Signale über einer kontinuierlichen Zeitachse. Wir können so auch die Beziehungen zwischen Signalen modellieren, also z. B. Verzögerungen, Setup-Zeiten usw. Timing-Diagramme gibt es nicht erst seit der UML 2. So werden sie z. B. in der Elektrotechnik schon länger eingesetzt. Damit gibt es aber auch die verschiedensten Ausprägungen von Timing-Diagrammen. So werden z. B. gerne Farben oder Graustu-

---

[2]Computer Aided Software Engineering

fen zur besseren optischen Verdeutlichung genutzt [25]. Wie so etwas aussehen kann, ist in den Abb. 15.8 und 15.9 zu sehen.

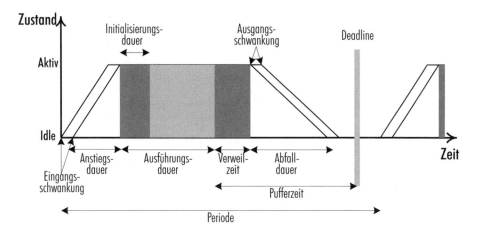

Abbildung 15.8: Ein Timing-Diagramm zur Verdeutlichung des Zeitverhaltens eines Systems [25]. Diese Darstellung lässt sich mit einem UML-Condition-Timeline-Timing-Diagramm äquivalent darstellen (Abb. 15.11). Die Graustufen dienen dabei nur der visuellen Verdeutlichung.

In der UML 2 ist ein Timing-Diagramm eine andere Sicht auf ein Sequenzdiagramm, wobei die Zustände und ihre Übergänge über eine äquidistanten Zeitachse besonders betont werden (Abb. 15.10). Es gibt in der UML zwei Ausprägungen der Timing-Diagramme, um die geläufigsten Formen angemessen abbilden zu können. Diese sind in Abb. 15.11 dargestellt. Dort ist auch ein weiteres, klassisches Beispiel nach [25] in UML notiert. Wie wir in Abb. 15.10 sehen können, gibt es in der UML 2 die Möglichkeit, einen Rahmen mit Diagrammtyp und Namen um ein Diagramm zu legen.

Die Visualisierung unseres Signalverhaltens über Timing-Diagramme vereinfacht uns die Identifikation der kritischen Bereiche und damit unsere Arbeit bei der Testfall-Findung. Timing-Diagramme können daher auch über den Einsatzbereich in der RTES-Entwicklung hinaus z. B. für generelle Synchronisationsproblematik eingesetzt werden.

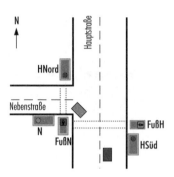

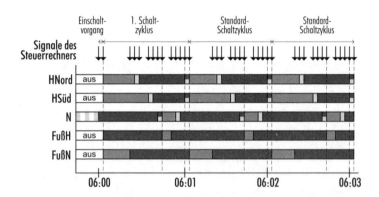

Abbildung 15.9: Ein Timing-Diagramm für eine Ampelsteuerung über einen Zentralrechner. Zur Verdeutlichung wurden Farben eingesetzt. Die Einmündung mit ihren Ampeln zur Steuerung des Fahrzeug- und Fußgängerverkehrs ist oben skizziert. Die Ampel ist nachts ausgeschaltet und wird um 6:00 Uhr morgens durch den Steuerrechner eingeschaltet, indem die Nebenstraßen-Ampel auf rot geschaltet wird. Kurz danach werden die anderen Ampeln durch ein zweites Signal des Steuerrechners aktiviert. Durch den Einschaltvorgang weicht der erste Schaltzyklus am Tag vom folgenden Standardzyklus zu Beginn ab. Diese Art der Timing-Diagramme lässt sich in der UML durch das General-Value-Lifeline-Timing-Diagramm darstellen (Abb. 15.11).

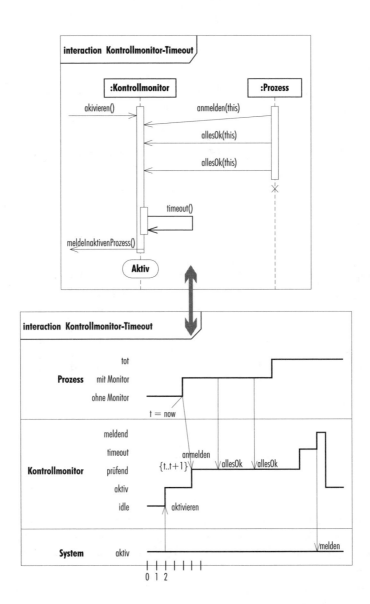

Abbildung 15.10: Ein Timing-Diagramm (unten) in der UML stellt eine andere Sicht auf ein Sequenzdiagramm (oben) dar. Dabei werden die Zustandsübergänge besonders betont, die in einem Sequenzdiagramm nur etwas unübersichtlich dargestellt werden können, wie oben mit dem Zustand *Aktiv* angedeutet.

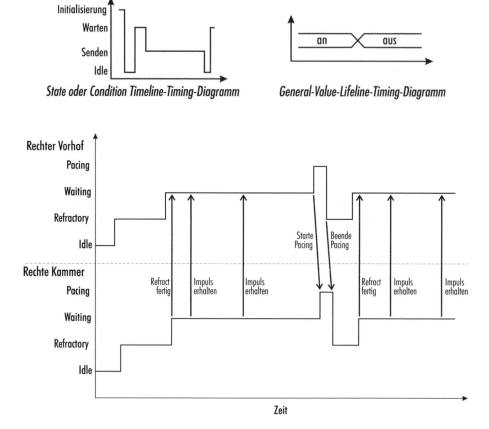

Abbildung 15.11: Das Timing-Diagramm in der UML 2.0 erlaubt zwei verschiedene Beschreibungsformen, die *State oder Condition Timeline* (oben links) und die *General Value Lifeline* (oben rechts) sowie das Senden von Nachrichten analog zum Sequenzdiagramm [65], wie es im Herzschrittmacher-Beispiel gezeigt wird (unteres Diagramm) [25]. Der modellierte AVI-Herzschrittmacher stimuliert vom **A**trium (Vorhof) ausgehend, monitort die Herzaktivität im **V**entrikel (Hauptkammer) und setzt nur dann einen Impuls, wenn die Herzaktivität ausbleibt (engl. **I**nhibited). Nach einem Impuls erfolgt eine Ruhephase, in der weder gemessen noch gepulst werden kann.

16 UML 1.5 vs. UML 2.0

Kehren wir nun zum Ende des Buchs noch einmal zurück zu den UML-Aktivitätsdiagrammen, die wir im Zusammenhang mit fachlichen Testfällen in Abschnitt 6.2 ab Seite 48 eingesetzt haben. Wenn wir über Aktivitätsdiagramme reden, kommen wir an einer kurzen Betrachtung der Unterschiede zwischen der UML 1.5 und der neuen UML 2 nicht herum. Es gibt derzeit leider kaum UML-Tools, die die UML 2.0 unterstützen. Insbesondere die Marktführer präsentieren sich dabei sehr schwach. Auch sind die inhaltlichen Unterschiede und Erweiterungen den meisten Entwicklern (noch) nicht bekannt. Wir werden es also noch eine ganze Zeit lang in der Praxis mit der UML 1.5 zu tun haben. Das ist umso bedauerlicher, da die UML 2.0 eine ganze Menge an Verbesserungen zu bieten hat.

Neben den Erweiterungen, die besonders im Bereich der Realtime-Modellierung häufig eingesetzt werden, sind die Aktivitätsdiagramme komplett überarbeitet worden. Da die Erweiterung der Aktivitätsdiagramme leider nicht vollständig abwärtskompatibel zur UML 1.5 erfolgen konnte, ergeben sich dadurch leicht Missverständnisse und somit Fehlerquellen. Wie können wir diesem Problem begegnen?

Eine andere Erweiterung der UML 2 sind die Testprofile. Werfen wir also einen kurzen Blick auf Aktivitätsdiagramme und das Testprofil.

16.1 Aktivitätsdiagramme in der UML 2

In der UML 1.5 waren die Aktivitätsdiagramme eigentlich nur eine besondere Form der Zustandsdiagramme. Sie dienten primär zur Ablaufmodellierung. In der UML 2 bilden die Aktivitätsdiagramme einerseits mit der Möglichkeit der stärkeren Betonung des Objektflusses besser die objektorientierte Zerlegung ab und schaffen andererseits über die Peti-Netz-ähnliche Semantik breitere Einsatzmöglichkeiten über das objektorientierte Paradigma hinaus. Ein UML 2-Aktivitätsdiagramm hat keinen direkten Bezug mehr zu den Zustandsdiagrammen.

Dies wird auch dadurch verdeutlicht, dass das Modellelement eines Aktivitätsschritts (engl.: action) in der UML 2 ein Rechteck mit abgerundeten Ecken ist, und damit genauso wie ein Zustand aussieht (Abb. 16.1). Das

Symbol eines Rechtecks mit abgerundeten Seiten wie in der UML 1 gibt es nicht mehr.

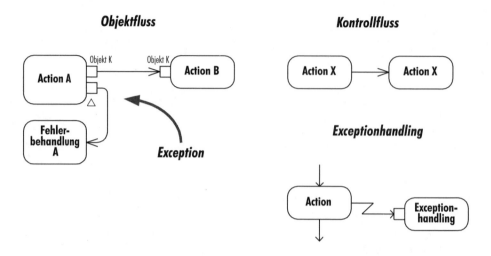

Abbildung 16.1: In der UML 2 wird eine Action innerhalb eines Aktivitätsdiagramms als Rechteck mit abgerundeten Ecken dargestellt. Für den Objektfluss (links) werden kleine Quadrate, die sog. Pins, an die Action angesetzt. Eine Exception kann durch ein kleines Dreieck am Pin dargestellt werden (links) oder als blitzförmiger Pfeil (rechts unten).

Die Modellierung eines Kontrollflusses wie in der UML 1.5 ist weiterhin möglich und sieht kaum verändert aus. Jedoch hat sich die Namensgebung geändert: Ein einzelner Schritt heißt in der UML 2 nun *Action*. Das ist nicht weiter dramatisch. Es gibt jedoch auch *semantische Unterschiede*. Führen in der UML 1.5 aus einer Aktivität mehrere Transitionen heraus, so bedeutet dies semantisch ein ODER. An die Transitionen müssen dann sich ausschließende Bedingungen notiert werden, um stets einen eindeutigen Fluss zu gewährleisten. In der UML 2 bedeuten mehrere Kanten aus einer Action eine Parallelisierung, also ein Aufspalten des Kontrollflusses (Abb. 16.2).

Diese Inkompatibilität zwischen der UML 1.x und der UML 2.0 ist eine potenzielle Fehlerquelle, für die es eine einfache Lösung gibt: Entscheidungen bzw. Splittings und deren Synchronisation werden explizit modelliert (s. Abb. 16.3).

Wir können also gut mit dem Kontrollfluss nach der UML 2 für unsere Testfindung leben. An die semantischen Unterschiede werden wir uns eben nach und nach gewöhnen. Der Kontrollfluss unseres Geldautomatenbeispiels aus Abb. 6.3 weist kaum Unterschiede zu dessen Darstellung in

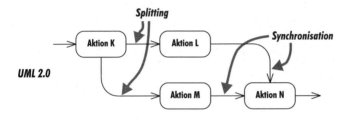

Abbildung 16.2: Kontrollfluss im Vergleich UML 1.5 zur UML 2. Die Semantik des Aufspaltens des Kontrollflusses hat sich geändert!

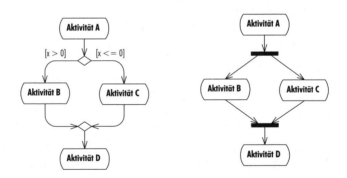

Abbildung 16.3: Durch das explizite Herausziehen wird eine kompatible Darstellung von Entscheidungen bzw. Splitting und Synchronisation in der UML 1.x und UML 2.0 erreicht. Wenn wir so wie in diesem Beispiel in UML 1.5 modellieren, sind wir UML 2.0-kompatibel.

der UML 2.0 auf, wie in Abb. 16.4 dargestellt. Dies ändert nichts für den Nutzwert im Rahmen unserer Betrachtungen.

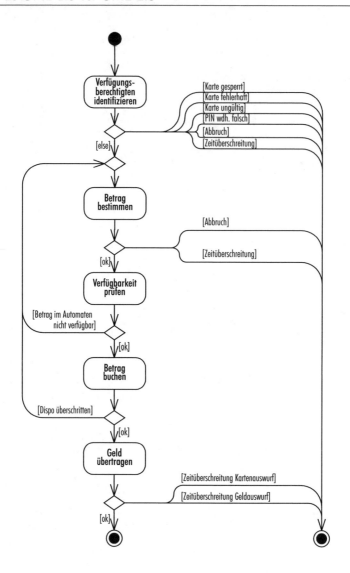

Abbildung 16.4: Das Beispiel aus Abb. 6.3 auf Seite 50 in UML 2.0.

Aber in der UML 2 ist mit den Aktivitätsdiagrammen noch wesentlich mehr erfolgt. Ein Aktivitätsschritt in der UML 2 kann als Analogie zu einer Klassenmethode gesehen werden. Die Ein- und Ausgänge beschreiben dann die Parameter der Methode. Besonders deutlich wird diese Interpretation bei der Betrachtung des Objektflusses (Abb. 16.1 und 16.5). Der Objektfluss wird durch die sog. *Pins* an einer Action gekennzeichnet, an denen der Name des Parameters steht. Zusätzlich kann auch der resultierende Parameter als Rechteck in den Objektfluss eingezeichnet werden, wie in Abb. 16.5 unten demonstriert.

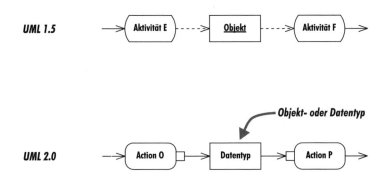

Abbildung 16.5: Objektfluss im Vergleich UML 1.5 zur UML 2.0.

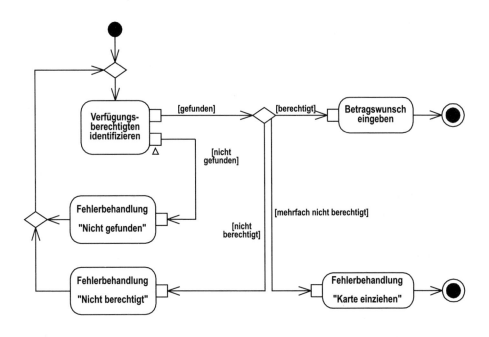

Abbildung 16.6: Für das Umfeld der Action *Verfügungsberechtigten identifizieren* wurde der Objektfluss modelliert.

Der Kontroll- und Objektfluss wird durch sog. *Token* gesteuert. Es gibt Kontrollfluss- und Objektfluss-Token. Hier wird die Nähe zu den Petri-Netzen mit ihren Marken deutlich. Zur Illustration der Möglichkeiten des Objektflusses sind in den Abb. 16.6 und 16.7 Detaillierungen der Action *Verfügungsberechtigten identifizieren* aus unserem Geldautomatenbeispiel aus Abb. 16.4 zu sehen.

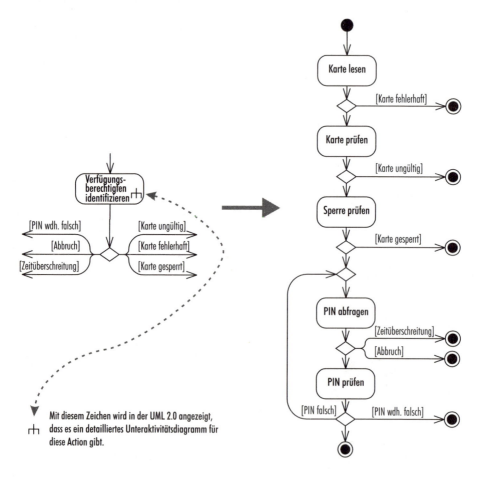

Abbildung 16.7: Was kann alles innerhalb der Action *Verfügungsberechtigten identifizieren* schief gehen? Hier wurde der Kontrollfluss detailliert heruntergebrochen. Die Testfälle finden ist nun quasi ein Kinderspiel.

Wir können so wunderbar bis auf Klassenmethodenebene die Abläufe und Objektflüsse modellieren. Der Wert für die Testfall-Findung ist offensichtlich. Ausnahmen, Varianten und Fehler lassen sich detailliert modellieren. Selbst Exceptions und ihre Fehlerbehandlung sind damit modellierbar, wie in Abb. 16.6 exemplarisch gezeigt. Der Ausnahmeparameter einer Exception wird durch ein kleines Dreieck am Pin symbolisiert (Abb. 16.1). Genau wie bei Exceptions handelt es sich hierbei um einen exklusiven Ausgang, der im Fehlerfall durchlaufen wird.

Zugegeben, die Aktivitätsdiagramme sind in der UML 2 deutlich komplizierter geworden. Wir haben vieles neu zu lernen. Die Möglichkeiten aber sind enorm. Auch die Testfall-Findung kann so viel besser unterstützt werden und modellgetrieben erfolgen.

Wir werden aber früher oder später nicht darum herumkommen, uns intensiver mit der UML 2 und den Unterschieden zur UML 1.5 zu beschäftigen. Die OMG bietet dazu eine dreistufige Zertifizierung für UML 2.0 an [90]. Die entsprechenden Begriffe und Elemente sind dafür wie Vokabeln zu lernen und das Metamodell bzw. für die höchste Stufe auch das *Meta Object Facility* (MOF) zu verstehen. Damit möchte die OMG sicherstellen, dass alle UML 2-Anwender ein gemeinsames Verständnis der UML haben. Für unsere Arbeit als Entwickler reicht sicherlich die unterste Stufe (Fundamental) aus.

16.2 Das Testprofil

Die UML 2 unterstützt uns auch bei der Modellierung und Dokumentation von Tests mit einem eigenen UML 2-Profil [29][1]. Dies ist besonders für z. B. sicherheitskritische Software sinnvoll. Meist sind derartige Modellierungen und Dokumentationen dann auch vom Auftraggeber vorgeschrieben.

Neben den Modellen und damit auch der Dokumentation unserer Analyse, des Designs und der Implementierung können wir mit Hilfe einer Erweiterung der UML auch unsere Tests im selben Kontext beschreiben. Wo dies erforderlich ist, halte ich das für einen praktikablen und effizienten Weg.

Das UML-Testprofil definiert eine Sprache zur Beschreibung von Testsystemen, also für

- Entwurf
- Visualisierung
- Spezifikation
- Analyse
- Konstruktion
- Dokumentation der Artefakte eines Testsystems

---

[1] Es handelt sich bislang nur um die Einreichung zum Standard. Da es aber keine Alternativen gibt, beziehe ich mich hier auf diese Version vom Dezember 2002.

Die so definierte Test-Modellierungssprache ist unter allen wichtigen Objekt- und Komponententechnologien einsetzbar. Wir können sie integriert in die restliche UML zur einheitlichen, gemeinsamen Beschreibung der Handhabung eines Systems und seiner Tests benutzen oder aber eigenständig zur reinen Beschreibung und Modellierung der Testartefakte.

Was hat es also mit dem Testprofil auf sich? Was ist überhaupt ein UML-Profil? Und wie kann es praktisch genutzt werden?

16.2.1 Was ist ein UML-Profil?

Die UML definiert eine Modellierungssprache für Systeme. Sie ist als Sprache in Form eines Metamodells in sich selbst definiert[2] [65]. Durch individuelle Erweiterungen des Metamodells können Spezialisierungen vorgenommen werden. Diese Spezialisierungen werden *Profile* genannt. So gibt es neben dem Testprofil z. B. auch spezielle UML-Profile für *Model Driven Architecture* (MDA) [45, 63].

Das Testprofil setzt auf der UML 2.0 auf. Am Beispiel des UML-TestCase ist in Abb. 16.8 schematisch die Idee gezeigt, wie ein Ausschnitt des UML-Metamodells aussieht und eine Erweiterung für das Testprofil vorgenommen wurde[3].

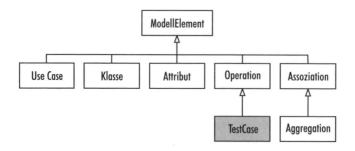

Abbildung 16.8: Schematischer Ausschnitt des UML 2-Metamodells. Die Erweiterung um *TestCase* (grau) können wir uns näherungsweise als Spezialisierung von *Operation* vorstellen. Der tatsächliche Erweiterungsmechanismus in der UML funktioniert diffiziler.

Die Erweiterung erfolgt also durch die Einführung neuer Stereotypen wie eben z. B. «TestCase». Die Stereotypen und Schlüsselwörter wie z. B.

---

[2]Klingt lustig, ist aber ganz normal. Die Sprache *Deutsch* wird im Duden ja auch in Deutsch beschrieben.

[3]Tatsächlich erfolgen die Erweiterungen in der UML diffiziler, aber diese Metapher ist für uns zum Verständnis ausreichend.

«interface» werden in der UML durch die französischen Anführungszeichen gekennzeichnet.

16.2.2 Wie sieht das UML-Testprofil aus?

Die Struktur des UML-Testprofils hat fünf Ebenen (Abb. 16.9):

- Testarchitektur: Teststruktur und Konfiguration
- Testdaten: Verwendung der Testdaten in den Testprozeduren
- Testverhalten: Dynamik der Testprozeduren
- Zeitverhalten: Zeitliche Definition der Testprozeduren
- Testverteilung: Verteilung und Auslieferung des Testsystems

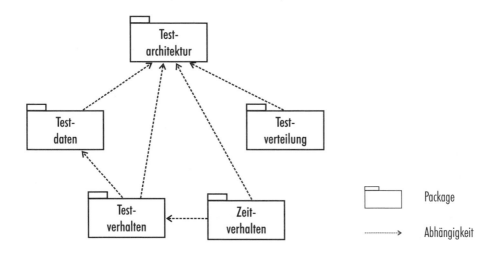

Abbildung 16.9: Die fünf Ebenen des UML-Testprofils.

Welche Elemente stellt uns das Testprofil zur Verfügung? Gehen wir die fünf Ebenen der Reihe nach durch.

In der Testarchitektur werden vier Testelemente definiert (Abb. 16.10):

- TestComponent
- TestSuite
- SUT (System Under Test)
- Arbiter-Interface

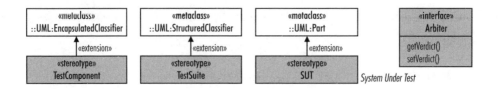

Abbildung 16.10: Die Elemente des Testprofils für die Testarchitektur. Das Testprofil leitet sich direkt aus dem Metamodell der UML ab.

Das Arbiter-Interface, also der Schiedsrichter, hat zwei deklarierte Methoden, `setVerdict()` und `getVerdict()`. Hinter `setVerdict()` wird in der Realisierung des Interfaces ein Zustandsmodell für das Testergebnis implementiert (Abb. 16.11).

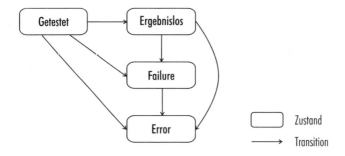

Abbildung 16.11: Beispiel eines Zustandsmodells für Testergebnisse einer *Arbiter*-Realisierung.

Das Testverhalten wird sehr umfangreich unterstützt (Abb. 16.12).

- Testfall
    - TestObjective
    - TestTrace
    - TestCase
- Defaults
    - Default
    - DefaultApplication
    - Enummeration Verdict
    - Default statemachine: BaseDefault

16.2 Das Testprofil

- Aktionen
  - ValidationAction
  - LogAction

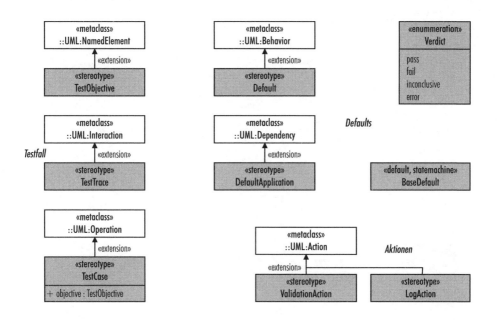

Abbildung 16.12: Die Testprofilelemente für das Testverhalten.

Die Testdaten und das Zeitverhalten können mit den folgenden Elementen modelliert werden (Abb. 16.13):

- CodingRule
- LiteralAny
- LiteralAnyOrNull

Das Zeitverhalten wird über die beiden Elemente *Timer* und *TimeZone* modelliert (Abb. 16.13).

Der Zusammenhang zwischen Architektur und Verhalten entsteht über die Assoziationen zwischen den Architektur- und Verhaltenselementen (Abb. 16.14).

250 16 UML 1.5 vs. UML 2.0

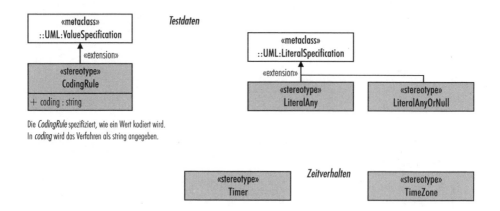

Abbildung 16.13: Die Testprofilelemente für die Testdaten (oben) und das Zeitverhalten (unten).

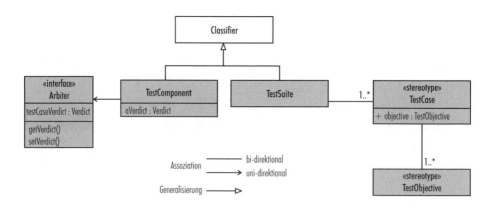

Abbildung 16.14: Der Zusammenhang zwischen den Architektur- und Verhaltenselementen des UML-Testprofils entsteht über Assoziationen.

Eine *TestSuite* beinhaltet einen oder mehrere *TestCase*s. Ein *TestCase* beinhaltet einen oder mehrere *TestObjective*s, also Testgegenstände. Die *TestComponent*s laufen gegen das *SUT* und realisieren so die *TestCase*s für eine *TestSuite*.

16.2.3 Ein Anwendungsbeispiel

Als Beispiel ist in [29] ein internationales Banken-Datentransfernetzwerk angegeben, das wir uns kurz zusammengefasst betrachten können. Wir kommen also wieder auf unser Geldautomatenbeispiel zurück.

16.2 Das Testprofil

Das sog. SWIFTNet ist eine Art Gateway-Netz, über das internationale Bankennetzwerke wie z. B. die der EU und der USA verbunden sind. Darüber können z. B. EU-Bürger an einem US-amerikanischen Geldautomaten (ATM – Automatic Teller Machine) Geld von ihren Konten abheben (Abb. 16.15).

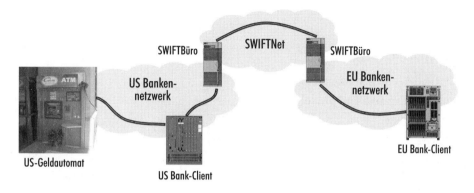

Abbildung 16.15: Schematischer Überblick über die Verbindung internationaler Bankennetzwerke über SWIFTNet.

Die reale Welt kann jetzt durch fünf UML-Packages abstrahiert und modelliert werden (Abb. 16.16):

- Geldautomat (ATM)
- Bank
- SWIFTNet
- ATM-Hardwaresteuerung
- Geld

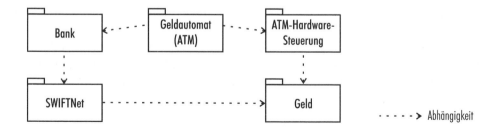

Abbildung 16.16: Abstraktion des SWIFTNet-Testbeispiels über fünf UML-Packages (Paket).

Testsuiten können für verschiedene Bereiche und deren Zusammenspiel erstellt werden:

- Bereiche
    - Geld
    - ATM
    - usw.
- Zusammenspiel
    - Geld transferieren
    - Kontostand einsehen
    - usw.

Das Ziel unseres Beispiels ist die Prüfung der Logik des Geldautomaten, wenn ein Kunde über seine Karte eine Transaktion zum Geldabheben startet. Wir betrachten dabei zwei Schritte genauer:

- Identifikation und Authentifizierung über Karte und PIN-Nummer
- Kommunikation mit dem Bankennetzwerk

Das Umfeld des Geldautomaten wird vollständig emuliert, da nur die Logik des ATM zu prüfen ist. Aufgrund der Emulation des Umfelds müssen nur die Schnittstellen

- ATM-Hardware und -Steuerung,
- Bank sowie
- Netzwerkverbindung

betrachtet werden. Die Umsetzung in die UML über das Testprofil ist in Abb. 16.17 zu sehen.

Das ATM-Test-Package und die dazugehörige Testsuite sind Abb. 16.18 zu entnehmen.

Das Verhalten der Testfälle wird mit Sequenzdiagrammen modelliert. In Abb. 16.19 ist exemplarisch der Fall *ungültige PIN* dargestellt. Dabei ist zu verifizieren, dass eine gültige Karte eingeführt und eine ungültige PIN eingegeben wurde. Eine entsprechende Meldung ist auszugeben, und der Kunde muss aufgefordert werden, die PIN erneut einzugeben.

16.2 Das Testprofil

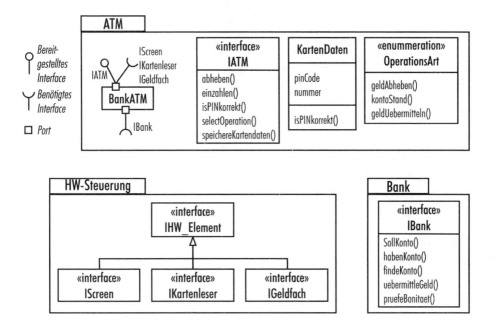

Abbildung 16.17: Die Elemente des zu testenden Systems für unser SWIFTNet-Beispiel.

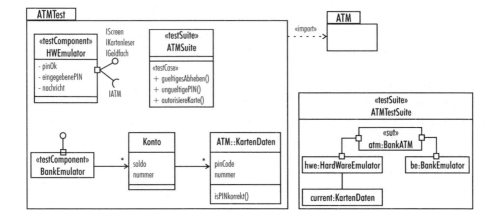

Abbildung 16.18: Das UML-Test-Package und die dazugehörige Testsuite.

16 UML 1.5 vs. UML 2.0

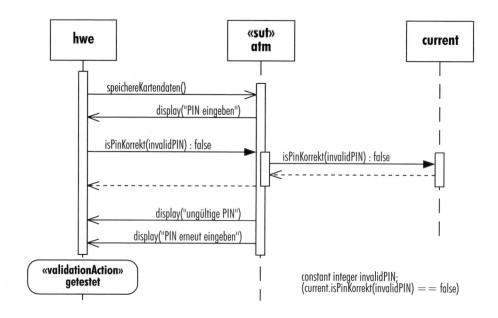

Abbildung 16.19: Das Verhalten der Testfälle wird als Sequenzdiagramm modelliert.

16.3 Abbildung des UML-Testprofils auf JUnit

Wie kann das UML-Testprofil eingesetzt und auf konkrete Unit-Testumgebungen abgebildet werden? Dazu führen wir die Abbildung des UML-Testprofils auf das JUnit-Testframework durch (Abschnitt 11.2 ab Seite 160). Das Mapping-Beispiel ist sprachunabhängig und in der Tabelle 16.1 aufgeführt.

Neben den Anforderungen des JUnit-Frameworks ist dabei auch das Konzept der Stellvertreterobjekte aus Abschnitt 11.3.5 von Seite 180 berücksichtigt worden, um eine bessere Abbildung zu erreichen. Um mit JUnit sinnvoll automatische Tests programmieren zu können, werden, wie wir gesehen haben, häufig Dummys und Mock-Objekte eingesetzt. Dieses Konzept beim Mapping mit einfließen zu lassen, ist also kein Trick, sondern bildet die Praxis ab.

16.3 Abbildung des UML-Testprofils auf JUnit

UML-Testprofil	JUnit
TestSuite	`TestSuite` ist von der Klasse `Test` abgeleitet. Konzeptionell liegt es näher an *TestControl*.
TestConfiguration	Keine direkte Repräsentation. JUnit verwendet kaum *TestComponent*. Das Testverhalten wird zentral in `TestSuite` festgelegt.
TestComponent	Es gibt per se keine *TestComponent* in JUnit. Der Einsatz von Mock-Objekten geht in die Richtung, ohne jedoch ein *Verdict*-Objekt zurückzugeben.
SUT	Muss nicht explizit festgelegt werden. Jede Klasse im Classpath oder Projekt kann als Utility-Klasse oder *SUT* (System Under Test) interpretiert werden.
Arbiter	Kann als Property eines `TestCase` oder einer `TestSuite` vom Typ `TestResult` implementiert werden. Der Entscheidungsalgorithmus hat eine überschreibbare Default-Implementierung.
Utility Part	Jede Klasse im Classpath oder Projekt kann als Utility-Klasse oder *SUT* interpretiert werden.
TestControl	Durch Überladen der `runTest()`-Methode von `TestSuite` kann die Reihenfolge der Testfälle verändert werden.
TestCase	Ein Testfall wird als Methode der von `TestCase` abgeleiteten Testfallklasse innerhalb einer `TestSuite` realisiert. Durch die Namenskonvention und das Fehlen von Parametern ist keine aufwendige Teststeuerung notwendig.
TestInvocation	Ein Testfall ist eine Methode, die von `TestCase` oder der Testfallsteuerung in `TestSuite` aufgerufen wird.
TestObjective	Kann über den Aufruf von `setName()` aus dem Testframework realisiert werden.
Verdict	Vordefinierte Ergebnisse: `pass`, `fail` und `error`. Der Zustand `pass` steht synonym für korrekt. Es gibt keine Unterstützung für *inconclusive* (ergebnislos).
Default	Defaults werden nicht direkt unterstützt, sondern müsssen explizit ins Testverhalten eingebaut werden.

Tabelle 16.1: Mapping der Architektur (oberer Teil) und des Verhaltens (unterer Teil) des UML 2.0-Testprofils auf JUnit. *Kursive* Darstellung bezieht sich auf Stereotypen des Testprofils, `Courier`-Schreibweise auf Klassen aus JUnit.

17 Zusammenwachsen von Entwicklung und Qualitätssicherung

17.1 Ziele für Entwicklung und Qualitätssicherung

Der Begriff *Zusammenwachsen* beinhaltet bereits, dass sich zwei oder mehrere Gruppen aufeinander zu bewegen. Alle Beteiligten entwickeln sich dazu weiter. Was bedeutet das für die Ziele der einzelnen Gruppen?

- Wir Entwickler haben eine höhere Test-Qualifikation:
    - Wir gehen testgetrieben vor und schaffen so in gleicher Zeit neben der eigentlichen Software auch noch automatisierte Unit-Tests.
    - Wir programmieren sinnvolle, aussagekräftige Unit-Tests auf Basis unseres Test-Know-how.
    - Wir reduzieren so die Wartungsaufwände deutlich.
    - Wir verstehen es, direkt mit den Anwendern und Anforderungsgebern zu kommunizieren.
    - Die Software verbessert sich qualitativ aufgrund weniger Fehler und besserer Umsetzung der gewünschten Fachlichkeit.
- Die QS-Mitarbeiter im Sinne der spezifikationsorientierten Black-Box-Tester haben grundlegendes Programmierwissen:
    - Das *Error Guessing* innerhalb der QS verbessert sich auf Grundlage der Kenntnis typischer Fehlermöglichkeiten.
    - Die QS kann qualifizierte Codereviews durchführen.
    - Die QS entwickelt selbst automatisierte GUI-Tests zur Effizienzsteigerung ihrer Regressionstests im Rahmen des inkrementell-iterativen Vorgehens.
- Alle Tests weisen einen hohen Automatisierungsgrad auf:
    - Regressionstests verlieren ihren Schrecken.
    - Das inkrementell-iterative Vorgehen läuft wesentlich effizienter ab.

- Durch die hohe Wiederholungsrate der Tests stabilisiert sich die Software früh und auf qualitativ hohem Niveau.
- Kurze Auslieferungszyklen sind möglich.
- Die mit den Tests betrauten Mitarbeiter können sich stärker auf die kreativen Arbeitsinhalte der Testplanung und Testfallfindung konzentrieren.

❑ Das Projektmanagement versteht es, inkrementell-iterativ und testgetrieben vorzugehen:

- Die Anwender und Anforderungsbeitragenden werden aktiv in den Entwicklungsprozess eingebunden.
- Ein testgetriebenes Design wird gelebt und immer wieder forciert.
- Die Planung ist im Griff, und Probleme werden frühestmöglich erkannt.

17.2 Aufgabenteilung zwischen Entwicklung und Qualitätssicherung

Wir Entwickler verlassen uns nur zu gerne auf die nachgeschaltete QS: »Die werden schon alle Fehler finden.« Dabei hat es jede nachgeschaltete QS bei der Bewältigung dieser Aufgabe bereits ohne die Fehler, die wir Entwickler finden sollten, schon schwer genug, alle Integrations- und fachlichen Fehler zu finden. Wir sollten nicht vergessen, dass es eine klare Aufgabentrennung der QS-Maßnahmen zwischen Entwicklern und QS gibt (Abb. 17.1). Der perfekte Übergang der Aufgaben findet dabei in der Reviewphase einer Iteration statt, indem die QS auch Codereviews durchführt.

In jedem Stadium der Entwicklung werden Fehler gemacht. Die meisten davon finden die Verursacher selbst, den Rest jeweils die Kollegen, die danach mit den Ergebnissen der Vorgänger arbeiten müssen [52]. Machen wir es also der QS nicht zu schwer, und bemühen wir uns, unsere Fehler selbst zu finden.

Beim Thema QS muss ich immer an den alten Witz über Ärzte denken:

Chirurgen können alles, aber wissen nichts,
Internisten wissen alles, aber können nichts, und
Pathologen wissen alles und können alles, aber es ist zu spät.

Die QS erinnert mich doch sehr an die Pathologen.
Um es in drei abschließenden Sätzen zusammenzufassen:

17.2 Aufgabenteilung zwischen Entwicklung und Qualitätssicherung

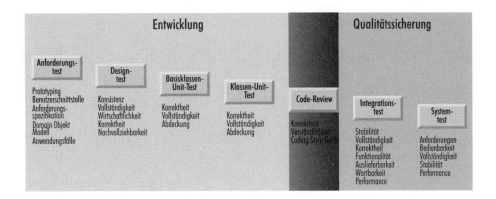

Abbildung 17.1: Es gibt eine klare Aufgabenteilung für die unterschiedlichen Tests zwischen Entwicklung und QS.

Entwickler, Projektleitung, QS, Anwender und Anforderungsbeitragende sitzen im selben Boot bzw. ziehen am gleichen Strang, um dasselbe Ziel zu erreichen. Nur gemeinsam und nicht gegeneinander werden wir erfolgreich sein. Der entscheidende Schlüssel zum Gelingen liegt in der Qualifikation und Leistungsfähigkeit der Entwicklung und seiner Projektleitung!

A Beispiele für JUnit-Tests

Alle Codebeispiele im Anhang stehen unter www.oo-testen.de zum Download bereit.

A.1 Ein einfaches Testbeispiel

Unser Testbeispiel ist ein rudimentärer, erster Test für eine Kfz-Reservierungssoftware für einen Car-Sharing-Verein. Dort können sich die Vereinsmitglieder gegen eine Mietgebühr Fahrzeuge aus dem Vereinspool reservieren bzw. ausleihen.

```
   package de.oose.flitzauto.reservierung.test;

   import de.oose.flitzauto.mitglied.*;
   import de.oose.flitzauto.reservierung.*;
 5 import de.oose.flitzauto.kfz.*;
   import de.oose.flitzauto.primitive.InvalidDataException;

   import java.util.*;
   import junit.framework.*;
10
   public class ReservierungTest extends TestCase {

     private Reservierung reservierung;

15   public ReservierungTest(String name) {
       super(name);
     }

     protected void setUp() throws Exception {
20     super.setUp();
       MitgliedFabrik mglFabrik = MitgliedFabrik.getInstance();
       Calendar geburtsdatum   = Calendar.getInstance();
       geburtsdatum.add( Calendar.YEAR, -25 );
       this.reservierung = new Reservierung( mglFabrik.createVIP
25                  ( "Klaus_Schulze", geburtsdatum ) );
     }

     protected void tearDown() throws Exception {
       this.reservierung = null;
30     super.tearDown();
     }

     public void testUngueltigerReservierungsZeitraum() throws Exception {
       Calendar von = Calendar.getInstance();
35     Calendar bis = Calendar.getInstance();
       bis.add( Calendar.MINUTE, 120 );
```

```
        int reservierungsDauer;

        // ungueltiger Reservierungszeitraum
40      try {
          reservierungsDauer = this.reservierung.getDauer();
          fail( "ungueltiger Reservierungszeitraum abgefragt" );
        } catch( InvalidDataException e ) {}
        try {
45        this.reservierung.setVon( bis );
          this.reservierung.setBis( von );
          fail( "ungueltiger Reservierungszeitraum gesetzt" );
        } catch( InvalidDataException e ) {}
      }
50
      public void testGueltigerReservierungsZeitraum() throws Exception {
        Calendar von = Calendar.getInstance();
        Calendar bis = Calendar.getInstance();
        bis.add( Calendar.MINUTE, 120 );
55      int reservierungsDauer;

        // gueltiger Reservierungszeitraum
        try {
          this.reservierung.setBis( bis );
60        this.reservierung.setVon( von );
          assertEquals( 120, this.reservierung.getDauer() );
          assertTrue( this.reservierung.getVon().before(
                      this.reservierung.getBis() ) );
        }
65      catch( InvalidDataException e ) {
          fail( "Fehler beim Definieren eines Reservierungzeitraumes. "
                + e.getMessage() );
        }
      }
70
      public void testFahrbericht() throws Exception {
        assertNull( this.reservierung.getFahrbericht() );
        Fahrbericht fb = new Fahrbericht();
        this.reservierung.setFahrbericht( fb );
75      assertSame( this.reservierung.getFahrbericht(), fb );
      }

      public void testKfz() throws Exception {
        assertNull( this.reservierung.getKfz() );
80      Kfz kfz = new Kfz( "HH-OO-23", KfzKlasse.fromString( "STANDARD" ) );
        this.reservierung.setKfz( kfz );
        assertSame( this.reservierung.getKfz(), kfz );
      }
    }
```

Codebeispiel A.1: Ein einfaches, aber vollständiges Beispiel für eine JUnit-Testklasse

A.2 Grenz- und Extremwerte testen

Nachfolgend finden Sie einen ersten Test für die Klasse *Dreieck* aus dem Beispiel aus Abschnitt 11.4.2 von Seite 183. Dieses Beispiel kann als Ausgangspunkt für weitere Verfeinerungen des Tests genutzt werden

```
   package geometrie;

   import junit.framework.*;

 5 public class TestDreieck extends TestCase {
      private double delta = 0.001;
      private Dreieck aDr = null;

      public TestDreieck(String name) {
10       super(name);
      }

      protected void setUp() throws Exception {
         super.setUp();
15       aDr = new Dreieck(1,1,1);
      }

      protected void tearDown() throws Exception {
         aDr = null;
20       super.tearDown();
      }

      public void testDreieck() {
         double kanteA = 1;
25       double kanteB = 1;
         double kanteC = 1;
         Dreieck dreieck = new Dreieck(kanteA, kanteB, kanteC);
         assertEquals(kanteA,dreieck.getKanteA(),delta);
         assertEquals(kanteB,dreieck.getKanteB(),delta);
30       assertEquals(kanteC,dreieck.getKanteC(),delta);
      }

      public void testSetKanten() {
         double kanteA = 1;
35       double kanteB = 1;
         double kanteC = 1;
         aDr.setKanten(kanteA, kanteB, kanteC);
         assertEquals(kanteA,aDr.getKanteA(),delta);
         assertEquals(kanteB,aDr.getKanteB(),delta);
40       assertEquals(kanteC,aDr.getKanteC(),delta);
         kanteA = 3;
         kanteB = 3;
         kanteC = 3;
         aDr.setKanten(kanteA, kanteB, kanteC);
45       assertEquals(kanteA,aDr.getKanteA(),delta);
         assertEquals(kanteB,aDr.getKanteB(),delta);
         assertEquals(kanteC,aDr.getKanteC(),delta);
      }

50    public void testCheckDreieck(){
         assertTrue(Dreieck.checkDreieck(3,4,5));
         assertTrue(Dreieck.checkDreieck(3,5,5));
         assertTrue(Dreieck.checkDreieck(5,5,5));
         assertTrue(Dreieck.checkDreieck(2,4,5));
55       assertTrue(Dreieck.checkDreieck(3.50,3.51,7.00));
         assertTrue(Dreieck.checkDreieck(3.50,7.00,3.51));
```

```
            assertTrue(Dreieck.checkDreieck(7.00,3.50,3.51)),

            assertFalse(Dreieck.checkDreieck(1,4,5));
60          assertFalse(Dreieck.checkDreieck(1,0,1));
            assertFalse(Dreieck.checkDreieck(5,3,2));
            assertFalse(Dreieck.checkDreieck(3.50,3.50,7.00));
            assertFalse(Dreieck.checkDreieck(3.50,7.00,3.50));
            assertFalse(Dreieck.checkDreieck(7.00,3.50,3.50));
65      }

        public void testFlaeche(){
            aDr.setKanten(4, 6, 7.2);
            assertEquals(aDr.flaeche(), 12.0, delta);
70      }

        public void testGleichseitig(){
            aDr.setKanten(4.0009, 3.9999, 4.0000);
            assertTrue(aDr.isGleichseitig());
75          aDr.setKanten(4, 3.998, 4);
            assertFalse(aDr.isGleichseitig());
        }

        public void testGleichschenklig(){
80          aDr.setKanten(3.998, 4.0009, 3.99999);
            assertTrue(aDr.isGleichschenklig());
            aDr.setKanten(4.0000, 4, 4.0009);
            assertFalse(aDr.isGleichschenklig());
        }
85  }
```

Codebeispiel A.2: JUnit-Test der Dreiecksklasse aus Abschnitt 11.4.2.

A.2 Grenz- und Extremwerte testen

Nun ein erster Entwurf der Klasse *Dreieck* aus dem Beispiel aus Abschnitt 11.4.2 von Seite 183. Zusammen mit dem obigen Testbeispiel können die beiden Quellen genutzt werden, um testgetriebenes Vorgehen auszuprobieren und so die Dreiecksklasse und ihren Test kontinuierlich weiterzuentwickeln.

```
   package geometrie;

   public class Dreieck {

5     private double kanteA;
      private double kanteB;
      private double kanteC;

      private double delta = 0.001;
10
      public Dreieck(double kanteA, double kanteB, double kanteC) {
        if (checkDreieck(kanteA, kanteB, kanteC)){
          this.kanteA = kanteA;
          this.kanteB = kanteB;
15        this.kanteC = kanteC;
        }
        else{
          this.kanteA = 1.0;
          this.kanteB = 1.0;
20        this.kanteC = 1.0;
        }

        invariant();
      }
25
      public void setKanten(double kanteA, double kanteB, double kanteC) {
        if (checkDreieck(kanteA, kanteB, kanteC)){
          this.kanteA = kanteA;
          this.kanteB = kanteB;
30        this.kanteC = kanteC;
        }
        invariant();
      }

35    public double getKanteA(){
        return kanteA;
      }
      public double getKanteB(){
        return kanteB;
40    }
      public double getKanteC(){
        return kanteC;
      }

45    public static boolean checkDreieck(double a, double b, double c){
        // Zwei Seiten muessen zusammen stets laenger sein als die Dritte!
        return ((a + b > c) && (a + c > b) && (b + c > a));
      }

50    private void invariant(){
        assert(checkDreieck(kanteA, kanteB, kanteC));
      }

      private boolean gleich(double a, double b){
55      if (Math.abs(a-b) < delta){
          return true;
```

```
      }
      else {
        return false;
      }
    }

    public double flaeche(){
      // Flaechenberechnung nach Heron
      double s = (kanteA+kanteB+kanteC)/2.0; // halber Umfang

      double f = s*(s-kanteA) * (s-kanteB) * (s-kanteC);
      f = Math.sqrt(f);

      return f;
    }

    public boolean isGleichseitig(){
      if (gleich(kanteA, kanteB) && gleich(kanteB, kanteC)){
        return true;
      }
      else {
        return false;
      }
    }

    public boolean isGleichschenklig(){
      if (isGleichseitig()) return false;
      if (gleich(kanteA, kanteB) ||
          gleich(kanteB, kanteC) ||
          gleich(kanteA, kanteC)){
        return true;
      }
      else {
        return false;
      }
    }
}
```

Codebeispiel A.3: Einfache Dreiecksklasse aus Abschnitt 11.4.2.

A.3 Modale Klasse mit Mock testen

Das in Abschnitt 11.4.3 ab Seite 184 beschriebene Beispiel für den Test einer modalen Vertragsklasse finden Sie hier in seiner vollständigen Form. Daneben sind die Vertragsklasse selbst, die notwendigen Dummys, die Mock-Klasse und die Interfaces abgebildet.

Die Vertragstestklasse

```
    package vertrag;

    import junit.framework.*;

5   public class TestVertrag extends TestCase {
      private static final double delta = 0.001;

      private Vertrag vertrag = null;
      private KundenDummy kunde = null;
10    private MitarbeiterDummy vermittler = null;
      private ProviRechnerMock proviRechner = null;

      protected void setUp() throws Exception {
        super.setUp();
15      kunde = new KundenDummy("Paul Meyer");
        vermittler = new MitarbeiterDummy("Heinz", "Schulze");
        proviRechner = new ProviRechnerMock();
      }

20    protected void tearDown() throws Exception {
        super.tearDown();
        kunde = null;
        vermittler = null;
        proviRechner = null;
25    }

      public void testAngelegtPositiv() {
        // positiver Grenzwert beim Pruefen
        vertrag = new Vertrag(1, kunde, vermittler, proviRechner);
30      assertEquals(1, vertrag.getNummer());
        assertEquals("Paul Meyer",vertrag.getKunden());
        assertEquals("Heinz Schulze", vertrag.getVermittler());
        assertEquals(vertrag.VZ_ANGELEGT, vertrag.getZustand());
        assertEquals(0.0, vertrag.getProvision(), delta);
35      assertTrue(vertrag.isAktiv());
        vertrag = null;

        // negativer Grenzwert beim Pruefen
        vertrag = new Vertrag(0, kunde, vermittler, proviRechner);
40      assertEquals(0, vertrag.getNummer());
        assertEquals("Paul Meyer",vertrag.getKunden());
        assertEquals("Heinz Schulze", vertrag.getVermittler());
        assertEquals(vertrag.VZ_ANGELEGT, vertrag.getZustand());
        assertEquals(0.0, vertrag.getProvision(), delta);
45      assertTrue(vertrag.isAktiv());
        vertrag = null;
      }

      public void testAngelegtNegativ() {
50      // beliebiger Zwischenwert
        vertrag = new Vertrag(7, kunde, vermittler, proviRechner);
```

```
            assertEquals(7, vertrag.getNummer());
            assertEquals("Paul Meyer",vertrag.getKunden());
            assertEquals("Heinz Schulze", vertrag.getVermittler());
55          assertEquals(vertrag.VZ_ANGELEGT, vertrag.getZustand());
            assertEquals(0.0, vertrag.getProvision(), delta);
            assertTrue(vertrag.isAktiv());

            vertrag.abrechnen();  //nicht erlaubt
60          assertEquals(7, vertrag.getNummer());
            assertEquals("Paul Meyer",vertrag.getKunden());
            assertEquals("Heinz Schulze", vertrag.getVermittler());
            assertEquals(vertrag.VZ_ANGELEGT, vertrag.getZustand());
            assertEquals(0.0, vertrag.getProvision(), delta);
65          assertTrue(vertrag.isAktiv());

            vertrag.aktivieren();  //nicht erlaubt
            assertEquals(7, vertrag.getNummer());
            assertEquals("Paul Meyer",vertrag.getKunden());
70          assertEquals("Heinz Schulze", vertrag.getVermittler());
            assertEquals(vertrag.VZ_ANGELEGT, vertrag.getZustand());
            assertEquals(0.0, vertrag.getProvision(), delta);
            assertTrue(vertrag.isAktiv());

75          vertrag.ruhen();   //nicht erlaubt
            assertEquals(7, vertrag.getNummer());
            assertEquals("Paul Meyer",vertrag.getKunden());
            assertEquals("Heinz Schulze", vertrag.getVermittler());
            assertEquals(vertrag.VZ_ANGELEGT, vertrag.getZustand());
80          assertEquals(0.0, vertrag.getProvision(), delta);
            assertTrue(vertrag.isAktiv());

            vertrag.beenden();  //nicht erlaubt
            assertEquals(7, vertrag.getNummer());
85          assertEquals("Paul Meyer",vertrag.getKunden());
            assertEquals("Heinz Schulze", vertrag.getVermittler());
            assertEquals(vertrag.VZ_ANGELEGT, vertrag.getZustand());
            assertEquals(0.0, vertrag.getProvision(), delta);
            assertTrue(vertrag.isAktiv());
90
            vertrag = null;
        }

        public void testPruefenAbgelehntPositiv() {
95          vertrag = new Vertrag(1, kunde, vermittler, proviRechner);
            assertEquals(vertrag.VZ_ANGELEGT, vertrag.getZustand());
            vertrag.pruefen();
            assertEquals(vertrag.VZ_GEPRUEFT, vertrag.getZustand());
            assertTrue(vertrag.isAktiv());
100         assertEquals(0.0, vertrag.getProvision(), delta);
            vertrag = null;

            vertrag = new Vertrag(0, kunde, vermittler, proviRechner);
            assertEquals(vertrag.VZ_ANGELEGT, vertrag.getZustand());
105         vertrag.pruefen();
            assertEquals(vertrag.VZ_ABGELEHNT, vertrag.getZustand());
            assertEquals(0.0, vertrag.getProvision(), delta);
            assertTrue(!vertrag.isAktiv());
            vertrag = null;
110     }

        public void testPruefenNegativ() {
            vertrag = new Vertrag(7, kunde, vermittler, proviRechner);
            assertEquals(vertrag.VZ_ANGELEGT, vertrag.getZustand());
115         vertrag.pruefen();
```

```
              assertEquals(vertrag.VZ_GEPRUEFT, vertrag.getZustand());
              assertEquals(0.0, vertrag.getProvision(), delta);

              vertrag.pruefen();  //nicht nochmal erlaubt
120           assertEquals(7, vertrag.getNummer());
              assertEquals(vertrag.VZ_GEPRUEFT, vertrag.getZustand());
              assertEquals(0.0, vertrag.getProvision(), delta);
              assertTrue(vertrag.isAktiv());

125           vertrag.aktivieren();  //nicht erlaubt
              assertEquals(7, vertrag.getNummer());
              assertEquals(vertrag.VZ_GEPRUEFT, vertrag.getZustand());
              assertEquals(0.0, vertrag.getProvision(), delta);
              assertTrue(vertrag.isAktiv());
130
              vertrag = null;
          }

          public void testAbgelehntNegativ() {
135           vertrag = new Vertrag(0, kunde, vermittler, proviRechner);
              assertEquals(vertrag.VZ_ANGELEGT, vertrag.getZustand());
              vertrag.pruefen();
              assertEquals(vertrag.VZ_ABGELEHNT, vertrag.getZustand());
              assertEquals(0.0, vertrag.getProvision(), delta);
140           assertTrue(!vertrag.isAktiv());

              vertrag.abrechnen();  //nicht erlaubt
              assertEquals(0, vertrag.getNummer());
              assertEquals(vertrag.VZ_ABGELEHNT, vertrag.getZustand());
145           assertEquals(0.0, vertrag.getProvision(), delta);
              assertTrue(!vertrag.isAktiv());

              vertrag.aktivieren();  //nicht erlaubt
              assertEquals(0, vertrag.getNummer());
150           assertEquals(vertrag.VZ_ABGELEHNT, vertrag.getZustand());
              assertEquals(0.0, vertrag.getProvision(), delta);
              assertTrue(!vertrag.isAktiv());

              vertrag.pruefen();  //nicht erlaubt
155           assertEquals(0, vertrag.getNummer());
              assertEquals(vertrag.VZ_ABGELEHNT, vertrag.getZustand());
              assertEquals(0.0, vertrag.getProvision(), delta);
              assertTrue(!vertrag.isAktiv());

160           vertrag.ruhen();  //nicht erlaubt
              assertEquals(0, vertrag.getNummer());
              assertEquals(vertrag.VZ_ABGELEHNT, vertrag.getZustand());
              assertEquals(0.0, vertrag.getProvision(), delta);
              assertTrue(!vertrag.isAktiv());
165
              vertrag.beenden();  //nicht erlaubt
              assertEquals(0, vertrag.getNummer());
              assertEquals(vertrag.VZ_ABGELEHNT, vertrag.getZustand());
              assertEquals(0.0, vertrag.getProvision(), delta);
170           assertTrue(!vertrag.isAktiv());

              vertrag = null;
          }

175       public void testAbrechnenPositiv() {
              vertrag = new Vertrag(1, kunde, vermittler, proviRechner);
              assertEquals(vertrag.VZ_ANGELEGT, vertrag.getZustand());
              vertrag.pruefen();
              assertEquals(vertrag.VZ_GEPRUEFT, vertrag.getZustand());
```

```
180         assertEquals(0.0, vertrag.getProvision(), delta);
            vertrag.abrechnen();
            assertEquals(vertrag.VZ_ABGERECHNET, vertrag.getZustand());
            assertEquals(proviRechner.getLetztenWert(),
              vertrag.getProvision(), delta);
185         assertTrue(vertrag.isAktiv());

            vertrag = null;
        }

190     public void testAbrechnenNegativ() {
            vertrag = new Vertrag(2, kunde, vermittler, proviRechner);
            assertEquals(vertrag.VZ_ANGELEGT, vertrag.getZustand());
            vertrag.pruefen();
            assertEquals(vertrag.VZ_GEPRUEFT, vertrag.getZustand());
195         assertEquals(0.0, vertrag.getProvision(), delta);
            vertrag.abrechnen();
            assertEquals(vertrag.VZ_ABGERECHNET, vertrag.getZustand());
            assertEquals(proviRechner.getLetztenWert(),
              vertrag.getProvision(), delta);
200         assertTrue(vertrag.isAktiv());

            vertrag.abrechnen();   //nicht nochmal erlaubt
            assertEquals(2, vertrag.getNummer());
            assertEquals(vertrag.VZ_ABGERECHNET, vertrag.getZustand());
205         assertEquals(proviRechner.getLetztenWert(),
              vertrag.getProvision(), delta);
            assertTrue(vertrag.isAktiv());

            vertrag.pruefen();   //nicht erlaubt
210         assertEquals(2, vertrag.getNummer());
            assertEquals(vertrag.VZ_ABGERECHNET, vertrag.getZustand());
            assertEquals(proviRechner.getLetztenWert(),
              vertrag.getProvision(), delta);
            assertTrue(vertrag.isAktiv());
215
            vertrag.aktivieren();   //nicht erlaubt
            assertEquals(2, vertrag.getNummer());
            assertEquals(vertrag.VZ_ABGERECHNET, vertrag.getZustand());
            assertEquals(proviRechner.getLetztenWert(),
220           vertrag.getProvision(), delta);
            assertTrue(vertrag.isAktiv());

            vertrag = null;
        }
225
        public void testRuhenPositiv() {

            vertrag = new Vertrag(1, kunde, vermittler, proviRechner);
            assertEquals(vertrag.VZ_ANGELEGT, vertrag.getZustand());
230         vertrag.pruefen();
            assertEquals(vertrag.VZ_GEPRUEFT, vertrag.getZustand());
            assertEquals(0.0, vertrag.getProvision(), delta);
            assertTrue(vertrag.isAktiv());
            vertrag.ruhen();
235         assertEquals(vertrag.VZ_RUHEND, vertrag.getZustand());
            assertEquals(0.0, vertrag.getProvision(), delta);
            assertTrue(!vertrag.isAktiv());

            vertrag = null;
240
            vertrag = new Vertrag(3, kunde, vermittler, proviRechner);
            assertEquals(vertrag.VZ_ANGELEGT, vertrag.getZustand());
            vertrag.pruefen();
```

```
              assertEquals(vertrag.VZ_GEPRUEFT, vertrag.getZustand());
245           vertrag.abrechnen();
              assertEquals(vertrag.VZ_ABGERECHNET, vertrag.getZustand());
              assertEquals(proviRechner.getLetztenWert(),
                 vertrag.getProvision(), delta);
              assertTrue(vertrag.isAktiv());
250           vertrag.ruhen();
              assertEquals(vertrag.VZ_RUHEND, vertrag.getZustand());
              assertEquals(proviRechner.getLetztenWert(),
                 vertrag.getProvision(), delta);
              assertTrue(!vertrag.isAktiv());
255
              vertrag = null;
          }

          public void testRuhenNegativ() {
260           vertrag = new Vertrag(4, kunde, vermittler, proviRechner);
              assertEquals(vertrag.VZ_ANGELEGT, vertrag.getZustand());
              vertrag.pruefen();
              assertEquals(vertrag.VZ_GEPRUEFT, vertrag.getZustand());
              vertrag.ruhen();
265           assertEquals(vertrag.VZ_RUHEND, vertrag.getZustand());
              assertEquals(0.0, vertrag.getProvision(), delta);
              assertTrue(!vertrag.isAktiv());

              vertrag.pruefen();   //nicht erlaubt
270           assertEquals(4, vertrag.getNummer());
              assertEquals(vertrag.VZ_RUHEND, vertrag.getZustand());
              assertEquals(0.0, vertrag.getProvision(), delta);
              assertTrue(!vertrag.isAktiv());

275           vertrag.abrechnen();   //nicht erlaubt
              assertEquals(4, vertrag.getNummer());
              assertEquals(vertrag.VZ_RUHEND, vertrag.getZustand());
              assertEquals(0.0, vertrag.getProvision(), delta);
              assertTrue(!vertrag.isAktiv());
280
              vertrag.ruhen();   //nicht nochmal erlaubt
              assertEquals(4, vertrag.getNummer());
              assertEquals(vertrag.VZ_RUHEND, vertrag.getZustand());
              assertEquals(0.0, vertrag.getProvision(), delta);
285           assertTrue(!vertrag.isAktiv());

              vertrag = null;
          }

290       public void testBeendenPositiv() {
              vertrag = new Vertrag(1, kunde, vermittler, proviRechner);
              assertEquals(vertrag.VZ_ANGELEGT, vertrag.getZustand());
              vertrag.pruefen();
              assertEquals(vertrag.VZ_GEPRUEFT, vertrag.getZustand());
295           assertTrue(vertrag.isAktiv());
              vertrag.beenden();
              assertEquals(vertrag.VZ_BEENDET, vertrag.getZustand());
              assertEquals(0.0, vertrag.getProvision(), delta);
              assertTrue(!vertrag.isAktiv());
300
              vertrag = null;

              vertrag = new Vertrag(5, kunde, vermittler, proviRechner);
              assertEquals(vertrag.VZ_ANGELEGT, vertrag.getZustand());
305           vertrag.pruefen();
              assertEquals(vertrag.VZ_GEPRUEFT, vertrag.getZustand());
              vertrag.abrechnen();
```

```
          assertEquals(vertrag.VZ_ABGERECHNET, vertrag.getZustand());
          assertEquals(proviRechner.getLetztenWert(),
310         vertrag.getProvision(), delta);
          assertTrue(vertrag.isAktiv());
          vertrag.beenden();
          assertEquals(vertrag.VZ_BEENDET, vertrag.getZustand());
          assertEquals(proviRechner.getLetztenWert(),
315         vertrag.getProvision(), delta);
          assertTrue(!vertrag.isAktiv());

          vertrag = null;
      }
320
      public void testBeendenNegativ() {
          vertrag = new Vertrag(32000, kunde, vermittler, proviRechner);
          assertEquals(vertrag.VZ_ANGELEGT, vertrag.getZustand());
          vertrag.pruefen();
325       assertEquals(vertrag.VZ_GEPRUEFT, vertrag.getZustand());
          vertrag.abrechnen();
          assertEquals(vertrag.VZ_ABGERECHNET, vertrag.getZustand());
          assertEquals(proviRechner.getLetztenWert(),
            vertrag.getProvision(), delta);
330       assertTrue(vertrag.isAktiv());
          vertrag.beenden();
          assertEquals(vertrag.VZ_BEENDET, vertrag.getZustand());
          assertEquals(proviRechner.getLetztenWert(),
            vertrag.getProvision(), delta);
335       assertTrue(!vertrag.isAktiv());

          vertrag.beenden();   //nicht nochmal erlaubt
          assertEquals(32000, vertrag.getNummer());
          assertEquals(vertrag.VZ_BEENDET, vertrag.getZustand());
340       assertEquals(proviRechner.getLetztenWert(),
            vertrag.getProvision(), delta);
          assertTrue(!vertrag.isAktiv());

          vertrag.pruefen();   //nicht erlaubt
345       assertEquals(32000, vertrag.getNummer());
          assertEquals(vertrag.VZ_BEENDET, vertrag.getZustand());
          assertEquals(proviRechner.getLetztenWert(),
            vertrag.getProvision(), delta);
          assertTrue(!vertrag.isAktiv());
350
          vertrag.abrechnen();   //nicht erlaubt
          assertEquals(32000, vertrag.getNummer());
          assertEquals(vertrag.VZ_BEENDET, vertrag.getZustand());
          assertEquals(proviRechner.getLetztenWert(),
355         vertrag.getProvision(), delta);
          assertTrue(!vertrag.isAktiv());

          vertrag.ruhen();   //nicht erlaubt
          assertEquals(32000, vertrag.getNummer());
360       assertEquals(vertrag.VZ_BEENDET, vertrag.getZustand());
          assertEquals(proviRechner.getLetztenWert(),
            vertrag.getProvision(), delta);
          assertTrue(!vertrag.isAktiv());

365       vertrag.aktivieren();   //nicht erlaubt
          assertEquals(32000, vertrag.getNummer());
          assertEquals(vertrag.VZ_BEENDET, vertrag.getZustand());
          assertEquals(proviRechner.getLetztenWert(),
            vertrag.getProvision(), delta);
370       assertTrue(!vertrag.isAktiv());
```

```
            vertrag = null;
        }

375     public void testAktivieren() {
            vertrag = new Vertrag(1, kunde, vermittler, proviRechner);
            assertEquals(vertrag.VZ_ANGELEGT, vertrag.getZustand());
            vertrag.pruefen();
            assertEquals(vertrag.VZ_GEPRUEFT, vertrag.getZustand());
380         assertTrue(vertrag.isAktiv());
            vertrag.ruhen();
            assertEquals(vertrag.VZ_RUHEND, vertrag.getZustand());
            assertTrue(!vertrag.isAktiv());
            vertrag.aktivieren();
385         assertEquals(vertrag.VZ_GEPRUEFT, vertrag.getZustand());
            assertEquals(0.0, vertrag.getProvision(), delta);

            assertTrue(vertrag.isAktiv());

390         vertrag = null;

            vertrag = new Vertrag(3, kunde, vermittler, proviRechner);
            assertEquals(vertrag.VZ_ANGELEGT, vertrag.getZustand());
            vertrag.pruefen();
395         assertEquals(vertrag.VZ_GEPRUEFT, vertrag.getZustand());
            vertrag.abrechnen();
            assertEquals(vertrag.VZ_ABGERECHNET, vertrag.getZustand());
            assertEquals(proviRechner.getLetztenWert(),
                vertrag.getProvision(), delta);
400         assertTrue(vertrag.isAktiv());
            vertrag.ruhen();
            assertEquals(vertrag.VZ_RUHEND, vertrag.getZustand());
            assertEquals(proviRechner.getLetztenWert(),
                vertrag.getProvision(), delta);
405         assertTrue(!vertrag.isAktiv());
            vertrag.aktivieren();
            assertEquals(vertrag.VZ_ABGERECHNET, vertrag.getZustand());
            assertEquals(proviRechner.getLetztenWert(),
                vertrag.getProvision(), delta);
410         assertTrue(vertrag.isAktiv());

            vertrag = null;
        }
    }
```

Codebeispiel A.4: Test der modalen Klasse Vertrag aus Abschnitt 11.4.3.

A Beispiele für JUnit-Tests

Die Vertragsklasse

Die hier dargestellte Form der Vertragsklasse basiert auf Enumerations für die Zustände. In Java können Enumerations durch Konstanten simuliert werden. Die hier gezeigte Lösung ist weitgehend sprachunabhängig. Unter Java bietet sich eine andere Implementierung des Zustandsmusters an, die weiter unten beschrieben wird.

```
    package vertrag;
    /*
     * Einfache Implementierung ohne Java-Spezialitaeten
     * Nutzung von Dummy-Implementierungen der Interfaces Mandant und Vermittler
5   */

    public class Vertrag {
      public static final int VZ_UNGUELTIG = 0;
      public static final int VZ_ANGELEGT = 1;
10    public static final int VZ_GEPRUEFT = 2;
      public static final int VZ_ABGERECHNET = 3;
      public static final int VZ_ABGELEHNT = 4;
      public static final int VZ_RUHEND = 5;
      public static final int VZ_BEENDET = 6;
15
      // zum Historisieren aktiver Zustaende fuer ruhen() und aktivieren()
      private int historyState;

      private interface Zustand {
20      abstract public int pruefen();
        abstract public int provisionieren();
        abstract public int ruhen();
        abstract public int aktivieren();
        abstract public int beenden();
25      abstract public int getZustand();
      }

      private class Angelegt implements Zustand {
        public int pruefen() {
30        if (getNummer() > 0) {
            return VZ_GEPRUEFT;
          } else{
            return VZ_ABGELEHNT;
          }
35      }

        public int provisionieren() {
          return VZ_UNGUELTIG;
        }
40      public int ruhen() {
          return VZ_UNGUELTIG;
        }
        public int aktivieren() {
          return VZ_UNGUELTIG;
45      }
        public int beenden() {
          return VZ_UNGUELTIG;
        }
        public int getZustand() {
50        return VZ_ANGELEGT;
        }
      }

      private class Geprueft implements Zustand {
```

```
55      public int pruefen() {
          return VZ_UNGUELTIG;
        }
        public int provisionieren() {
          myProvi = myProviRechner.berechneProvi(getNummer());
60        return VZ_ABGERECHNET;
        }
        public int ruhen() {
          historyState = getZustand();
          return VZ_RUHEND;
65      }
        public int aktivieren() {
          return VZ_UNGUELTIG;
        }
        public int beenden() {
70        return VZ_BEENDET;
        }
        public int getZustand() {
          return VZ_GEPRUEFT;
        }
75    }

      private class Abgerechnet implements Zustand {
        public int pruefen() {
          return VZ_UNGUELTIG;
80      }
        public int provisionieren() {
          return VZ_UNGUELTIG;
        }
        public int ruhen() {
85        historyState = getZustand();
          return VZ_RUHEND;
        }
        public int aktivieren() {
          return VZ_UNGUELTIG;
90      }
        public int beenden() {
          return VZ_BEENDET;
        }
        public int getZustand() {
95        return VZ_ABGERECHNET;
        }
      }

      private class Abgelehnt implements Zustand {
100     public int pruefen() {
          return VZ_UNGUELTIG;
        }
        public int provisionieren() {
          return VZ_UNGUELTIG;
105     }
        public int ruhen() {
          return VZ_UNGUELTIG;
        }
        public int aktivieren() {
110       return VZ_UNGUELTIG;
        }
        public int beenden() {
          return VZ_UNGUELTIG;
        }
115     public int getZustand() {
          return VZ_ABGELEHNT;
        }
      }
```

A Beispiele für JUnit-Tests

```
       private class Ruhend implements Zustand {
120      public int pruefen() {
           return VZ_UNGUELTIG;
         }
         public int provisionieren() {
           return VZ_UNGUELTIG;
125      }
         public int ruhen() {
           return VZ_UNGUELTIG;
         }
         public int aktivieren() {
130        return historyState;    // historisierten Zustand wieder einnehmen
         }
         public int beenden() {
           return VZ_UNGUELTIG;
         }
135      public int getZustand() {
           return VZ_RUHEND;
         }
       }
       private class Beendet implements Zustand {
140      public int pruefen() {
           return VZ_UNGUELTIG;
         }
         public int provisionieren() {
           return VZ_UNGUELTIG;
145      }
         public int ruhen() {
           return VZ_UNGUELTIG;
         }
         public int aktivieren() {
150        return VZ_UNGUELTIG;
         }
         public int beenden() {
           return VZ_UNGUELTIG;
         }
155      public int getZustand() {
           return VZ_BEENDET;
         }
       }

160
       private long nummer;
       private Mandant myMandant;
       private Vermittler myVermittler;
       private ProviRechner myProviRechner;
165    private Zustand myZustand;
       private double myProvi;


       public Vertrag(long nr, Mandant neuerMandant, Vermittler abschlussVermittler,
170                   ProviRechner provisionsRechner) {
         myZustand = new Angelegt();
         nummer = nr;
         setStatus(VZ_ANGELEGT);
         historyState = VZ_UNGUELTIG;
175      myMandant = neuerMandant;
         myVermittler = abschlussVermittler;
         myProviRechner = provisionsRechner;
         myProvi = 0.0;
       }
180
       public long getNummer(){
         return nummer;
```

```java
      }

185   public String getVermittler() {
        return myVermittler.getVornamen() + " " + myVermittler.getNachnamen();
      }

      public String getKunden() {
190     return myMandant.getNamen();
      }

      public double getProvision() {
        return myProvi;
195   }

      public boolean pruefen() {
        setStatus(myZustand.pruefen());
        if (VZ_GEPRUEFT == myZustand.getZustand()) {
200       return true;
        }
        return false;
      }

205   public void abrechnen() {
        setStatus(myZustand.provisionieren());
      }

      public void ruhen() {
210     setStatus(myZustand.ruhen());
      }

      public void aktivieren() {
        setStatus(myZustand.aktivieren());
215   }

      public void beenden() {
        setStatus(myZustand.beenden());
      }
220
      public int getZustand() {
        if (null != myZustand) {
          return myZustand.getZustand();
        } else {
225       return VZ_UNGUELTIG;
        }
      }

      public boolean isAktiv() {
230     if ((VZ_ANGELEGT == getZustand()) ||
            (VZ_GEPRUEFT == getZustand()) ||
            (VZ_ABGERECHNET == getZustand())) {
          return true;
        } else {
235       return false;
        }
      }

      private void setStatus(int neuerZustand) {
240     if (VZ_UNGUELTIG != neuerZustand) {
          if (neuerZustand != myZustand.getZustand()) {   // ein neuer Zustand?
            myZustand = null;          // alten Zustand frei geben
            switch (neuerZustand) {    // Zielzustand anlegen
              case VZ_ANGELEGT: myZustand = new Angelegt();
245             break;
              case VZ_GEPRUEFT: myZustand = new Geprueft();
```

```
                break;
            case VZ_ABGERECHNET: myZustand = new Abgerechnet();
                break;
250         case VZ_ABGELEHNT: myZustand = new Abgelehnt();
                break;
            case VZ_RUHEND: myZustand = new Ruhend();
                break;
            case VZ_BEENDET: myZustand = new Beendet();
255             break;
            default: myZustand = null;
                break;
            }
        }
260 }
    }
}
```

Codebeispiel A.5: Die modale Klasse Vertrag aus Abschnitt 11.4.3.

Unter Java bietet es sich bei der Realisierung des Zustandsmusters an, die Konstanten durch Klassen zu ersetzen [61]. Die Änderungen am Code sind nur marginal. Es wird eine zusätzliche Klasse Ungueltig benötigt, und die Implementierungen der Zustände erfordern einen leeren Default-Konstruktor.

```
    package vertrag;

    import java.lang.reflect.Constructor;
    import java.lang.reflect.InvocationTargetException;
5
    public class Vertrag {
      public static final Class VZ_UNGUELTIG = Ungueltig.class;
      public static final Class VZ_ANGELEGT = Angelegt.class;
      public static final Class VZ_GEPRUEFT = Geprueft.class;
10    public static final Class VZ_ABGERECHNET = Abgerechnet.class;
      public static final Class VZ_ABGELEHNT = Abgelehnt.class;
      public static final Class VZ_RUHEND = Ruhend.class;
      public static final Class VZ_BEENDET = Beendet.class;

15    // zum Historisieren aktiver Zustaende fuer ruhen() und aktivieren()
      private Class historyState;

      private interface Zustand {
        Class pruefen();
20      Class provisionieren();
        Class ruhen();
        Class aktivieren();
        Class beenden();
        Class getZustand();
25    }

      private class Ungueltig implements Zustand {
        public Ungueltig() {
          // damit es laeuft
30      }
        public Class pruefen() {
          return VZ_UNGUELTIG;
        }
        public Class provisionieren() {
```

```
35         return VZ_UNGUELTIG;
       }
       public Class ruhen() {
         return VZ_UNGUELTIG;
       }
40     public Class aktivieren() {
         return VZ_UNGUELTIG;
       }
       public Class beenden() {
         return VZ_UNGUELTIG;
45     }
       public Class getZustand() {
         return VZ_UNGUELTIG;
       }
     }
50   ...
```

Codebeispiel A.6: Realisierung der Zustände als Klassen

Die zentrale Anpassung erfolgt in setZustand().

```
    private void setStatus(Class neuerZustand) {
      try {
        Constructor cnstrctr = neuerZustand.getDeclaredConstructor
          (new Class[] {Vertrag.class});
5       cnstrctr.setAccessible(true);
        myZustand = (Zustand) cnstrctr.newInstance(new Object[]{this});
      }
      catch (IllegalAccessException ex) {
        myZustand = (Zustand) new Ungueltig();
10    }
      catch (InstantiationException ex) {
        myZustand = (Zustand) new Ungueltig();
      }
      catch (SecurityException ex1) {
15      myZustand = (Zustand) new Ungueltig();
      }
      catch (NoSuchMethodException ex1) {
        myZustand = (Zustand) new Ungueltig();
      }
20    catch (InvocationTargetException ex2) {
        myZustand = (Zustand) new Ungueltig();
      }
      catch (IllegalArgumentException ex2) {
        myZustand = (Zustand) new Ungueltig();
25    }
    }
```

Codebeispiel A.7: Die Methode setStatus()

Die Interface-, Dummy- und Mock-Klassen

```
  package vertrag;

  public interface Mandant {
    public String getNamen();
5 }
```

Codebeispiel A.8: Das Interface des Mandanten

```
  package vertrag;

  public interface Vermittler {
    public String getVornamen();
5   public String getNachnamen();
  }
```

Codebeispiel A.9: Das Interface des Vermittlers

```
  package vertrag;

  public interface ProviRechner {
    public double berechneProvi(long nr);
5 }
```

Codebeispiel A.10: Das Interface der Provisionsrechners

```
   package vertrag;

   public class KundenDummy implements Mandant{
     private String myName;
5
     public KundenDummy(String kundenName) {
       myName = kundenName;
     }

10   public String getNamen() {
       return myName;
     }
   }
```

Codebeispiel A.11: Dummy-Realisierung des Mandanten-Interfaces durch die Klasse KundenDummy

A.3 Modale Klasse mit Mock testen

```
package vertrag;

public class MitarbeiterDummy implements Vermittler {
  private String myVorname;
  private String myNachname;

  public MitarbeiterDummy(String vorname, String nachname) {
    myVorname = vorname;
    myNachname = nachname;
  }

  public String getVornamen() {
    return myVorname;
  }

  public String getNachnamen() {
    return myNachname;
  }
}
```

Codebeispiel A.12: Dummy-Realisierung des Vermittler-Interfaces durch die Klasse `MitarbeiterDummy`

```
package vertrag;

public class ProviRechnerMock implements ProviRechner{
  private double letzterWert;
  public ProviRechnerMock() {
    letzterWert = 0.0;
  }

  public double berechneProvi(long nr) {
    double provi = nr * 2.5;
    letzterWert = provi;
    return provi;
  }

  public double getLetztenWert() {
    return letzterWert;
  }
}
```

Codebeispiel A.13: Die Mock-Realisierung des Provisionsrechner-Interfaces. Die Methode `getLetztenwert()` wird nur für die Prüfungen innerhalb der Testklasse benötigt.

B Beispiel für eine JUnit-Testsuite

Als Beispiel für eine JUnit-Testsuite dient uns eine mögliche Testsuite für das Reservierungssystembeispiel aus Anhang A.

Alle Codebeispiele im Anhang stehen unter www.oo-testen.de zum Download bereit.

```
   package de.oose.flitzauto.test;

   import junit.framework.*;
5  import de.oose.flitzauto.kfz.test.StationTestCase;
   import de.oose.flitzauto.mitglied.test.MitgliedTestCase;
   import de.oose.flitzauto.reservierung.test.ReservierungTestCase;
   import de.oose.flitzauto.konto.test.KontoTestCase;
10 import de.oose.flitzauto.control.test.KfzReservierenTestCase;
   import de.oose.flitzauto.control.test.MitgliedsdatenAendernTestCase;
   import de.oose.flitzauto.control.test.KfzStationZuordnenTestCase;
   import de.oose.flitzauto.control.test.AbrechnungErstellenTestCase;
   import de.oose.flitzauto.control.test.ReservierungStornierenTestCase;
15
   public class XPflitzautoTestSuite extends TestCase {
     public XPflitzautoTestSuite(String name) {
       super(name);
20   }

     public static TestSuite suite() {
       TestSuite suite=new TestSuite();
       suite.addTestSuite( MitgliedTestCase.class );
25     suite.addTestSuite( StationTestCase.class );
       suite.addTestSuite( ReservierungTestCase.class );
       suite.addTestSuite( KontoTestCase.class );
       suite.addTestSuite( KfzReservierenTestCase.class );
       suite.addTestSuite( MitgliedsdatenAendernTestCase.class );
30     suite.addTestSuite( KfzStationZuordnenTestCase.class );
       suite.addTestSuite( AbrechnungErstellenTestCase.class );
       suite.addTestSuite( ReservierungStornierenTestCase.class );
       return suite;
     }
35 }
```

Codebeispiel B.1: Ein einfaches, aber vollständiges Beispiel für eine JUnit-Testsuite

C Beispiel eines CppUnit-Tests

Unser Testbeispiel ist eine Datumsintervallberechner-Klasse. Bitte hinterfragen Sie das Beispiel nicht zu sehr, es ist ein Schulungsbeispiel. Die Klasse DateInterval kann ein Datum zwischen dem 1.1.1800 und dem 31.12.2100 gesetzt bekommen und dann über seine Methoden nextDay(), nextWeek() usw. ein in dem entsprechenden Intervall dahinter liegendes Datum berechnen. Stellen wir uns als Anwendung z. B. die Wiedervorlagen-Funktionalität eines Kalenderprogramms vor. Alle Codebeispiele im Anhang stehen unter www.oo-testen.de zum Download bereit.

Beginnen wir mit der DateInterval-Header-Datei.

```
    // DateInterval.h   Datumsintervall-Berechner
    //
    // Berechnet aus einem vorgegebenen Datum das Datum fuer ein bestimmtes
    // Intervall unter Beruecksichtigung der kalendarischen Daten.
 5  // Moegliche Intervalle sind:
    //   nextDay, nextWeek, nextMonth, nextQuarter, nextYear, nextDecade
    // Ein gueltiges Eingabedatum liegt zwischen 1.1.1800 und 31.12.2100
    // (c) 2004, oose.de GmbH
    /////////////////////////////////////////////////////////
10
    #ifndef DATE_INTERVAL_H
    #define DATE_INTERVAL_H

    const int MIN_YEAR = 1800;
15  const int MAX_YEAR = 2100;
    const int MAX_MONTH = 12;
    const int WEEK_LEN = 7;

    const int LEAP_MONTH = 2;          // Der Februar
20  const int LEAP_MONTH_DAYS = 29;    // hat im Schaltjahr 29
    const int REG_MONTH_DAYS = 28;     // sonst 28 Tage.

    const int dayOfMonth[MAX_MONTH] = {31, 28, 31, 30, 31, 30,
                                       31, 31, 30, 31, 30, 31};
25
    class DateInterval{
    private:
      int day;
30    int month;
      int year;

      int monthDays[MAX_MONTH];

35    bool checkDate(int day, int month, int year);
      bool isLeapYear(int year);
      void updateDaysOfMonth();
```

```
     public:
       DateInterval();
40     ~DateInterval();

       bool reset(int day, int month, int year);

       inline int getDay(){return day;};
45     inline int getMonth(){return month;};
       inline int getYear(){return year;};

       void nextDay(int &day, int &month, int &year);
       void nextWeek(int &day, int &month, int &year);
50     void nextMonth(int &day, int &month, int &year);
       void nextQuarter(int &day, int &month, int &year);
       void nextYear(int &day, int &month, int &year);
       void nextDecade(int &day, int &month, int &year);
     };
55   #endif
```

Codebeispiel C.1: CppUnit-Beispiel: DateInterval.h – Headerdatei der Datumsintervallberechnung

Kommen wir nach der Deklaration der Klasse zur Implementierung von `DateInterval.cpp`. Aber Vorsicht: Diese Implementierung ist fehlerhaft!

```
     // DateInterval.h  Datumsintervall-Berechner
     // (c) 2004, oose.de GmbH
     ///////////////////////////////////////////////////

 5   #include "stdafx.h"
     #include "DateInterval.h"

     DateInterval::DateInterval(){
       day = 1;
10     month = 1;
       year = MIN_YEAR;
       for (int i = 0; i < MAX_MONTH; i++){
         monthDays[i] = dayOfMonth[i];
       }
15   }

     DateInterval::~DateInterval(){
     }

20   bool DateInterval::isLeapYear(int year){
       bool leap = false;

       if (year > 0){     // nicht checkdate() aufrufen, Rekursion!
         if (0 == year % 4){
25         leap = true;
           if (0 == year % 100){
             leap = false;
             if (0 == year % 400){
               leap = true;
30           }
           }
         }
       }
       return leap;
35   }
```

C Beispiel eines CppUnit-Tests

```cpp
    bool DateInterval::checkDate(int day, int month, int year){
      if ((year < MIN_YEAR) || (year > MAX_YEAR)) return false;
      if ((month < 1) || (month > MAX_MONTH)) return false;
40    if (((!isLeapYear(year)) || (LEAP_MONTH != month)){
        if ((day < 1) || (day > dayOfMonth[month-1])) return false;
      }
      else {
        if ((day < 1) || (day > LEAP_MONTH_DAYS)) return false;
45    }

      return true;
    }

50  void DateInterval::updateDaysOfMonth(){
      if (isLeapYear(getYear())){
        monthDays[LEAP_MONTH-1] = LEAP_MONTH_DAYS;
      }
      else{
55      monthDays[LEAP_MONTH-1] = REG_MONTH_DAYS;
      }
    }

    bool DateInterval::reset(int day, int month, int year){
60    bool ret = checkDate(day, month, year);
      if (true == ret){
        this->day = day;
        this->month = month;
        this->year = year;
65    }
      updateDaysOfMonth();   // Monatstage an Schaltjahre anpassen
      return ret;
    }

70  void DateInterval::nextDay(int &day, int &month, int &year){
      year = getYear();

      if (getDay() < monthDays[getMonth()-1]){
        day = getDay() + 1;
75      month = getMonth();
      }
      else {
        day = 1;
        if (getMonth() < MAX_MONTH){
80        month = getMonth()+1;
        }
        else{
          month = 1;
          year = getYear()+1;
85      }
      }
    }

    void DateInterval::nextWeek(int &day, int &month, int &year){
90    year = getYear();

      if (getDay() + WEEK_LEN < monthDays[getMonth()-1]){
        day = getDay()+WEEK_LEN;
        month = getMonth();
95    }
      else{
        day = getDay()+WEEK_LEN-monthDays[getMonth()-1];
        if (getMonth() < MAX_MONTH){
          month = getMonth()+1;
```

```cpp
100      }
         else{
            month = 1;
            year = getYear()+1;
         }
105    }
     }

     void DateInterval::nextMonth(int &day, int &month, int &year){
        int nextYear = getYear();
110     int nextMon = getMonth() + 1;

        if (nextMon > MAX_MONTH){
           nextMon = 1;
           nextYear = getYear() + 1;
115     }

        if (getDay() <= monthDays[nextMon-1]){
           day = getDay();
        }
120     else{
           day = monthDays[nextMon-1];
        }
        month = nextMon;
        year = nextYear;
125  }

     void DateInterval::nextQuarter(int &day, int &month, int &year){
        day = 1;
        year = getYear();
130
        if (9 < getMonth()){        // 4. Quartal -> 1. Qu. naechstes Jahr
           month = 1;
           year = getYear() + 1;
        }
135     else if (6 < getMonth()){   // 3.-> 4. Quartal
           month = 10;
        }
        else if (3 < getMonth()){   // 2. -> 3. Quartal
           month = 7;
140     }
        else {                      // 1. -> 2. Quartal
           month = 4;
        }
     }
145
     void DateInterval::nextYear(int &day, int &month, int &year){
        day = getDay();
        month = getMonth();
        year = getYear() + 1;
150  }

     void DateInterval::nextDecade(int &day, int &month, int &year){
        day = getDay();
        month = getMonth();
155     year = getYear() + 10;
     }
```

Codebeispiel C.2: CppUnit-Beispiel: DateInterval.cpp – eine fehlerhafte Implementierung der Datumsintervallberechnung

C Beispiel eines CppUnit-Tests

Diese Implementierung ist also fehlerhaft. Unsere beiden nachfolgenden Testdateien sollten die Fehler finden.

Die Tests sind eher simpel und liegen daher alle in den Header-Dateien. Schauen wir uns zuerst die grundlegenden Tests zum Setzen und Verändern eines Datums an.

```
   // DateIntervalBasicTest.h   Datumsintervall-Berechner-Basis-Tests
   // (c) 2004, oose.de GmbH
   ///////////////////////////////////////////////////////////////////////

 5 #ifndef DATE_INTERVAL_BASIC_TESTS_H
   #define DATE_INTERVAL_BASIC_TESTS_H

   #include <cppunit/extensions/HelperMacros.h>
   #include "DateInterval.h"
10

   class DateIntervalBasicTest : public CppUnit::TestFixture{
     CPPUNIT_TEST_SUITE(DateIntervalBasicTest);
     CPPUNIT_TEST(testValidDate);
15   CPPUNIT_TEST(testInvalidDate);
     CPPUNIT_TEST(testResetDate);
     CPPUNIT_TEST_SUITE_END();

   private:
20   DateInterval* aDateInterval;

   public:
     void setUp(){
       aDateInterval = new DateInterval();
25   }

     void tearDown(){
       delete aDateInterval;
     }
30
   public:
     void testValidDate(){
       CPPUNIT_ASSERT(1 == aDateInterval->getDay());
       CPPUNIT_ASSERT(1 == aDateInterval->getMonth());
35     CPPUNIT_ASSERT(1800 == aDateInterval->getYear());
       CPPUNIT_ASSERT(true == aDateInterval->reset(7,10,1961));
       CPPUNIT_ASSERT(7 == aDateInterval->getDay());
       CPPUNIT_ASSERT(10 == aDateInterval->getMonth());
       CPPUNIT_ASSERT(1961 == aDateInterval->getYear());
40   }

     void testInvalidDate(){
       CPPUNIT_ASSERT(1 == aDateInterval->getDay());
       CPPUNIT_ASSERT(1 == aDateInterval->getMonth());
45     CPPUNIT_ASSERT(1800 == aDateInterval->getYear());
       CPPUNIT_ASSERT(false == aDateInterval->reset(29,2,1961));
       CPPUNIT_ASSERT(1 == aDateInterval->getDay());
       CPPUNIT_ASSERT(1 == aDateInterval->getMonth());
       CPPUNIT_ASSERT(1800 == aDateInterval->getYear());
50   }

     void testResetDate(){
       CPPUNIT_ASSERT(1 == aDateInterval->getDay());
       CPPUNIT_ASSERT(1 == aDateInterval->getMonth());
55     CPPUNIT_ASSERT(1800 == aDateInterval->getYear());
       CPPUNIT_ASSERT(true == aDateInterval->reset(1,1,1800));
```

C Beispiel eines CppUnit-Tests

```
           CPPUNIT_ASSERT(true  == aDateInterval->reset(31,12,2100));
           CPPUNIT_ASSERT(true  == aDateInterval->reset(29,2,2000));
60         CPPUNIT_ASSERT(false == aDateInterval->reset(31,12,1799));
           CPPUNIT_ASSERT(false == aDateInterval->reset(1,1,2101));
           CPPUNIT_ASSERT(false == aDateInterval->reset(12,0,2000));
           CPPUNIT_ASSERT(false == aDateInterval->reset(12,13,2000));
           CPPUNIT_ASSERT(false == aDateInterval->reset(0,7,1999));
65         CPPUNIT_ASSERT(false == aDateInterval->reset(32,1,2001));
           CPPUNIT_ASSERT(false == aDateInterval->reset(29,2,2001));
           CPPUNIT_ASSERT(false == aDateInterval->reset(32,3,2001));
           CPPUNIT_ASSERT(false == aDateInterval->reset(31,4,2001));
           CPPUNIT_ASSERT(false == aDateInterval->reset(32,5,2001));
70         CPPUNIT_ASSERT(false == aDateInterval->reset(31,6,2001));
           CPPUNIT_ASSERT(false == aDateInterval->reset(32,7,2001));
           CPPUNIT_ASSERT(false == aDateInterval->reset(32,8,2001));
           CPPUNIT_ASSERT(false == aDateInterval->reset(31,9,2001));
           CPPUNIT_ASSERT(false == aDateInterval->reset(32,10,2001));
75         CPPUNIT_ASSERT(false == aDateInterval->reset(31,11,2001));
           CPPUNIT_ASSERT(false == aDateInterval->reset(32,12,2001));
           CPPUNIT_ASSERT(29   == aDateInterval->getDay());
           CPPUNIT_ASSERT(2    == aDateInterval->getMonth());
           CPPUNIT_ASSERT(2000 == aDateInterval->getYear());
80       }
     };
     #endif
```

Codebeispiel C.3: CppUnit-Beispiel: DateIntervalBasicTest.h – Tests der Basisfunktionalität

Nach den Grundlagentests wird es Zeit für die echte Fachlichkeit von `Date-Interval`. Hier kommen nun die komplexeren Tests der `next*`-Methoden.

```
     // DateIntervalTest.h  Datumsintervall-Berechner-Tests
     //
     // (c) 2003, oose.de GmbH
     /////////////////////////////////////////////////////////////////////
 5
     #ifndef DATE_INTERVAL_TESTS_H
     #define DATE_INTERVAL_TESTS_H

     #include <cppunit/extensions/HelperMacros.h>
10
     class DateIntervalTest : public CppUnit::TestFixture{
       CPPUNIT_TEST_SUITE(DateIntervalTest);
       CPPUNIT_TEST(testDay);
       CPPUNIT_TEST(testWeek);
15     CPPUNIT_TEST(testMonth);
       CPPUNIT_TEST(testQuarter);
       CPPUNIT_TEST(testYear);
       CPPUNIT_TEST(testDecade);
       CPPUNIT_TEST_SUITE_END();
20
     private:
       int day, month, year;
       DateInterval* aDateInterval;

25   public:
       void setUp(){
         aDateInterval = new DateInterval();
```

C Beispiel eines CppUnit-Tests

```
            }
30      void tearDown(){
            delete aDateInterval;
        }

    public:
35      void testDay(){
            CPPUNIT_ASSERT(true == aDateInterval->reset(7,10,1961));
            aDateInterval->nextDay(day, month, year);
            CPPUNIT_ASSERT(8 == day);
            CPPUNIT_ASSERT(10 == month);
40          CPPUNIT_ASSERT(1961 == year);

            CPPUNIT_ASSERT(true == aDateInterval->reset(28,2,1961));
            aDateInterval->nextDay(day, month, year);
            CPPUNIT_ASSERT(1 == day);
45          CPPUNIT_ASSERT(3 == month);
            CPPUNIT_ASSERT(1961 == year);
            CPPUNIT_ASSERT(true == aDateInterval->reset(31,12,2100));
            aDateInterval->nextDay(day, month, year);
            CPPUNIT_ASSERT(1 == day);
50          CPPUNIT_ASSERT(1 == month);
            CPPUNIT_ASSERT(2101 == year);
            CPPUNIT_ASSERT(true == aDateInterval->reset(1,1,1800));
            aDateInterval->nextDay(day, month, year);
            CPPUNIT_ASSERT(2 == day);
55          CPPUNIT_ASSERT(1 == month);
            CPPUNIT_ASSERT(1800 == year);
            CPPUNIT_ASSERT(true == aDateInterval->reset(28,2,2000));
            aDateInterval->nextDay(day, month, year);
            CPPUNIT_ASSERT(29 == day);
60          CPPUNIT_ASSERT(2 == month);
            CPPUNIT_ASSERT(2000 == year);
            CPPUNIT_ASSERT(true == aDateInterval->reset(29,2,2000));
            aDateInterval->nextDay(day, month, year);
            CPPUNIT_ASSERT(1 == day);
65          CPPUNIT_ASSERT(3 == month);
            CPPUNIT_ASSERT(2000 == year);
        }

        void testWeek(){
70          CPPUNIT_ASSERT(true == aDateInterval->reset(7,10,1961));
            aDateInterval->nextWeek(day, month, year);
            CPPUNIT_ASSERT(14 == day);
            CPPUNIT_ASSERT(10 == month);
            CPPUNIT_ASSERT(1961 == year);
75
            CPPUNIT_ASSERT(true == aDateInterval->reset(31,12,1961));
            aDateInterval->nextWeek(day, month, year);
            CPPUNIT_ASSERT(7 == day);
            CPPUNIT_ASSERT(1 == month);
80          CPPUNIT_ASSERT(1962 == year);
        }

        void testMonth(){
            CPPUNIT_ASSERT(true == aDateInterval->reset(7,10,1961));
85          aDateInterval->nextMonth(day, month, year);
            CPPUNIT_ASSERT(7 == day);
            CPPUNIT_ASSERT(11 == month);
            CPPUNIT_ASSERT(1961 == year);

90          CPPUNIT_ASSERT(true == aDateInterval->reset(29,1,1996));
            aDateInterval->nextMonth(day, month, year);
```

C Beispiel eines CppUnit-Tests

```
            CPPUNIT_ASSERT(29 == day);
            CPPUNIT_ASSERT(2 == month);
            CPPUNIT_ASSERT(1996 == year);
 95       }

          void testQuarter(){
            CPPUNIT_ASSERT(true == aDateInterval->reset(29,1,1996));
            aDateInterval->nextQuarter(day, month, year);
100         CPPUNIT_ASSERT(1 == day);
            CPPUNIT_ASSERT(4 == month);
            CPPUNIT_ASSERT(1996 == year);

            CPPUNIT_ASSERT(true == aDateInterval->reset(1,3,1996));
105         aDateInterval->nextQuarter(day, month, year);
            CPPUNIT_ASSERT(1 == day);
            CPPUNIT_ASSERT(4 == month);
            CPPUNIT_ASSERT(1996 == year);

110         CPPUNIT_ASSERT(true == aDateInterval->reset(1,4,1996));
            aDateInterval->nextQuarter(day, month, year);
            CPPUNIT_ASSERT(1 == day);
            CPPUNIT_ASSERT(7 == month);
            CPPUNIT_ASSERT(1996 == year);
115
            CPPUNIT_ASSERT(true == aDateInterval->reset(1,10,1996));
            aDateInterval->nextQuarter(day, month, year);
            CPPUNIT_ASSERT(1 == day);
            CPPUNIT_ASSERT(1 == month);
120         CPPUNIT_ASSERT(1997 == year);
          }

          void testYear(){
            CPPUNIT_ASSERT(true == aDateInterval->reset(29,1,1996));
125         aDateInterval->nextYear(day, month, year);
            CPPUNIT_ASSERT(29 == day);
            CPPUNIT_ASSERT(1 == month);
            CPPUNIT_ASSERT(1997 == year);

130         CPPUNIT_ASSERT(true == aDateInterval->reset(29,2,1996));
            aDateInterval->nextYear(day, month, year);
            CPPUNIT_ASSERT(1 == day);
            CPPUNIT_ASSERT(3 == month);
            CPPUNIT_ASSERT(1997 == year);
135
            CPPUNIT_ASSERT(true == aDateInterval->reset(31,12,2100));
            aDateInterval->nextYear(day, month, year);
            CPPUNIT_ASSERT(31 == day);
            CPPUNIT_ASSERT(12 == month);
140         CPPUNIT_ASSERT(2101 == year);

            aDateInterval->nextYear(day, month, year);
            CPPUNIT_ASSERT(31 == day);
            CPPUNIT_ASSERT(12 == month);
145         CPPUNIT_ASSERT(2101 == year);
          }

          void testDecade(){
            CPPUNIT_ASSERT(true == aDateInterval->reset(29,1,1996));
150         aDateInterval->nextDecade(day, month, year);
            CPPUNIT_ASSERT(29 == day);
            CPPUNIT_ASSERT(1 == month);
            CPPUNIT_ASSERT(2006 == year);

155         CPPUNIT_ASSERT(true == aDateInterval->reset(29,2,1996));
```

```
        aDateInterval->nextDecade(day, month, year);
        CPPUNIT_ASSERT(1 == day);
        CPPUNIT_ASSERT(3 == month);
        CPPUNIT_ASSERT(2006 == year);
160 }
   };
   #endif
```

Codebeispiel C.4: CppUnit-Beispiel: DateIntervalTest.h – Tests der Funktionalität von DateInterval. Hier wird der Fehler tatsächlich gefunden.

Vielleicht haben Sie beim Durchlesen den Fehler bereits gefunden. So schwer ist es auch nicht. Die Methoden nextYear() und nextDecade() ab Zeile 152 berücksichtigen die Schaltjahre nicht. Unsere Tests finden diesen Fehler natürlich.

D Beispiel eines NUnit-Tests in C#

Unser Testbeispiel betrifft wieder unser fiktives Reservierungssystem aus dem Reservierungssystembeispiel aus Anhang A. Diesmal ist es in C# unter .NET implementiert, wobei das Exception-Handling nicht ausprogrammiert, sondern nur angedeutet ist.

Alle Codebeispiele im Anhang stehen unter www.oo-testen.de zum Download bereit.

```
    using System;
    using Flitzauto.Domain.Reservierungen;
    using NUnit.Framework;
    using Flitzauto.Domain.Share.Test;
5
    namespace Flitzauto.Domain.Mitgliedschaften{

      [TestFixture]
      public class MitgliedAustrittTest {
10      private Mitglied mitglied;
        private Zeitraum zeitraum;

        private DateTime austrittsDatumOk;
        private DateTime austrittsDatumNichtOk;
15
        public MitgliedAustrittTest() {
        }

        [SetUp]
20      public void Init () {
            zeitraum = TestDaten.createZeitraum ("24.12.2003 15:00",
                                                 "24.12.2003 23:00");
            mitglied = new Mitglied(4711,"Hans","Mustermann",
                                    Convert.ToDateTime("24.12.2002"));
25          austrittsDatumOk = DateTime.Now.AddDays(1);
            austrittsDatumNichtOk = DateTime.Now.AddHours(-1);
        }

        [Test]
30      public void Ok() {
            mitglied.Austritt(austrittsDatumOk);
        }

        [Test]
35      public void NichtOk() {
          try {
            mitglied.Austritt(austrittsDatumNichtOk);
            Assertion.Fail("TestAustrittNichtOk fehlgeschlagen");
          }
40
          catch (ArgumentException exc) {
```

```
             ...  // usw.
45       }
      }
   }
}
```

Codebeispiel D.1: Ein einfaches, aber bis auf das Fangen der Exception vollständiges Beispiel für einen NUnit-Test.

E Beispiel eines Jellytool-Tests

Einfaches Beispiel eines GUI-Tests über die JUnit-Erweiterungen Jellytools und Jemmy. Da `JellyTestCase` eine Erweiterung der NetBeans-GUI-Tests sind, müssen wir auch `NbTestSuite` einbinden. Alle Codebeispiele im Anhang stehen unter www.oo-testen.de zum Download bereit.

```java
   import org.netbeans.junit.NbTestSuite;
   import org.netbeans.jellytools.JellyTestCase;
   import org.netbeans.jellytools.NbDialogOperator;
   import org.netbeans.jellytools.RuntimeTabOperator;
 5 import org.netbeans.jellytools.actions.Action;
   import org.netbeans.jellytools.actions.PropertiesAction;
   import org.netbeans.jellytools.nodes.Node;
   import org.netbeans.jellytools.properties.Property;
   import org.netbeans.jellytools.properties.PropertySheetOperator;
10
   public class GuiTest extends JellyTestCase {
     public GuiTest(String testName) {
       super(testName);
     }
15
     public static void main(java.lang.String[] args) {
       junit.textui.TestRunner.run(new NbTestSuite(GuiTest.class));
     }

20   public void testPart1() {
       Node rootNode = RuntimeTabOperator.invoke().getRootNode();
       Node debuggerNode = new Node(rootNode, "Debugger");
       new PropertiesAction().perform(debuggerNode);
       PropertySheetOperator pso = new PropertySheetOperator(
25         "Debugger");
       Property p = new Property(pso, "Debugger State");
       String state = p.getValue();
       pso.close();
       String expectedState = "not running";
30     assertEquals("Debugger in wrong state", expectedState,
           state);
     }
     public void testPart2() {
       new Action("Help|About", null).perform();
35     new NbDialogOperator("About").close();
     }
   }
```

Codebeispiel E.1: Ein einfaches Beispiel für einen JUnit-GUI-Test mit Jellytools und Jemmy.

F Übersicht aller 37 objektorientierten Testmuster

Bereich	Testdesign-Muster	Kurzbeschreibung
Testmethodik	Kategorie-Partition	Design einer Testsuite basierend auf einer Input/Output-Analyse
	Kombinierte Funktion	Design einer Testsuite für ausgewähltes Verhalten nach kombinatorischer Logik
	Rekursive Funktion	Design einer Testsuite für rekursive Funktionen
	Polymorphische Nachrichten	Design einer Testsuite für einen Client eines polymorphen Servers
Klassen	Invariante Grenzen	Indentifizieren eines Testvektors für komplexe Bereiche
	Nicht-modale Klasse	Design einer Testsuite für eine Klasse ohne sequenzielle Zusicherungen
	Modale Klasse	Design einer Testsuite für eine Klasse mit sequenziellen Zusicherungen
	Quasi-modale Klasse	Design einer Testsuite für eine Klasse mit inhaltsabhängigen sequenziellen Zusicherungen

Tabelle F.1: Übersicht der 37 Testmuster nach Binder [9] (Teil 1). Die näher erläuterten Testmuster sind kursiv dargestellt.

F Übersicht aller 37 objektorientierten Testmuster

Bereich	Testdesign-Muster	Kurzbeschreibung
Klassen-interne Integration	Small Pop	Reihenfolge von Kodierung und Test auf Methoden- bzw. Klassenebene
	Alpha-Omega-Zyklus	Reihenfolge von Kodierung und Test auf Methoden- bzw. Klassenebene
Flattened Klassen	*Polymorpher Server*	Design einer Testsuite konform zum Substitutionsprinzip einer Polymorphen Server-Hierarchie
	Modale Hierarchie	Design einer Testsuite für eine Hierarchie modaler Klassen
Wiederverwendbare Komponenten	Abstrakte Klasse	Entwicklung und Test einer Interface-Implementierung
	Generische Klasse	Entwicklung und Test einer parametrierbaren Klasse
	Neues Framework	Entwicklung und Test einer Demoapplikation eines neuen Frameworks
	Genutztes Framework	Test von Änderungen eines breit eingesetzten Frameworks
Subsystem	Klassen-Assoziationen	Design einer Testsuite für die Implementierung von Assoziationen
	Round-trip-Szenario	Design einer Testsuite für aggregiertes zustandsbasiertes Verhalten
	Gesteuerte Ausnahmen	Design einer Testsuite zur Prüfung des Exception-Handlings
	Mode Machine	Design einer Testsuite zur Implementierung eines Stimulus-Antwort-Szenarios

Tabelle F.2: Übersicht der 37 Testmuster nach Binder [9] (Teil 2). Die näher erläuterten Testmuster sind kursiv dargestellt.

Bereich	Testdesign-Muster	Kurzbeschreibung
Integration	Big Bang	nicht-inkrementelle Integration
	Bottom-up	Integration nach Abhängigkeiten
	Top-down	Integration nach Steuerungshierarchien
	Zusammenarbeit	Integration nach Cluster-Szenarien
	Backbone	Hybridintegration von Subsystemen
	Schicht	Integration von n-tier-Architekturen
	Client/Server	Integration von Client/Server-Architekturen
	Verteilte Dienste	Integration verteilter Architekturen
	Hochfrequenz	Systembau und Test in regelmäßig wiederkehrenden Intervallen
Applikation	Erweiterte Use Cases	Entwicklung testbarer Use Cases, Design einer Testsuite zur Abdeckung der Input/Output-Beziehungen
	CRUD	Ausführen aller Basisoperationen Create-Read-Update-Delete
	Zuteilen nach Frequenz	Zuteilung der Systemtest-Arbeiten zur Maximierung der operativen Zuverlässigkeit
Regressionstest	Alles re-testen	Alle Tests durchführen
	Riskante Use Cases re-testen	Nur Tests für riskanten Code durchführen
	Profile re-testen	Nur Tests für oft benutzte Teile durchführen
	Geänderten Code re-testen	Nur Tests für den Code durchführen, der von Änderungen abhängt
	Firewall re-testen	Nur Tests für geänderten Code durchführen

Tabelle F.3: Übersicht der 37 Testmuster nach Binder [9] (Teil 3).

Glossar

80/20-Regel Im 19. Jahrhundert empirische ermittelte Beziehung nach W. Pareto, die sich häufig erkennen lässt. So gilt meist zwischen Funktionalität und Nutzen eines Softwareprodukts der Bezug, dass 80 % des Nutzens einer Software für die User bzw. Kunden von 20 % der Funktionalität abgedeckt werden.

Agile Verfahren sind auf wenigen Regeln basierende, evolutionäre Vorgehensmodelle für die Softwareentwicklung, die u. a. die kommunikativen Aspekte in den Vordergrund stellen. Der wohl bekannteste Vertreter der derzeit ca. 20 Modelle ist das →*eXtreme Programming*.

Aktivitätsdiagramm Ein Aktivitätsdiagramm beschreibt eine Menge möglicher Abläufe auf der Basis elementarer Aktionen. Der Ablauf kann parallel laufen, geteilt und synchronisiert werden.

In der UML 1.x waren Aktivitätsdiagramme eine spezielle Form der →*Zustandsdiagramme*, was zu formalen Problemen und Einschränkungen geführt hat. Seit der UML 2.0 sind Aktivitätsdiagramme unabhängig von den Zustandsdiagrammen definiert mit einer Petri-Netz-ähnlichen Semantik.

Anforderung (engl.: requirement)

1. Bedingung oder Fähigkeit, die von einer Person zur Lösung eines Problems oder zur Erreichung eines Ziels benötigt wird.
2. Bedingung oder Fähigkeit, die eine Software erfüllen oder besitzen muss, um einen Vertrag, eine Norm oder ein anderes, formell bestimmtes Dokument zu erfüllen.
3. Aussage über eine zu erfüllende qualitative oder quantitative Eigenschaft eines Produkts.

ANSI American National Standards Institute, das US-amerikanische Normungsinstitut, vergleichbar der deutschen DIN-Behörde.

Anwendungsfall (engl.: use case) Form der funktionalen Beschreibung in der →*UML*

1. A use case is the specification of a set of actions performed by a system which yields an observable result that is, typically, of value for one or more actors or other stakeholders of the system. (Aus UML 2.0 Specification [65].)

2. Ein Systemanwendungsfall beschreibt in natürlicher Sprache eine zeitlich kohärente und zielgerichtete Interaktion eines Außenstehenden mit einem System, an deren Anfang ein fachlicher Auslöser steht und an dessen Ende ein definiertes Ergebnis von fachlichem Wert steht. (Bernd Oestereich, oose.de GmbH [67].)

Äquivalenzklasse ist eine Menge von Werten, bei der jeder Wert als Eingabe für ein Testobjekt oder als Ergebnis eines Testlaufs gleichartiges Sollverhalten zeigt.

Assertion Einfache boolsche Prüfung, die im Ergebnisfall FALSE den Ablauf durch einen Laufzeitfehler mit entsprechender Fehlermeldung abbricht. In C/C++ sieht ein Assertion-Statement z. B. so aus: `assert(NULL != aMitglied);`, um einen Zeiger auf ein Mitgliedsobjekt zu prüfen.

Automatisierter Test Von einem Programm zum computergestützten Testen eines anderen Programms oder Teil eines Programms durchgeführter Test. Er ist reproduzierbar und wird selbstständig protokolliert [77]. Besonders sinnvoll für →*Regressionstest*s.

Black-Box-Test Testverfahren, das im Gegensatz zum →*White-Box-Test* keine Kenntnis über die Implementation hat, sondern nur auf dessen funktionaler Ausprägung und den Spezifikationen beruht. Beim Test wird also die Schnittstelle des zu testenden Moduls mit geeigneten Werten bedient und deren Auswirkungen gegenüber der Spezifikation geprüft (s. auch →*Grey-Box-Test*).

Code Review Review des Quellcodes in der Regel durch Kollegen oder Vorgesetzte zu festgelegten Zeitpunkten, z. B. vor der Übergabe des Quellcodes in die →*Versionskontrolle*.

CRUD Create-Read-Update-Delete ist ein am typischen Lebenszyklus einer Dateneinheit orientierter Testzyklus.

CTM Die Classification Tree Method ist eine systematische Designmethode für →*Black-Box-Tests*, bei der die Aspekte eines Testobjekts ähnlich der →*Äquivalenzklasse*nbildung partitioniert werden.

Determinismus Ein Programm verhält sich deterministisch, wenn es für jeden →*Zustand* genau einen nachfolgenden Zustand gibt. Das heißt, zu jedem Statement gibt es genau ein definiertes, nachfolgendes Statement. Zusätzlich muss sich ein deterministisches Programm selbst beenden können.

Dynamische Polymorphie Bei der dynamischen Polymorphie wird eine Nachricht nicht zur Kompilierzeit, sondern erst beim Empfang der Nachricht zur Laufzeit einer konkreten Operation eines Objekts zugeordnet (→*Polymorphie*).

eXtreme Programming Sammlung von Prinzipien und Regeln, welche die Entwickler beim Bau von Software leiten. Es betont u. a. den Kommunikationsaspekt bei der Softwareentwicklung. XP gehört zu den →*agilen Verfahren* in der Softwareentwicklung und ist von Kent Beck entwickelt worden.

Fehler

1. Abweichung des tatsächlichen Verhaltens einer Software oder eines Softwaresystems von seinen spezifizierten Anforderungen oder den Erwartungen →*Qualität*.
2. Oberbegriff für →*Fehlhandlung*, →*Fehlerzustand* und →*Fehlerwirkung*.

Fehlerklasse Einteilung von →*Fehler*n nach sinnvollen Kriterien, wie z.B. der →*Fehlerschwere*.

Fehlerschwere (engl.: severity) Potenzieller Schaden beim Eintritt des →*Fehler*falls.

Fehlerwirkung (engl.: failure)

1. Wirkung eines Fehlerzustands, die bei der Ausführung des Testobjekts nach *außen* in Erscheinung tritt.
2. Abweichung zwischen spezifiziertem Sollwert und beobachtetem Istwert bzw. Soll- und Istverhalten.

Fehlerzustand (engl.: fault)

1. Inkorrektes Teilprogramm, inkorrekte Anweisung oder Datendefinition, die Ursache für eine Fehlerwirkung ist.
2. Zustand eines Softwareprodukts oder einer seiner Komponenten, der unter spezifischen Bedingungen, z. B. unter hoher Belastung, eine geforderte Funktion des Produkts beeinträchtigen kann bzw. zu einer Fehlerwirkung führt.

Fehlhandlung (engl.: error)

1. Die menschliche Handlung des Entwicklers, die zu einem Fehlerzustand in der Software führt.
2. Die menschliche Handlung eines Anwenders, die ein unerwünschtes Ergebnis im Sinne einer Fehlwirkung zur Folge hat. Wir bezeichnen dies als Fehlbedienung.
3. Unwissentlich, versehentlich oder absichtlich ausgeführte Handlung oder Unterlassung, die unter gegebenen Umständen dazu führt, dass eine geforderte Funktion beeinträchtigt ist.

FMEA Die Failure Mode and Effect Analysis ist eine frühzeitig einsetzbare Analysemethode, um Sicherheitsaspekte direkt in das Design einfließen zu lassen.

FTA Die Fault Tree Analysis ist eine Designanalyse, die zur Identifikation von Fehlerursachen eingesetzt wird.

Grey-Box-Test Schnittstellenbasierter Test unter Kenntnis zentraler Implementierungen und der Spezifikation der (Komponenten-)Schnittstellen →*White-Box-Test* und →*Black-Box-Test*.

Guard Bedingung für ein auslösendes Ereignis eines →*Zustandsübergangs*.

Inkrementelles Vorgehen Entwicklungsvorgehen, bei dem ein Produkt schrittweise in definierten, wachsenden Zwischenprodukten entsteht.

Iteratives Vorgehen Entwicklungsvorgehen, bei dem der Entwicklungsprozess in mehrere gleichartige Zeitabschnitte zerlegt wird.

KLOC 1000 Lines Of Code →*LOC*.

Konfiguration Sammlung identifizierbarer Teile eines Systems [86].

Konfigurationskontrolle Aufgabe der Identifizierung, Zuordnung von Teilen, Dokumentation und Verfolgung von Änderungen sowie Berichten über den Status von Produkten an das Management [86].

Konfigurationsmanagement erlaubt es, jede ausgelieferte Version und definierten Zwischenstand nachträglich bzgl. Quellen und Umfeld zu rekonstruieren [77] →*Konfigurationskontrolle*

LOC Lines Of Code, Anzahl der Codezeilen (einzelne Statements) ohne Kommentare oder Leerzeilen.

Metamodell der UML Definition der Sprache UML als UML-Modell.

MOF Meta Object Facility, das Meta-Meta-Modell der UML, welches definiert, wie eine Sprache wie die UML zu bauen ist.

OEP Object Engineering Process →*inkrementell*→*iteratives* Vorgehensmodell der Firma oose.de GmbH, basierend auf dem →*USDP*.

OMG Object Management Group, Standardisierungsgremium z. B. für →*UML*.

Pareto-Regel →*80/20-Regel*

Polymorphie (Vielgestaltigkeit) bedeutet, dass gleichlautende Nachrichten an kompatible Objekte unterschiedlicher Klassen ein unterschiedliches Verhalten bewirken können. Es wird zwischen →*statischer* und →*dynamischer* Polymorphie unterschieden.

Qualität ist die Gesamtheit von Merkmalen einer Einheit bezüglich ihrer Eignung, festgelegte und vorausgesetzte Erfordernisse zu erfüllen.
    Softwarequalität ist die Gesamtheit der Merkmale und Merkmalswerte eines Softwareprodukts, die sich auf dessen Eignung beziehen, festgelegte oder vorausgesetzte Erfordernisse zu erfüllen →*Qualitätssicherung*, →*Qualitätsmanagement*.

Qualitätsmanagement fußt auf messbarer Qualität, also der Einführung von Qualitätsmetriken. Es definiert Verfahren, um die Qualität mittel- und langfristig zu steigern und Fehler im Vorfeld einer Auslieferung zu finden.

Qualitätssicherung stellt sicher, dass die einmal gelösten Probleme nicht wiederkehren [77].

QM →*Qualitätsmanagement*

QS →*Qualitätssicherung*

Regressionstest Erneut durchgeführter Test der Software nach einer Änderung, wobei der Umfang des Tests von Fall zu Fall festzulegen ist.

Review Überprüfung eines Produkts oder eines Teils.

Risiko Ereignis, dessen Eintreten ein Projekt entscheidend behindern oder gar stoppen kann. Ein *direktes* Risiko ist zu Beginn erkennbar und in seinen Auswirkungen abschätzbar. Ein *indirektes* Risiko ist nicht planbar und liegt meist außerhalb unseres direkten Einflussbereiches.

RUP Rational Unified Process, →*inkrementell*→*iteratives* Vorgehensmodell der Firma Rational [53], basierend auf dem →*USDP*.

Sequenzdiagramm Ein Sequenzdiagramm zeigt die Interaktion zwischen einer Menge ausgewählter Elemente in einer bestimmten, begrenzten Situation unter Betonung der zeitlichen Abfolge.

Severity →*Fehlerschwere*

Statische Polymorphie polymorphes Verhalten, das bereits vom Compiler bzw. Linker konkret aufgelöst werden kann, z. B. durch mehrere Methoden gleichen Namens in einer Klasse, die sich nur in ihrer Parameterliste unterscheiden (→*Polymorphie*).

Softwarequalität →*Qualität*

SUT →*System under test*

System under test das zu testende Soft- und ggf. Hardwaresystem

Test Vorgang zum Auffinden von Fehlern durch kontrolliertes, protokolliertes und reproduzierbares Durchlaufen eines Programms oder Teilen davon. Das Ziel ist das Finden von Fehlern und nicht der erfolgreiche Ablauf eines Vorgangs. Entsprechend sind die Tests zu gestalten [77].

Testabdeckung Ausmaß des Tests eines Moduls der Software beim →*White-Box-Test* [86].

Test Case →*Testfall*

Testfall Umfasst die für die Ausführung eines Tests notwendigen Vorbedingungen, die Menge der Eingabewerte und die Menge der erwarteten Sollwerte sowie die Prüfanweisungen, wie die Eingaben an das Testobjekt zu übergeben und Sollwerte zu ermitteln sind, und erwarteten Nachbedingungen [84].

Testplan Schriftliche, geplante Grundlage für den Test. Der Ablauf, die Testdaten und die erwarteten Ergebnisse werden auf Basis der Anforderungen festgelegt [77].

Timing-Diagramm Ein Timing-Diagramm beschreibt die zeitlichen Bedingungen von Zustandswechseln mehrerer beteiligter Objekte.

Transition →*Zustandsübergang*

UML →*Unified Modeling Language*

Unified Modeling Language Methodikfreie, grafische Sprache zur Beschreibung von Softwaremodellen [12]

Unified Process →*USDP*

USDP Unified Software Development Process, allgemein beschriebener Prozess des →*inkrementell-iterativen Vorgehen*s nach Jakobsen, Booch und Rumbaugh [47]. Grundlage der Konkretisierungen wie →*RUP* oder →*OEP*.

Use Case →*Anwendungsfall*

Versionskontrolle →*Konfigurationskontrolle*

White-Box-Test Im Gegensatz zum →*Black-Box-Test* basiert dieses Verfahren zur Erstellung von Tests auf der Kenntnis der inneren Strukturen des Programms, also des Quellcodes. Es wird versucht, alle Teile des Codes, also mit maximaler →*Testabdeckung*, zu durchlaufen →*Grey-Box-Test*).

XP →*eXtreme Programming*

Zustand Fachlich motivierte Abstraktion einer Menge möglicher Werte eines Modellelements.

Zustandsdiagramm Ein Zustandsdiagramm ist die Darstellung eines Zustandsmodells, in dem die Folge von Zuständen, die ein Objekt im Laufe seines Lebens einnehmen kann, modelliert ist und angegeben wird, aufgrund welcher Stimuli →*Zustandsübergänge* stattfinden.

Zustandsübergang Von einem Ereignis ausgelöster Übergang aus einem →*Zustand* in einen anderen oder in denselben wieder zurück.

Abbildungsverzeichnis

1.1	Einfaches Kommunikationsmodell	4
1.2	Eisbergmodell: Ebenen der Kommunikation	5
1.3	Kommunikation zwischen Fachabteilung und Entwicklung	8
2.1	Interface in Java, schematisch	14
3.1	White-Box-, Grey-Box- und Black-Box-Test	22
3.2	Unit-Tests: Klassen-, Ketten- und Modultest	23
3.3	Zusammenhang zwischen Komplexität und Anzahl der Teile	24
4.1	CppUnit-TestRunner	27
5.1	Die vier grundsätzlichen Layout-Stilarten	34
5.2	Zwei ungeeignete Varianten des Blockgrenzen-Layouts	35
5.3	Der Debugging-Prozess	45
6.1	Beispiel einer essenziellen Beschreibung eines Anwendungsfalls	49
6.2	Beispiel eines einfachen Aktivitätsdiagramms	49
6.3	Beispiel eines erweiterten Aktivitätsdiagramms (UML 1.5)	50
7.1	Testdaten: Beispiel einer Gehaltsgruppenmaske	60
7.2	Grenz- und Extremwerte: Analogie Flächen im Raum	61
7.3	Testdaten: Beispiel einer verbesserten Gehaltsgruppenmaske	64
7.4	Äquivalenzklassen für unser Geldautomatenbeispiel	68
7.5	Elemente eines Ablaufgraphs mit UML-Notation	71
7.6	Beispiel eines Ablaufgraphs mit UML-Notation	71
7.7	Schema einer Fehlerverteilung im Programm	75
8.1	Elemente eines UML-Zustandsmodells	77
8.2	Zustandsraum, schematisch	78
8.3	Zustandsmodell für einen Kasettenrecorder	79
8.4	Zustandsbaum aus dem Kassettenrecorder-Zustandsmodell	81
8.5	Direkte und indirekte Rekursion	82
8.6	Zustandsmodell für konkurrierende Tasks	90

9.1	Die orthogonalen Testanforderungen für Klassentests	94
9.2	Beispiele für Multiplizitätsbeschränkungen bei Assoziationen	95
9.3	Beispiel für eine inkonsistente bi-direktionale Assoziation	96
9.4	Beispiel für eine ererbte Assoziation	96
9.5	Strikte Vererbung	97
9.6	Probleme bei nicht-strikter Vererbung	98
9.7	Test- und Entwicklungsreihenfolge	99
9.8	Rechteck-Quadrat-Problem	102
9.9	Rechteck-Quadrat-Lösungsversuch	103
9.10	Problem bei Rechteck-Quadrat-Lösungsversuch	104
9.11	Flattening	106
9.12	Zusicherungs-Verantwortlichkeitsprinzip: Beispiel für einen Verstoß	109
9.13	Substitutionsprinzip: Beispiel für einen Verstoß	110
9.14	Vererbungs-Design-Problem »Fat Interface«	110
9.15	Modale Klasse: Zustandsmodell einer Reservierung	114
9.16	Modale Klasse: Zustandsbaum einer Reservierung	114
9.17	Modale Hierarchie: Beispiel geometrischer Klassen	115
9.18	Polymorpher Server: Beispiel geometrischer Klassen	118
9.19	UML-Symbole für die verschiedenen Klassenarten	120
9.20	Zusammenspiel von Entitäten und Controllern	121
9.21	Schema einer Mehrschicht-Architektur	121
10.1	Simplifiziertes Wasserfallmodell, schematisch	127
10.2	Originales Wasserfallmodell, schematisch	128
10.3	V-Modell, Softwareentwicklung, schematisch	129
10.4	Inkrementell-iteratives Vorgehen: zeitliche und inhaltliche Aufteilung	131
10.5	Inkrementell-iteratives Vorgehen, schematisch	132
10.6	Ermitteln und Verteilen von Prioritäten	133
10.7	Reserven in einer Timebox einplanen	134
10.8	Struktur einer Iteration, Timebox	135
10.9	Annahmen zu den Kosten von Änderungen	137
10.10	Testgetriebenes Design	141
11.1	Die zentralen xUnit-Klassen	161
11.2	Kern des JUnit-Frameworks	163
11.3	JUnit-GUI	166
11.4	JUnit: Failure vs. Error	166
11.5	JUnit-Assertions	169
11.6	Build-Ausgabe bei interiertem JUnit-Test	171
11.7	Integration von JUnit in Eclipse und JBuilder	172
11.8	CppUnit-GUI-Interface	173
11.9	CppUnit-Testsuite mit vereinfachenden Helper-Makros	176
11.10	NUnit-GUI-Interface vor dem Test	177

11.11	NUnit-GUI-Interface zeigt Fehler an	178
11.12	Markierungen (Tags) in C#	178
11.13	Nutzen von Stellvertreterobjekten über Interfaces	181
11.14	Dreiecksklasse	183
11.15	Die Klasse Vertrag mit ihren Assoziationen	185
11.16	Vertragszustandsklassen	186
11.17	Zustandsmodell der Vertragsklasse	187
11.18	Zustandsübergangsbaum für die Vertragsklasse	188
11.19	Automatisierte Tests in verteilten Systemen	197
13.1	Zeitmanagement: das Eisenhower-Prinzip	207
13.2	Aufgaben priorisieren	207
15.1	Schema eines Embedded Systems	222
15.2	Die Grundelemente für die FTA	228
15.3	FTA-Beispiel für einen Herzschrittmacher	229
15.4	CTM-Beispiel: Aspekte finden und rekursive Partitionierung	230
15.5	CTM-Beispiel: Spezifizierung der logischen Testfälle	231
15.6	Beispiel für den Einsatz des Watchdog-Patterns	232
15.7	Beispiel für den Einsatz des Safety-Executive-Patterns	233
15.8	Timing-Diagramm mit Graustufen	235
15.9	Farbiges Timing-Diagramm für eine Ampelsteuerung	236
15.10	Timing-Diagramm als Sicht auf ein Sequenzdiagramm	237
15.11	Timing-Diagramm in der UML 2	238
16.1	Objekt- und Kontrollfluss in UML 2-Aktivitätsdiagrammen	240
16.2	Kontrollfluss in UML 1.5 und UML 2-Aktivitätsdiagrammen	241
16.3	Kompatible Darstellung in UML 1.5 und 2.0-Aktivitätsdiagrammen	241
16.4	Beispiel eines erweiterten Aktivitätsdiagramms (UML 2.0)	242
16.5	Objektfluss in UML 1.5- und UML 2-Aktivitätsdiagrammen	243
16.6	Beispiel für einen Objektfluss (UML 2.0)	243
16.7	Beispiel für einen Kontrollfluss (UML 2.0)	244
16.8	Schematischer Ausschnitt des UML 2-Metamodells	246
16.9	Fünf Ebenen des UML-Testprofils	247
16.10	UML-Testprofil: Testarchitekturelemente	248
16.11	Beispiel eines Testergebnis-Zustandsmodells	248
16.12	Testprofil: Elemente zum Testverhalten	249
16.13	Testprofil: Elemente für die Testdaten und das Zeitverhalten	250
16.14	Testprofil: Zusammenhang zwischen Architektur und Verhalten	250
16.15	Internationales Bankennetzwerk SWIFTNet, schematisch	251
16.16	SWIFTNet-Test-Beispiel: Abstraktion durch fünf UML-Packages	251
16.17	SWIFTNet-Test-Beispiel: Elemente des zu testenden Systems	253
16.18	SWIFTNet-Test-Beispiel: UML-Test-Package und Testsuite	253

16.19 SWIFTNet-Test-Beispiel: Testfall-Verhalten als Sequenzdiagramm 254

17.1 Aufgabenteilung für die Tests zwischen Entwicklung und QS 259

Tabellenverzeichnis

6.1	Geldautomatentest: Beispiele für Testdaten	51
7.1	Gehaltsstufen-Maske: Gültige Testwerte und Fehlerfälle	62
7.2	Regelwerk des Geldautomaten	63
7.3	Beispiel zur Termüberdeckung	73
8.1	Beispiel für eine Zustandsübergangstabelle	80
9.1	Modale Klasse: Tabelle der Zustandsübergänge	115
10.1	Statistisch ermittelte Fehlerverteilung	151
11.1	Zustandsübergangstabelle der Vertragsklasse	187
14.1	Fehlerkulturen im Vergleich	215
15.1	Kategorien für Embedded Systems	223
16.1	Mapping des UML-Testprofils auf JUnit	255
F.1	Übersicht der 37 Testmuster nach Binder, 1. Teil	299
F.2	Übersicht der 37 Testmuster nach Binder, 2. Teil	300
F.3	Übersicht der 37 Testmuster nach Binder, 3. Teil	301

Verzeichnis der Codebeispiele

2.1	FORTRAN-Fehlerbeispiel: Atlas-Agena B-Rakete	9
2.2	ADA-Fehlerbeispiel: Ariane 5-Trägerrakete	11
5.1	Beispiel für nicht lesbaren Code	37
5.2	Beispiel in verständlicher Form	38
7.1	Fehlerbeispiel für Fehlersensibilität: Skalier-Funktion	65
7.2	Java-Beispiel für Überdeckungen: Provisionsberechnung	70
8.1	Rekursiver Quicksort in Java	82
8.2	Iterativer Quicksort ohne Rekursion in Java	83
9.1	Java-Beispiel für zufällige Korrektheit durch Vererbung	107
11.1	JUnit-Assert-Methode	167
11.2	Beispiel einer JUnit-Testmethode	168
11.3	Test von Exceptions mit JUnit	170
11.4	JUnit-Beispiel für eine Testsuite	170
11.5	Minimales Testbeispiel mit CppUnit	174
11.6	Einfaches Beispiel mit CppUnit und Fixtures	175
11.7	Prinzip einer CppUnit-Testsuite	175
A.1	Einfaches, komplettes JUnit-Beispiel	261
A.2	JUnit-Beispiel: Dreiecksklasse	263
A.3	Java-Dreiecksklasse	265
A.4	Vertrags-Testklasse	267
A.5	Vertragsklasse	274
A.6	Java-spezifische Vertragsklasse	278
A.7	Java-spezifische Vertragsklasse: setStatus()	279
A.8	Interface Mandant	280
A.9	Interface Vermittler	280
A.10	Interface des Provisionsrechners	280
A.11	Kunden-Dummy-Realisierung des Mandant-Interface	280
A.12	Mitarbeiter-Dummy-Realisierung des Vermittler-Interface	281
A.13	Mock-Realisierung des Provisionsrechner-Interface	281

B.1	Einfaches, komplettes JUnit-TestSuite-Beispiel	283
C.1	CppUnit-Beispiel: DateInterval.h	285
C.2	CppUnit-Beispiel: fehlerhaftes DateInterval.cpp	286
C.3	CppUnit-Beispiel: DateIntervalBasicTest.h –Basisfunktionalität	289
C.4	CppUnit-Beispiel: DateIntervalTest.h – High-level-Funktionalität	290
D.1	Einfaches, fast komplettes NUnit-Beispiel in C#	295
E.1	Einfaches Jellytools/Jemmy-Beispiel (JUnit-GUI-Test)	297

Literaturverzeichnis

[1] Agile Alliance. *Agiles Manifest*. www.agilealliance.org.

[2] Akademie für Führungskräfte der Wirtschaft GmbH. *Seminarunterlagen Führung und Organisation I (FO201)*. Eigendruck, 2000.

[3] Helmut Balzert. *Lehrbuch der Software-Technik – Software-Entwicklung*, Band 1. Spektrum Akademischer Verlag, 1996.

[4] Helmut Balzert. *Lehrbuch der Software-Technik – Software-Management, Software-Qualitätssicherung, Unternehmensmodellierung*, Band 2. Spektrum Akademischer Verlag, 1998.

[5] Kent Beck. *Extreme Programming – Die revolutionäre Methode für Softwareentwicklung in kleinen Teams*. Addison Wesley, 2000. Originaltitel: Extreme Programming Explained. Embrace Change.

[6] Kent Beck. *Test-Driven Development by Example*. Addison Wesley, 2002.

[7] Kent Beck und Erich Gamma. *Wie Programmierer das Test-Schreiben lieben lernen*. JavaSpektrum, (5), 1998. Original: *Test-Infected: Programmers Love Writing Tests* in JavaReport, July 1998.

[8] Günther Beyer. *Die Managerschule: Der Zeitmanager*, Band 2. Naumann & Göbel, 2000.

[9] Robert V. Binder. *Testing Object-Oriented Systems – Models, Patterns, and Tools*. Addison Wesley, 2000.

[10] Barry W. Boehm. *Software Engineering Economics*. Prentice Hall, 1981.

[11] Barry W. Boehm. *A Spiral Model of Software Development and Enhancement*. ACM Sigsoft, August:14–24, 1986.

[12] Grady Booch, James Rumbaugh und Ivar Jacobson. *The Unified Modelling Language Users Guide*. Addison Wesley, 1998.

[13] Borland. *JBuilder*. www.borland.de/jbuilder.

[14] Bart Broekman und Edwin Notenboom. *Testing Embedded Software*. Addison Wesley, 2003.

[15] Bundesamt für Wehrtechnik und Beschaffung (BWB) IT I 5. *Vorgehensmodell – Entwicklungsstandard für IT-Systeme des Bundes*, Band 1: Regelungsteil. BWB, 1997. Allgemeiner Umdruck Nr. 250/1.

[16] Manfred Bundschuh und Axel Fabry. *Aufwandschätzung von IT-Projekten*. MITP, 2000.

[17] Frank Buschmann, Regine Meunier, Hans Rohnert, Peter Sommerlad und Michael Stal. *Pattern-orientierte Software-Architektur – Ein Pattern System*. Addison Wesley, 1998.

[18] Larry L. Constantine. *Objects by teamwork*. Hotline on Object-Oriented Technology, 2(1):1–6, November 1990.

[19] Larry L. Constantine. *Building Structured Open Teams to Work*. in *Software Development '91 Proceedings*, San Francisco, 1991. Miller Freeman.

[20] Larry L. Constantine und Lucy A. D. Lockwood. *Software for Use – A Practical Guide to the Models and Methods of Usage-Centered Design*. Addison Wesley, 1999.

[21] Tom DeMarco. *Warum ist Software so teuer? ... und andere Rätsel des Informatikzeitalters*. Hanser, 1997.

[22] Tom DeMarco. *Spielräume – Projektmanagement jenseits von Burn-out, Stress und Effizienzwahn*. Hanser, 2001.

[23] DIN. *66272, 94: Bewerten von Softwareprodukten, Qualitätsmerkmale und Leitfaden zu ihrer Verwendung*, 1994. identisch mit ISO 9126-1:2001.

[24] div. Autoren. *Cactus*. jakarta.apache.org/cactus. Framework zum Testen serverseiten Java-Codes.

[25] Bruce P. Douglass. *Real-Time UML – Developing Efficient Objects for Embedded Systems*. Addison Wesley, 1998.

[26] Bruce P. Douglass. *Doing Hard Time – Developing Real-Time Systems with UML, Objects, Frameworks, and Patterns*. Addison Wesley, 1999.

[27] Elfriede Dustin, Jeff Rashka und John Paul. *Software automatisch testen*. Springer, 2001.

[28] Bruce Eckel. *Strong Typing vs. Strong Testing*. Bruce Eckel's Web Log: Thinking about Computing, 2003.

[29] Ericsson, IBM, FOCUS, Motorola, Rational, Softteam und Telelogic. *UML Testing Profile*. Object Management Group, 2002. Revised initial submission.

[30] Michael Feathers. *CppUnit Cookbook. CppUnit 1.5 Dokumentation*, 1999.

[31] Mark Fewster und Dorothy Graham. *Software Test Automation – effective use of test execution tools*. Addison Wesley, 1999.

[32] Martin Fowler. *Refactoring – Wie Sie das Design vorhandener Software verbessern*. Addison Wesley, 2000.

[33] Falk Fraikin, Matthias Hamburg, Stefan Jungmayr, Thomas Leonhardt, Andreas Schönknecht, Andreas Spillner und Mario Winter. *Die trügerische Sicherheit des grünen Balkens. Objekt Spektrum*, Januar–Februar(1):25 – 29, 2004.
[34] Karol Frühauf, Jochen Ludewig und Helmut Sandmayr. *Software-Prüfung – Eine Anleitung zum Test und zur Inspektion*. vdf, 4. Auflage, 2000.
[35] Erich Gamma und Kent Beck. *JUnit Framework*. www.junit.org.
[36] Erich Gamma, Richard Helm, Ralph Johnson und John Vlissides. *Entwurfsmuster – Elemente wiederverwendbarer objektorientierter Software*. Addison Wesley, 3. Auflage, 1996.
[37] Ingolf Giese. *Warum explodierten Mariner 1, Ariane 5, ... oder: Was kümmern mich die Probleme der Datenverarbeitung?* http://www-aix.gsi.de/giese/swr/allehtml.html, 2002.
[38] Hassan Gomaa. *Designing Concurrent, Distributed, and Real-Time Applications with UML*. Addison Wesley, 2000.
[39] David Harel. *Statecharts: a visual formalism for complex systems. Science of Computer Programming*, 8:231 – 274, 1987.
[40] IBM. *Eclipse*. www.eclipse.org.
[41] Alexandre Iline. *Writing Jelly Tests Guide*. http://jellytools.netbeans.org/nonav/writingJellyTestsGuide.html, 2003.
[42] ISO. *8402:1994, Qualitätsmanagement und Qualitätssicherung – Begriffe*, 1994. Ersetzt durch ISO 9000.
[43] ISO. *9000:2000, Qualitätsmanagementsysteme – Grundlagen und Begriffe*, 2000.
[44] ISO/IEC. *9126 Software engineering – Product quality – Part1: Quality model (9126-1:2001) – Part 2: External metrics (9126-2:2003) – Part 3: Internal metrics (9126-3:2003)*, 2001-2003. Part 1 ist identisch mit DIN 66272, 94.
[45] itemis. *MDA-UML-Profil*. www.itemis.de.
[46] I. Jacobsen, M. Christerson, P. Jonsson und G. Övergaard. *Object-Oriented Software Engineering – A Use Case Driven Approach*. Addison Wesley, 1992.
[47] Ivar Jacobsen, Grady Booch und James Rumbaugh. *The Unified Software Development Process*. Addison Wesley, 1999.
[48] Robert S. Kaplan und David P. Norton. *Die strategiefokussierte Organisation – Führen mit der Balanced Scorecard*. Schäffer-Poeschel, 2001.
[49] Ingo Klöckl. *LaTeX2epsilon Tipps und Tricks*. dpunkt.verlag, 2000.
[50] Dieter Kranzlmüller. *Event Graph Analysis for Massively Parallel Programs*. Johannes Kepler Universität Linz, Institut für technische Informatik und Telematik, 2000. Dissertation.

[51] Dietmar Kropfitsch. *Selbstständiger Berater für Qualitäts-, Konfigurations- und Projektmanagement.* E-Mail: dietmar_kropfitsch@eunet.at.

[52] Dietmar Kropfitsch und Uwe Vigenschow. *Das Fehlermodell: Aufwandsschätzung und Planung von Tests. Objekt Spektrum*, November/Dezember(6):30–35, 2003.

[53] Philippe Kruchten. *Der Rational Unified Process – Eine Einführung.* Addison Wesley, 1999.

[54] Johannes Link. *Unit Tests mit Java – Der Test-First-Ansatz.* dpunkt.verlag, 2002. Unter Mitarbeit von Peter Fröhlich.

[55] Stanley B. Lippmann. *C++ Einführung und Leitfaden.* Addison-Wesley, 1995.

[56] Barbara H. Liskov und Jeanette M. Wing. *A behavioral notation of subtyping. ACM Transactions on Programming Languages and Systems*, 16(6):1811–1841, November 1994.

[57] Tim Mackinnon, Steve Freemann und Philip Craig. *Endo-Testing: Unit Testing with Mock Objects.* Konferenzbeitrag: eXtreme Programming and Flexible Processes in Software Engineering - XP2000, 2000.

[58] Steve McConnell. *Code Complete – A Practical Handbook of Software Construction.* Microsoft Press, 1993.

[59] John D. McGregor und David A. Sykes. *A Practical Guide to Testing Object-Oriented Software.* Addison Wesley, 2001.

[60] Mercury. *div. test-, Testautomatisierungs- und QS-Tools.* www.mercuryinteractive.de.

[61] Steven John Metsker. *Design Patterns Java Workbook.* Addison Wesley, 2002.

[62] Microsoft Corp. *The Windows Interface Guidelines for Software Design.* Redmont, 1995.

[63] MID. *MDA-UML-Profil für den Innovator.* www.mid.de/de/innovator/mda.

[64] Glenford J. Myers. *Methodisches Testen von Programmen.* Oldenbourg, 6. Auflage, 1999. Originaltitel: The Art of Software Testing (1979).

[65] Object Management Group (OMG). *UML 2.0 Superstructure Specification.* OMG, 2003. Final Adopted Specification, 2. August 2003.

[66] Object Management Group (OMG). *The Common Object Request Broker: Architecture an Specification.* OMG Document 91, 5. 5. 1991.

[67] Bernd Oestereich. *Objektorientierte Softwareentwicklung – Analyse und Design mit der UML.* Oldenbourg, 2004. 6.

[68] oose.de GmbH, Hamburg. *Object Engineering Process.* www.oose.de/oep.

[69] oose.de GmbH, Hamburg. *Objektorientierte Analyse und Design mit der UML.* Seminar der oose.de GmbH, Hamburg, 2003.

[70] oose.de GmbH, Hamburg. *Objektorientiertes Projektmanagement.* Seminar der oose.de GmbH, Hamburg, 2003.

[71] oose.de GmbH, Hamburg. *Objektorientiertes Testen.* Seminar der oose.de GmbH, Hamburg, 2003.

[72] Rational. *div. Test-, Testautomatisierungs- und Modellierungstools.* www-306.ibm.com/software/rational.

[73] Manfred Rätzmann. *Software-Testing.* Galileo Computing, 2002.

[74] Razorcat. *Classification Tree Editor.* www.razorcat.de.

[75] Eike Hagen Riedemann. *Testmethoden für sequentielle und nebenläufige Software-Systeme.* Teubner, 1997.

[76] John Robbins. *Debugging Applications.* Microsoft Press, 2000.

[77] Martin Rösch. *Muss Software wirklich Fehler haben? Auseinandersetzung mit einem Glaubensgrundsatz der Softwareindustrie.* OBJEKTspektrum, (1):36–39, 1998.

[78] Bran Selic, Garth Gullekson und Paul T. Ward. *Real-Time Object-Oriented Modelling.* Wiley, 1994.

[79] Claude Shannon und Warren Weaver. *Mathematische Grundlagen der Informationstheorie.* R. Oldenbourg, 1976.

[80] Jiri Skrivanek. *How to write GUI tests for XTest.* http://xtest.netbeans.org/nonav/XTest_GUI_tests.html, 2003.

[81] Steven A. Smith. *Get Test-Infected with NUnit – Unit Test Your .NET Data Access Layer.* MSDN Library, 2003.

[82] Harry M. Sneed und Mario Winter. *Testen objektorientierter Software – Ein Praxisbuch für den Test objektorientierter Client/Server-Systeme.* Hanser, 2002.

[83] Sourceforge. *JTestCase.* jtestcase.sourceforge.net.

[84] Andreas Spillner und Tilo Linz. *Basiswissen Softwaretest – Aus- und Weiterbildung zum Certified Tester (Foundation Level).* dpunkt.verlag, 2. Auflage, 2004.

[85] Standish Group. *Chaos Report.* http://www.standishgroup.com/chaos.html, 1998.

[86] Georg Erwin Thaller. *ISO 9000 – Software-Entwicklung in der Praxis.* Heise, 2. Auflage, 2000.

[87] Uwe Vigenschow. *Trügerische Sicherheit: Unit-Tests richtig anwenden.* http://www.oose.de/artikel.htm, 2002. Zweiteiliges White Paper.

[88] Uwe Vigenschow und Christian Weiss. *Das Essenzschritt-Verfahren: Aufwandsschätzungen auf Basis von Use-Cases.* Objekt Spektrum, März/April(2):40–45, 2003.

[89] Ernest Wallmüller. *Software-Qualitätsmanagement in der Praxis – Software-Qualität durch Führung und Verbesserung von*

Software-Prozessen. Hanser, 2. Auflage, 2001. Titel der 1. Auflage: Qualitätssicherung in der Praxis (1990).

[90] Tim Weilkiens und Bernd Oestereich. *UML 2 - Zertifizierung – Test-Vorbereitung zum OMG Certified UML Professional (Fundamental)*. dpunkt.verlag, 2004.

[91] Niklaus Wirth. *Algorithmen und Datenstrukturen – Pascal Version*. Teubner, 3. Auflage, 1983.

Kolophon

Der Satz erfolgte vom Autor mit LaTeX 2_ϵ Patchlevel 1 vom 1.12.1999 aus der Dante e.V. Distribution TeX Live 5c unter Nutzung der TeX Version 3.14159 (Web2c 7.3.2x) und Babel V3.62. Der Buchsatz erfolgte mit dem dpunkt-Style-Paket von Robert Tolksdorf. Dabei kamen diverse Style-File-Erweiterungen durch den Autoren zum Einsatz, die sich u. a. auf Anregungen aus [49] beziehen. Die Listings wurden mit dem vom Autor an die dpunkt.klasse angepassten Paket *listings* von Carsten Heinz gesetzt.

Die Grafiken wurden mit Visio 2000 und Corel Draw 8 erstellt und mit Corel Draw ins Postscript-Format konvertiert und so eingebunden. Aus der resultierenden TeX-DVI-Datei wurde mit `dvips` eine Wandlung nach PostScript zur Belichtung vorgenommen.

Die verwendeten Schriften sind diverse Schnitte der New Century Schoolbook für den Fließtext, die `Courier` für Codefragmente und Listings und die Computer Modern Sans Serif für Überschriften. Die Beschriftungen in den Abbildungen wurden mit der Futura in den schmalen Schnitten BdCn BT und LtCn BT gesetzt.

Danksagung

All denen, die in irgendeiner Weise mit diesem Buch in Zusammenhang standen oder stehen, möchte ich hiermit danken.

Bernd Oestereich danke ich für die Förderung dieses Projekts und für das Vorwort, das er so freundlich war zu verfassen.

Auch meinen Kollegen bei der oose.de möchte ich danken, die mit ihren kreativen Anregungen zum Gelingen dieses Buchs beigetragen haben. Besonders ergiebig waren die Diskussionen im Zusammenhang mit den Themen dieses Buchs mit Bjørn Stachmann, Tim Weilkiens und René Preißel sowie Guido Zockoll, Alexander Lenhard, Christian Weiss, Björn Schneider und Christian Schmidt.

Bei allen Teilnehmern meines Seminars *Objektorientiertes Testen* bei der oose.de möchte ich mich für ihre konstruktiven Beiträge bedanken. Struktur, Inhalte und Schwerpunktsetzung, die ich für weite Teile dieses Buchs übernehmen konnte, sind so iterativ gereift.

Mit Dietmar Kropfitsch hatte ich das Vergnügen, über ein Jahr zusammenzuarbeiten und gemeinsam Artikel zu schreiben. Diverse Ansätze in diesem Buch beruhen auf seinen Anregungen, von denen ich besonders die Betrachtung der Fehlermodelle hervorheben möchte.

Meinen Kollegen und Kolleginnen der ehemaligen ProFi Consult aus Hannover gilt mein besonderer Dank. Sie haben mich als QS-Verantwortlichen gehegt und gepflegt, und so manche hier skizzierte Idee haben wir dort gemeinsam ausprobiert. Matthias Wedemeyer konnte ich auf einigen seiner Fehlersuchen begleiten und habe viel dabei gelernt. Für den LaTeX-Support danke ich Wilfried Pietsch, mit dem ich nicht nur vier Jahre zusammenarbeiten durfte, sondern der trotzdem immer noch mit mir redet. Und nicht zu vergessen Andrea Hehmke und Andreas Trappmann sowie Birgit Milbradt und die anderen aus dem QS-Team.

Auf das Thema *Testen und QS* hat mich meine Arbeit für Philips Medical Systems in Hamburg und Shelton, CT (USA) gebracht. Die Erfahrungen, die ich dort machen konnte, waren prägend. Dafür danke ich Alan Frankel, Tom Naughton, Rainer Venema und allen anderen.

Dem dpunkt.verlag danke ich für die hervorragende Unterstützung bei der Entwicklung dieses Buchs. Allen voran Christa Preisendanz und Annette Schwarz sowie natürlich den Reviewern der ersten Entwürfe, die mich mit reichlich konstruktiver Kritik gesegnet haben. Leider sind mir nur Dr. Mario Winter und Dierk König namentlich bekannt. Vielen Dank an die beiden und die vier anderen Reviewer.

Bei meiner Frau Ines möchte ich mich in zweifacher Hinsicht besonders herzlich bedanken. Sie musste es erdulden, dass ich über mehrere Monate in jeder freien Minute am Rechner gehangen habe. Trotzdem hat sie das Buch einer ersten Korrektur unterzogen, für die ich ihr sehr dankbar bin.

Abschließend entschuldige ich mich bei all denen, die ich hier zu erwähnen vergessen habe.

Index

Symbole
.NET, 176
80/20-Regel, 303, 306

A
Abdeckung, *siehe* Überdeckung
Ablaufgraph, 70
Agile Verfahren, 303
Aktivitätsdiagramm, 48, 141, 209, 239, 303
Analyse, 139, 140
Analysierbarkeit, 16
Änderbarkeit, 16
Anforderung, 17, 47, 303
    fachlich, 47
    funktional, 47
    nicht-funktional, 47
Anforderungsdefinition, 17
Angemessenheit, 15
Anlage, 221
Anomalien bei Assoziationen, 95
Anpassbarkeit, 16
ANSI, 303
Antwortzeiten, 48
Anweisungsüberdeckung, *siehe* Überdeckung
Anwendungsfall, 209, 303
    essenzielle Beschreibung, 48
Äquivalenzklasse, 63, 66, 228, 304
Arten der Vererbung, *siehe* Vererbung
Assertion, 40, 304
Assoziation, 95
Aufwandsschätzung, 147, 151
Ausfallfrequenz, 47
Austauschbarkeit, 16

B
Bedienbarkeit, 16
Benutzbarkeit, 16, 47
Boundary, 119, 155

C
C#, 176
Cactus, 196
Classification Tree Method, 227, 228, 304
Codereview, *siehe* Review
Coding Style, 32
Common-Mode-Failure, 224
Compiler, 31
Compileroptionen, 31
Context Switching, 91
Control, 52, 119, 155
Controler-Klasse, *siehe* Control
CppUnit, 173
Critical Section, 91
CRUD-Datenlebenszyklus, 226, 301, 304
CTM, *siehe* Classification Tree Method

D
Data Races, 89
Datenfehlerarten, 227
Deadlock, 85, 90
Debugging, 25, 87
Delegation, 103
demonstrativer Test, *siehe* Test
Design, 63, 139
    for Testability, 87, 164
    klassisch, 139
    testgetrieben, 28, 125, 139, 140, 227
Designleitlinie, 119
destruktiver Test, *siehe* Test
Determinismus, 88, 304
dokumentengetrieben, *siehe* Vorgehen
Dummy, 180, 254
Durchsätze, 48
dynamische Polymorphie, *siehe* Polymorphie

E
ECB, *siehe* Entity-Control-Boundary
Echtzeitsystem, 225
Echtzeitverhalten, 223
Eclipse, 171

Effizienz, 16
Eisbergmodell, 4
Eisenhower-Prinzip, 206
Embedded System, 221
Entität, 52, 119, 155
Entity, *siehe* Entität
Entity-Control-Boundary, 119, 209
Entwurfsmuster, 101
Ereignis, 77
Ereignisfehlerarten, 227
Erlernbarkeit, 16
Erreichbarkeit, 48
error, 18
Error Guessing, 74, 257
Erweiterbarkeit, 48
externes Review, *siehe* Review
eXtreme Programming, *siehe* XP
Extremwerte, 60

F
Fabrik, 119
Fachklasse, *siehe* Entität
fachliche Anforderung, *siehe* Anforderung
Factor-Criteria-Metrics-Modell, 47
Factory, 119
failure, 19
Failure Mode and Effect Analysis, 227, 305
Fat Interface, 109
fault, 18, 305
Fault Tree Analysis, 227, 228, 305
FCM, *siehe* Factor-Criteria-Metrics-Modell
Fehlerinjektion, 197
Fehlbedienung, 18, 305
Fehler, 18, 305
Fehlerklasse, 305
Fehlerkorrekturen, 150
Fehlerkultur, 8, 213, 214
Fehlermodell, 151
Fehlerschwere, 305
Fehlersensibilität, 64
Fehlertoleranz, 16
Fehlerwirkung, 19, 25, 305
Fehlerzustand, 18, 305
Fehlhandlung, 18, 19, 305
FIFO, 90
Firewalls, 224
Fixture, 168, 173, 174
Flattening, 106, 116, 117
FMEA, *siehe* Failure Mode and Effect Analysis
FTA, *siehe* Fault Tree Analysis

funktionale Anforderung, *siehe* Anforderung
Funktionalität, 15, 47
Funktionsüberdeckung, 66
FURPS-Modell, 47, 209

G
Grenzwertanalyse, 66
Grenzwerte, 60
Guard, 78, 306
GUI, 191, 194

H
harte Zeitanforderungen, *siehe* Zeitanforderungen
Historisierung, 186

I
Inkrement, 130
inkrementell-iterativ, *siehe* Vorgehen
Installierbarkeit, 16
Integration, 138
interaktives System, 225
Interface, 13, 119, 142, 181, 188
Intermediate Language, 176
internes Review, *siehe* Review
Interoperabilität, 15
ISO 8402, 15
ISO 9000, 15
ISO 9126, 15, 47
Iteration, 81, 130
iterativ, *siehe* Vorgehen

J
JBuilder, 171
Jellytools, 194, 297
Jemmy, 194, 297
JTestCase, 161
JUnit, 141, 160, 162, 165

K
Kapselungsprinzip, 163
Kettentest, 22
Klassenarten, 119, 155
Klassenschnittstelle, 119
Klassentest, 22
klassisches Design, *siehe* Design
KLOC, *siehe* Lines Of Code
Kodierung, 139, 140
Kollektives Code-Eigentum, 138
kombinatorische Explosion, 69
Kommentar, 38
Kommunikation, 3

Kommunikationsmodell, 3
Kommunikationsprobleme, 5
Komplexität, 7
Konfiguration, 306
Konfigurationskontrolle, 306
Konfigurationsmanagement, 306
Konformität, 16
Kontrollfluss, 240

L
Lasttest, 88
lateraler Test, *siehe* Test
Leistung, 16, 48
Lines Of Code, 306
LOC, *siehe* Lines Of Code

M
MDA, *siehe* Model Driven Architecture
Mehrfachvererbung, *siehe* Vererbung
Meilenstein, 131
Memory Leak, 191
Message Races, 89
Meta Object Facility, 245, 306
Metamodell, *siehe* UML-Metamodell
Mixed Signals, *siehe* Signal
Mock, 180, 254
Modalität, 100, 112
Model Driven Architecture, 246
Model-View-Controller, 119
Modifizierbarkeit, 16
Modul, 24
Modultest, 22
MOF, *siehe* Meta Object Facility
multiple Vererbung, *siehe* Vererbung
MVC, *siehe* Model-View-Controler

N
Nebenläufigkeit, 85, 225
nicht-funktionale Anforderung, *siehe* Anforderung
nicht-strikte Vererbung, *siehe* Vererbung
NUnit, 176
NVM, 221

O
Object Engineering Process, 130, 306
Object Management Group, 245, 306
Objektfluss, 239
OEP, *siehe* Object Engineering Process
OMG, *siehe* Object Management Group
Ordnungsmäßigkeit, 16

orthogonale Erweiterung des Zustandsraums, 106

P
Pair Programming, 57, 138
parallele Prozesse, 85
Pareto-Regel, *siehe* 80/20-Regel
Performance, 16
Performancetest, 88
Pfadüberdeckung, *siehe* Überdeckung
Pin, 242
Planungsspiel, 137
Polymorphie, 101, 117, 306
    dynamisch, 117, 304
    statisch, 307
positive Verstärkung, 208
Prüfbarkeit, 16
preemptives Multitasking, 90
Priorität, 133
Produktentwicklung, 126
Profil, *siehe* UML-Profil
Programmierrichtlinien, 31
Programmierstandards, 138
Projekt, 126
Prozess, 85
Prozesskommunikation, 85
Prozesssynchronisation, 85, 88

Q
QM, *siehe* Qualitätsmanagement
QS, *siehe* Qualitätssicherung
Qualität, 15, 306
Qualitätsdefinition, 15
Qualitätsmanagement, 306
Qualitätssicherung, 258, 306
Quicksort, 81

R
Race Conditions, 85, 88
RAM, 222
Rational Unified Process, 130, 307
Ready-List, 90
reaktives System, 225
Realtime, 85, 221, 239
Realtime und Embedded System, 221
Rechenmodell, 151
Rechteck-Quadrat-Drama, 101
Refactoring, 137, 140, 143
Regressionstest, 143, 307
Reife, 16
Rekursion, 81
Ressourcenverbrauch, 16

Review, 208, 304, 307
  Code, 57, 58, 59, 209, 257
  Dokument, 59
  extern, 58, 59
  intern, 58
Richtigkeit, 15
Risiko, 307
Risikomanagement, 126
ROOM-Vorgehen, 221
Round-Robin, 90
RTES, *siehe* Realtime und Embedded System
RUP, *siehe* Rational Unified Process

S

Safety-Executive-Pattern, 231, 232
Schätzung, 150
Scheduler, 90
Schleichpfad, 80
Schleifenüberdeckung, *siehe* Überdeckung
semantische Distanz, 146
Sequenzdiagramm, 307
Severity, 307
Shannon und Weaver, 3
Shared Memory, 89
Shared Variables, 89
Sicherheit, 16
Sichtbarkeit, 100
Signal
  analog, 232
  digital, 233
  gemischt, 233
  wert-quantisiert, 233
  zeit-quantisiert, 233
Signalarten, 232
Single-Point-Failure, 224
Skript, 192
  datengetrieben, 192, 194
  linear, 192
  schlüsselwortgetrieben, 192, 194
  strukturiert, 192, 193
  verteilt, 192, 193
stabile Zeitanforderungen, *siehe* Zeitanforderungen
Stabilität, 16
Stand-up-Meeting, 138
Starvation, 85, 90
State Pattern, *siehe* Zustandsmuster
statische Polymorphie, *siehe* Polymorphie
Stellvertreterobjekt, 142, 180, 188, 254
Steuerungsklasse, *siehe* Control

Stresstest, 88, 195
strikte Vererbung, *siehe* Vererbung
Stub, 180
Substitutionsprinzip, 104, 109, 111, 117, 118
SUT, *siehe* System under test
Swing, 194
Synchronisationsfehler, 86
System under test, 307
Systemschnittstelle, 119

T

Tagesgeschäft, 126
Task, 85, 90
Task-Scheduling, 90
TDD, *siehe* Test-Driven Development
Term, 73
Termüberdeckung, *siehe* Überdeckung
Test, 20, 139, 140, 307
  automatisiert, 136, 304
  Black-Box, 21, 51, 191, 304
  demonstrativ, 20
  destruktiv, 20
  Glas-Box, 21
  Grey-Box, 21, 51, 306
  Ketten, 24
  Klasse, 23
  lateral, 75
  Modul, 24
  strukturell, 21
  System, 53
  Unit, 22, 52
  White-Box, 21, 308
Test case, *siehe* Testfall
Test-Driven Development, 140
Testabdeckung, 152, 198
Testüberdeckung, *siehe* Überdeckung
Testarten, 258
Testaxiome, 110
Testbarkeit, 48
Testdaten, 22, 51
Testdatenbank, 177
Testfälle erzeugen, 140
Testfall, 22, 307
testgetrieben, 56, 57
testgetriebenes Design, *siehe* Design
testgetriebenes Vorgehen, *siehe* Vorgehen
Testmuster, 111, 299
  modale Hierarchie, 114
  modale Klasse, 112
  polymorpher Server, 117

Testplan, 307
Teststrategie, 199
Thread, 85
Timebox, 131
Timing-Diagramm, 234, 307
Token, 244
transformierendes System, 225
Transition, 77, 307
typisierte Sprachen, 13
Typprüfung, 13, 41

U
Überdeckung, 307
    Anweisung, 69, 70, 155
    Bedingung, 73
    Pfad, 69, 72
    Term, 73
    vereinfacht für Schleifen, 72
    Zweig, 69, 70, 116
Überdeckungsgrad, 21
Übertragbarkeit, 16
UML, 70, 77, 221, 234, 239, 307
    Metamodell, 246, 306
    Profil, 246
    Stereotyp, 246
    Testprofil, 245
    Testprofil-Mapping, 254
    Testprofilbeispiel, 250
Unified Modeling Language, *siehe* UML
Unified Process, *siehe* USDP
Unified Software Development Process, *siehe* USDP
Unit-Test, *siehe* Test
USDP, 130, 308
Use Case, *siehe* Anwendungsfall

V
V-Modell, 129
Validation, 129
Verantwortlichkeitsverschiebung, 109
vereinfachte Schleifenüberdeckung, *siehe* Überdeckung
Vererbung, 96, 101
    nicht-strikt, 97
    strikt, 97
Verhungern, 85
Verifikation, 129
Verklemmung, 85
Verständlichkeit, 16
verteilte Systeme, 226
Vorgehen
    dokumentengetrieben, 128

inkrementell, 306
inkrementell-iterativ, 126, 200
iterativ, 306
testgetrieben, 68, 148, 159, 162, 164, 196
Wasserfall, 126

W
Warninglevel, 31
Wartbarkeit, 48
Wasserfall-Modell, *siehe* Vorgehen
Watchdog, 228
Watchdog-Pattern, 231
weiche Zeitanforderungen, *siehe* Zeitanforderungen
Wetter von gestern, 150
Wiederherstellbarkeit, 16, 47
Wurmlöcher, 109

X
XML, 161
XP, 28, 58, 136, 160, 304, 308
xUnit, 160, 162, 209

Z
Zeitanforderungen
    harte, 223
    stabile, 223
    weiche, 223
Zeitmanagement, 206
Zeitverhalten, 16
zufällige Korrektheit, 64, 107
Zusicherungs-Verantwortlichkeitsprinzip, 105, 108
Zustand, 77, 308
Zustandsübergang, 77, 308
Zustandsautomat, 77, 106, 184
Zustandsbaum, 79, 80
Zustandsdiagramm, 308
Zustandsmodell, 78, 90
Zustandsmuster, 184
Zustandsraum, 106
Zuverlässigkeit, 16, 47
Zweigüberdeckung, *siehe* Überdeckung

2004, 250 Seiten, gebunden
€ 39,– (D)
ISBN 3-89864-256-9

Andreas Spillner · Tilo Linz

Basiswissen Softwaretest

Aus- und Weiterbildung zum Certified Tester – Foundation Level nach ASQF- und ISTQB-Standard

2., überarbeitete Auflage

Mit dem »Certified-Tester«-Programm entsteht ein international standardisiertes Aus- und Weiterbildungsschema für Softwaretester.

In diesem Buch wird das Grundlagenwissen im Bereich Softwaretests beschrieben und anhand eines durchgängigen Beispiels erklärt. Der Inhalt entspricht dem Lehrplan zum Certified Tester (Foundation Level, Version 2.2.) nach ASQF- und ISTQB-Standard.

Das Buch ist so aufbereitet, dass es für das Selbststudium geeignet ist. Der Inhalt umfasst: Grundlagen des Softwaretestens, Testen während des Lebenszyklus, Statischer Test, Dynamischer Test, Testmanagement, Testwerkzeuge.

Die 2. Auflage berücksichtigt aktuelle Kurs-Erfahrungen und wurde entsprechend überarbeitet.

Die Website zum Buch:
www.dpunkt.de/certified-tester/

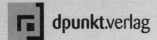

Ringstraße 19 · 69115 Heidelberg
fon 0 62 21/14 83 40
fax 0 62 21/14 83 99
e-mail hallo@dpunkt.de
http://www.dpunkt.de

Johannes Link

Unit Tests mit Java

Der Test-First-Ansatz

Unter Mitarbeit von Peter Fröhlich

Das Buch führt den fortgeschrittenen Java-Entwickler in die Erstellung von automatisierten Unit Tests anhand von zahlreichen Code-Beispielen ein, wobei das Hauptaugenmerk auf der Vermittlung der Stärken und Schwächen des Test-First-Ansatzes liegt. Es werden sowohl die Grundlagen des Unit-Testens als auch weiterführende Techniken behandelt, wie z.B. das Testen persistenter Objekte, verteilter, nebenläufiger und Web-basierter Applikationen.

Der Schwerpunkt liegt dabei auf der täglichen Praxis des Entwicklers; die Theorie wird bei Bedarf erklärt. Projektleiter finden Argumente und Hilfestellungen für die Einführung von Unit Tests in ihr Entwicklungsteam.

2002, 348 Seiten, gebunden
€ 41,00 (D)
ISBN 3-89864-150-3

»Eine gelungene Einführung in die durch XP berühmt gewordenen Unit Tests.«
(literaturtest.de Juli 2002)

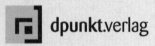 dpunkt.verlag

Ringstraße 19 • 69115 Heidelberg
fon 0 62 21/14 83 40
fax 0 62 21/14 83 99
e-mail hallo@dpunkt.de
http://www.dpunkt.de

2004, 219 Seiten, Broschur
€ 36,00 (D)
ISBN 3-89864-250-X

»Fazit: Keine akademische Theorie, dafür praxiserprobtes und fundiertes Wissen. Wer im Softwarebereich mit Projektmanagement zu tun hat, tut gut daran, sich mit diesem Werk auseinanderzusetzen.« (Linux Enterprise 7/8.2004)

Jutta Eckstein

Agile Softwareentwicklung im Großen

Ein Eintauchen in die Untiefen erfolgreicher Projekte

Deutsche Bearbeitung von Nicolai Josuttis

Agile Entwicklung gilt als schneller, effizienter und flexibler als herkömmliche Softwareentwicklungsprozesse, vor allem weil dabei sich schnell verändernde Anforderungen und die Rolle der beteiligten Menschen stärker berücksichtigt werden. Bisher wurde das agile Paradigma meist in kleinen bis mittelgroßen Entwicklungsteams umgesetzt.

Das vorliegende Buch geht als erstes darauf ein, wie agile Prozesse erfolgreich auch in großen Projekten zu einer Effizienzsteigerung beitragen können. Es zeigt, wie man auch ein großes Team mit mehr als 20 Beteiligten auf das Wertesystem agiler Prozesse einstellt und dabei von den Vorteilen agiler Softwareentwicklung profitiert.

Die Website zum Buch: www.agilebuch.de.

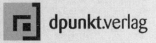

Ringstraße 19 • 69115 Heidelberg
fon 0 62 21/14 83 40
fax 0 62 21/14 83 99
e-mail hallo@dpunkt.de
http://www.dpunkt.de

Stefan Roock · Martin Lippert

Refactorings in großen Softwareprojekten

2004, 282 Seiten, gebunden
€ 42,00 (D)
ISBN 3-89864-207-0

Komplexe Restrukturierungen erfolgreich durchführen

Beim Refactoring wird ein bestehendes Design verändert, ohne das Verhalten der Software zu verändern. Es werden keine zusätzlichen Funktionalitäten realisiert, sondern ausschließlich das bestehende softwaretechnische Design der Software verbessert.

Das Buch beschreibt die Erfahrungen der Autoren in kommerziellen Projekten mit großen Refactorings und gibt dem Leser viele Tipps und Tricks, wie er mit großen Refactorings in seinen eigenen Entwicklungsprojekten umgehen kann. Besonders die Aspekte der Planbarkeit und der konsequenten, auch über einen längeren Zeitraum dauernden Durchführung eines großen Refactorings werden in den Vordergrund gestellt.

Mit Beiträgen von weiteren Fachexperten, u.a. Walter Bischofberger und Henning Wolf.

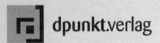

Ringstraße 19 • 69115 Heidelberg
fon 0 62 21/14 83 40
fax 0 62 21/14 83 99
e-mail hallo@dpunkt.de
http://www.dpunkt.de